Herbert Klemisch, Eckart Hildebrandt, Norbert Kluge
(Hrsg.)

Betriebliche Umwelt-
informationssysteme und
gewerkschaftliche Beteiligung

Vom Programm zur Praxis

Graue Reihe – Neue Folge 73

© 1994 by Hans-Böckler-Stiftung, Düsseldorf
Umschlag: Christa Berger, Solingen
Druck: satz+druck gmbh, Düsseldorf
Printed in Germany
ISBN-Nr. 3-928204-14-9
ISSN 0932 1586

Alle Rechte vorbehalten,
insbesondere die des öffentlichen Vortrags,
der Rundfunksendung
und der Fernsehausstrahlung,
der fotomechanischen Wiedergabe,
auch einzelner Teile.

Inhalt

0. **Norbert Kluge/Erika Mezger**
   Vom Programm zu Praxis - Ökologisches Wirtschaften und
   Beteiligung von Arbeitnehmerinnen und Arbeitnehmern ... 1

Teil A Betriebliche Umweltinformationssysteme und die
Gewerkschaften in der Bundesrepublik

1. **Herbert Klemisch**
   Betriebliche Informationssysteme und
   gewerkschaftliche Handlungsmöglichkeiten ... 5
   1.1. Rahmenbedingungen am Beispiel Audit ... 5
   1.2. Sonstige Umweltinformationssysteme ... 13
   1.3. Erfahrungen und Akteure: praktische Beispiele ... 18
   1.4. Gewerkschaftliche Perspektive ... 22
   1.5. Forschungs- und Handlungsbedarf ... 30

Teil B Unternehmensbezogene Beispiele

1. **Günter Larisch**
   Dr. Oetker - Einführung eines Umweltauditsystems
   in der Lebensmittelbranche ... 34
   Gerlinde Frommholz
   Stellungnahme der für Umweltschutz zuständigen
   Betriebsrätin
2. **Ulrich Sollmann**
   VW - Die Erweiterung der Umweltrisikountersuchung
   zur Umweltbetriebsprüfung ... 50
   Betriebsrat Wolfsburg
   Stellungnahme ... 59
3. **Horst Knigge**
   Wilkhahn - Vorbildliches Umwelt-Controlling in der
   Möbelindustrie ... 62
4. **Gunther le Maire, Kunert AG**
   Betriebliche Ökobilanzen und Umweltberichte als Instrumente einer umweltorientierten Unternehmensführung ... 74

Teil C Bestandsaufnahme, Strategien und Perspektiven

1. Sabine Schlüter
   Die Arbeit des DGB in den nationalen Normungsgremien
   (NAGUS) am Beispiel der Produktökobilanzen — 84
2. Karl-Heinz Rosenhövel
   Vernetzungsstrategien für kleine und mittlere
   Unternehmen im Umweltbereich - Ansätze aus dem
   Gesundheitsschutz — 102
3. Herbert Klemisch
   Auswertung der Diskussion und
   Ansätze der Weiterarbeit — 132

Teil D Das Umwelt- Audit in den europäischen Nationen

1. Herbert Klemisch / Eckart Hildebrandt
   Die Umsetzung der EG-Verordnung:
   Eine zusammenfassende kommentierende
   Auswertung — 138

2. Ausgewählte Länderberichte
2.1. Andrea Oates
   Labour Research Department — 162
2.2. Kees Le Blansch
   Öko-Audit und industrielle Beziehungen
   in den Niederlanden — 195
2.3. Børge Lorentzen
   Öko-Audits in Dänemark — 227

Anhang: Dokumente aus der britischen
Gewerkschaftsdebatte — 269

Verzeichnis der Autoren und Autorinnen — 291

Ausgewählte Veröffentlichungen der
Hans-Böckler-Stiftung zum Thema Arbeit und Umwelt — 292

Norbert Kluge / Erika Mezger

0. Vom Programm zur Praxis - Ökologisches Wirtschaften und Beteiligung von Arbeitnehmerinnen und Arbeitnehmern

Die ökologische Gestaltung der Industriegesellschaft ist im Forschungsförderungsprogramm der Hans-Böckler-Stiftung als Querschnittsfrage formuliert. Diese Perspektive ist gerade in der aktuellen Debatte um den "Standort Deutschland" zentral bestätigt worden. Arbeit und Kapital können nicht länger auf Kosten der Umwelt ihre Kompromisse schließen. Ein Umbau der Industriegesellschaft ist ohne die ökologische Perspektive weder sinnvoll noch zukunftsträchtig. Zielt man ein Wettbewerbsmodell der Zukunft an, das ökonomisch effizient, sozial solidarisch und ökologisch verträglich zugleich ist, so stellten sich vor allem folgende Fragen:

- Wer soll's machen, wie gewinnt man die Menschen und politischen Institutionen zu entsprechenden Einstellungen und Verhaltensweisen für ein solches Ziel?
- Welche Instrumente und Verfahren sind geeignet, um einer neuen Praxis ökologischen Arbeitens und Produzierens näher zu kommen?

Voraussetzung ist, daß Unternehmen den notwendigen Strukturwandel von sich aus bewältigen können und die dafür notwendigen Rahmenbedingungen geschaffen werden. In diesem Wandel besteht die Notwendigkeit und die Möglichkeit - so unsere These -, daß dabei die Beschäftigten einbezogen werden und die Betriebsräte eine gestaltende Rolle spielen. Die Hans-Böckler-Stiftung diskutiert und bearbeitet diese Fragestellungen bereits seit geraumer Zeit. Ökologie ist in aller Munde und wird allenthalben als zentrale Aufgabe auch der Gewerkschaften thematisiert. Aber:

- Wie kommen wir von dem breit vorhandenen Wissen über ökologische Zusammenhänge von Produktion und Dienst-

leistungen zu mehr Praxis?
- Wie kann eine selbsttragende Dynamik in den Betrieben ausgelöst bzw. gestärkt werden?

Vor diesem Hintergrund hat sich die Hans-Böckler-Stiftung in den letzten Jahren nicht nur auf die weitere Mehrung von Wissen über die Zusammenhänge zwischen Ökologie und Arbeit konzentriert, sondern sie hat sich zur Aufgabe gemacht, Fragestellungen ökologischer Praxis mit den klassischen gewerkschaftlichen Handlungsfeldern wie Tarifpolitik, Mitbestimmung und Betriebsverfassung und Arbeits- und Gesundheitsschutz stärker in Verbindung miteinander zu bringen. Das Ziel bestand darin, zu prüfen, inwieweit es möglich ist, ökologische Themenstellungen dort zu integrieren und in Handlungsinstrumente für Gewerkschaften und Interessenvertretungen umzusetzen.

Eine der offenen Fragen der Beschäftigung mit den Möglichkeiten ökologischer Tarifpolitik (dokumentiert in "Umweltschutz und gewerkschaftliche Interessenvertretung - Beteiligungsrechte, betriebliche Gestaltung und Tarifpolitik", HBS-Graue Reihe Nr.56, 1993) bestand bspw. darin, wie man bei aller programmatischen Klarheit zur gewerkschaftlichen Umweltpolitik stärker in der Praxis des betrieblichen Alltags Fuß fassen kann. Wie kommt man zu einem praktischen Vorgehen, mit dem das gewerkschaftliche Anliegen der Beteiligung von Arbeitnehmern/innen und ihren Interessenvertretungen in Fragen des Umweltschutzes realistisch und zugleich in der Sache akzeptiert Nachdruck verliehen werden kann?

Als Aufhänger für die weitere Diskussion dieser Fragen nutzen wir 1993 die gerade verabschiedete EG-Verordnung zu Umwelt-Audits. Sie sieht zwar explizit - entgegen der gewerkschaftspolitischen Absicht - keine Beteiligung von Gewerkschaften vor, bietet aber durch ihr Regelwerk doch einige Anknüpfungspunkte zumindest für die betrieblichen Interessenvertretungen. Gewerkschaftlicher Einfluß läßt sich in Bezug auf die Rahmenbedingungen wie die Normierung von Umweltstandards geltend machen. Die vorgesehene Praxis von Umwelt-Audits markiert eine Etappe für die weitere Verbreitung von Umweltinformationssystemen. Die europaweite Einführung dieses Instruments für den betrieblichen Umweltschutz bietet gewerkschaftspolitisch zudem die Möglichkeit, hier ein gemeinsames Vorgehen in diesem für Gewerkschaften noch recht neuen Feld einzuschlagen. Denn die (Um)Setzung und Einhaltung von Umweltstandards für Arbeit und Produkte wird in nächster Zukunft mitentscheidend sein für die Standortbedingungen von Unternehmen, die längst die engen nationalen Grenzen in einer international vernetzten Ökonomie übersprungen haben. Gewerkschaften können sich auf diesem Feld auf wichtige Vorarbeiten zum Informationsstand und zum Vorgehen der Tarifpartner in anderen europäischen Ländern des Forschernetzwerks IRENE stützen (dokumentiert in Eckart Hildebrandt und Eberhard Schmidt: Umweltschutz und Arbeitsbeziehungen in Europa. Eine vergleichende Zehn-Länder-Studie, Berlin: edition sigma 1994).

Das zugrundeliegende Forschungsprojekt wurde von der Europäischen Stiftung zur Verbesserung der Arbeits- und Lebensbedingungen, Dublin, und der Hans-Böckler-Stiftung unterstützt. Der vorliegende Band hat sich zur Aufgabe gemacht, diese beiden Stränge, Beteiligung im betrieblichen Umweltschutz und europäische Handlungsdimension, am Beispiel der Öko-Audits zusammenzuführen. Wohl wissend, daß es keinen Königsweg im betrieblichen Umweltschutz gibt und das Vorgehen sehr stark von Besonderheiten der Branche, dem Standard der betrieblichen Sozialbeziehungen oder den Einstellungen des Managements abhängt, haben wir Vertreter von Management und Betriebsräten aus verschiedenen Unternehmen gebeten, uns ihre Erfahrungen auf einem Workshop "Umweltinformationssysteme in der betrieblichen Praxis" am 9.12.1993 zu präsentieren. Sie sind in diesem Band dokumentiert. Ergänzt werden diese Berichte durch gewerkschaftliche Einschätzungen von Umweltinstrumenten. Eine Skizze über die Möglichkeiten umweltgerechten und zugleich beteiligungsorientierten Wirtschaftens und Arbeitens in Klein- und Mittelbetrieben einer Region rundet den ersten Teil des Bandes ab.

Im zweiten Teil haben wir ausgewählte Fallstudien aus anderen europäischen Ländern zum Stand von Öko-Audits aufgenommen. Sie entstammen genauso wie der Überblicksartikel zur Umsetzung der EG-Verordnung dem gemeinsamen Projekt zwischen Europäischer Stiftung, Dublin und Hans-Böckler- Stiftung. Sie wurden für diesen Band vom Englischen ins Deutsche übersetzt. Wir möchten an dieser Stelle der Europäischen Stiftung, Dublin, insbesondere Dr. Hubert Krieger, für die intensive Kooperation auf diesem Feld und die Zustimmung dafür danken, die Ergebnisse der Zusammenarbeit für diesen Zweck verwenden zu können. Wir setzen mit dieser Veröffentlichung unsere Reihe "Vom Programm zur Praxis" fort. Auch diese Zusammenstellung versteht sich erneut als Zwischenbericht aus einem laufenden Prozeß gewerkschaftlicher Praxis und Politik. Wir nehmen keine Empfehlung für diesen oder jenen Weg in Anspruch, wir möchten einen aktuell laufenden Prozeß begleiten und für eine dem Gegenstand angemessene Offenheit und Pluralität der Wege und Positionen werben. Wir danken allen Referentinnen und Referenten der Workshops sowie den Autoren/innen unserer Beiträge für ihre Mitwirkung. Besonders möchten wir uns bei Dr. Eckart Hildebrandt, Wissenschaftszentrum Berlin, und bei Herbert Klemisch, Eco Regio Köln, bedanken, der uns geholfen hat, diesen Workshop inhaltlich vorzubereiten und diese Veröffentlichung zu organisieren.

Teil A   Betriebliche Umweltinformationssysteme und die Gewerkschaften in der Bundesrepublik

Herbert Klemisch
1. Betriebliche Informationssysteme und gewerkschaftliche Handlungsmöglichkeiten

1.1. Rahmenbedingungen am Beispiel Audit

Die EG-Verordnung beruht auf der freiwilligen Teilnahme der Unternehmen. Es besteht keine Verpflichtung zur Teilnahme. Andererseits unterliegen die Unternehmen aber einem hohem Anwendungsdruck über die Versicherungsbranche, die Banken, die internationale Zulieferer- und Exportstruktur sowie die Öffentlichkeit.
Die verabschiedete Fassung der EG-Verordnung sieht darüber hinaus nur noch eine reduzierte Form der Beteiligung für ArbeitnehmerInnen und Betriebsräte vor. Dies war in den unrsprüngliche Entwürfen anders.

1.1.1. Umwelt - Audit Begriff und Entstehung

Der Begriff "Audit" stammt ursprünglich aus der Wirtschaftsprüfung. Er wird bezogen auf die Revision des Finanzbereichs und die Sicherung der Produktqualität eines Unternehmens verwendet. Analog dem Zweck einer Bilanz soll das "Öko-Audit" die Ablegung einer betriebsinternen Rechenschaft (Bilanzprüfung) über die Umweltleistungen gewähren.

Sogenannte "Qualitäts-Audits" dienen vor allem der Anpassung der Unternehmen im Hinblick auf wachsende gesetzliche Anforderungen an die Gebrauchstauglichkeit der Produkte. Vorläufer eines Öko-Audits entstanden Ende der 60er Jahre in den USA und wurden dort in der Rüstungsindustrie angewendet.

In Europa wurden Umwelt-Audits erstmals Mitte der 80er Jahre durchgeführt. Sie dienen der Risikominimierung und ähneln auf technischer Ebene einer finanziellen Bilanzprüfung. Die zum Zeitpunkt der Auditierung bestehenden Umweltbedingungen werden untersucht und dabei geprüft, inwieweit das Unternehmen die geltenden Gesetze einhält. Im Rahmen des Audits werden Soll-Ist-Vergleiche angestellt, die die Notwendigkeit von Verbesserungsmaßnahmen aufzeigen können.

Doch sind Art und Verbreitung der Umwelt-Audits in den europäischen Ländern recht unterschiedlich. Ein deutliches Gefälle von Nord- nach Südeuropa sowie eine Vielzahl von unterschiedlichen Ansätzen sind zu beobachten. Generell kann gesagt werden, daß in Großbritannien bereits eine Vielzahl von Umwelt-Audits durchgeführt wurde und damit eine entsprechend Praxiserfahrung vorhanden ist. Daher ist es auch nicht verwunderlich, daß der British Standard 7750, Specification for Environmental Management Systems der British Standards Institution (BSI), großen Einfluß auf die Formulierung der EG-Verordnung *über die freiwillige Beteiligung gewerblicher Unternehmen an einem Gemeinschaftssystem für das Umweltmanagement und die Umweltbetriebsprüfung* ausübte.

1.1.2 Die EG-Verordnung *über die freiwillige Beteiligung gewerblicher Unternehmen an einem Gemeinschaftssystem für das Umweltmanagement und die Umweltbetriebsprüfung*

Das sogenannte "Öko-Audit-System" ist ein Managementinstrument für einen verbesserten Umweltschutz in den Unternehmen der Europäischen Gemeinschaft. Trotz steigender Regelungsdichte und Kosten für den Umweltschutz wurde die Umweltsituation in den letzten Jahrzehnten ständig schlechter. Vor diesem Hintergrund findet eine teilweise Umorientierung der Umweltpolitik statt, weg von Geboten und

Verboten hin zu ökonomischen Instrumenten. Die EG Kommission setzt mit der Verordnung *über die freiwillige Beteiligung gewerblicher Unternehmen an einem Gemeinschaftssystem für das Umweltmanagement und die Umweltbetriebsprüfung* auf ein Anreizsystem für Unternehmen über bestehende Gesetze hinaus im Umweltschutz aktiv zu werden. Damit sollen nicht nur Haftungsrisiken minimiert, Kosten eingespart und Vorteile gegenüber Konkurrenten erzielt werden, sondern auch tatsächliche Verbesserungen der Umweltsituation erreicht werden.

Entwicklungsstand der Verordnung

Die Verordnung trat am 13.7.1993 in Kraft, ist in allen Teilen verbindlich und gilt ab dem 21. Monat nach Inkrafttreten in allen Mitgliedsstaaten, d.h. ab April 1995.

Ziele der Verordnung

Ziel der Verordnung ist es, daß *die Unternehmen... eine Umweltpolitik festlegen, die nicht nur die Einhaltung aller einschlägigen Umweltvorschriften vorsieht, sondern auch Verpflichtungen zur angemessenen kontinuierlichen Verbesserung des betrieblichen Umweltschutzes umfaßt* (Artikel 3a). Weiter sollen *die Umweltauswirkungen in einem solchen Umfang verringert werden, wie es sich mit der wirtschaftlich vertretbaren Anwendung der besten verfügbaren Technik erreichen läßt* (Artikel 3a). D.h. die Umweltleistungen eines Unternehmens sollen gezielt über die gesetzlichen Anforderungen und Mindeststandards hinausgehen. Vor diesem Hintergrund läßt sich auch die Freiwilligkeit der Teilnahme erklären, da es widersinnig wäre, zur Übererfüllung der selbst festgelegten Umweltbestimmungen zu verpflichten; damit würden diese Bestimmungen sinnlos.

Teilnahmebedingungen für Unternehmen

Unternehmen, die an einem oder mehreren Standorten gewerbliche Tätigkeiten ausüben (keine Dienstleistungen oder Handel), können an der Umweltbetriebsprüfung teilnehmen. Zur Eintragung des Standortes in die Liste, die einmal jährlich im Amtsblatt der EG veröffentlicht wird, müssen alle im folgenden beschriebenen Elemente erfüllt sein.

Der formale Ablauf der Umweltbetriebsprüfung

Zunächst muß eine betriebliche Umweltpolitik festgelegt werden, die den oben genannten Anforderungen entspricht.

Im Anschluß daran wird die erste Umweltprüfung an dem Standort durchgeführt, für den die Teilnahme beantragt wurde.

Auf der Basis der Ergebnisse der ersten Umweltprüfung soll dann ein Umweltprogramm aufgestellt werden, daß der Erfüllung der Verpflichtungen zur Verbesserung der Umweltsituation dient. Darüberhinaus soll ein Umweltmanagementsystem implementiert werden.

Daraufhin wird die eigentliche Umweltbetriebsprüfung durchgeführt. Auf höchster Managementebene werden, basierend auf den Ergebnissen der Umweltbetriebsprüfung Ziele festgelegt, die auf kontinuierliche Verbesserung des betrieblichen Umweltschutzes ausgerichtet sind.
Anschließend wird eine Umwelterklärung erstellt, die zusammen mit der Umweltpolitik, dem Umweltprogramm, dem Umweltmanagementsystem sowie der Umweltprüfung oder dem Prüfverfahren von einem anerkannten Umweltgutachter auf Übereinstimmung mit den Bestimmungen der Verordnung überprüft und für gültig erklärt werden muß.

Ablaufschema des Auditsystems

Übersicht 1

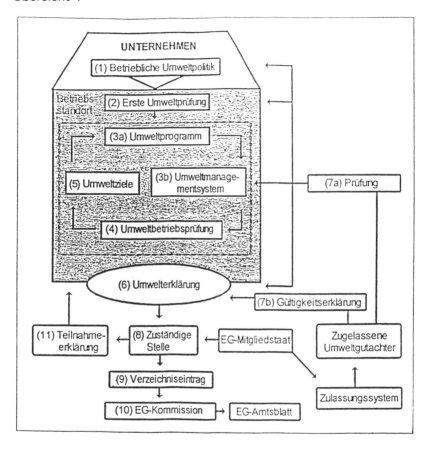

Die für gültig erklärte Umwelterklärung soll den zuständigen Stellen innerhalb von drei Monaten übermittelt werden. Diese übergibt einmal jährlich (oder laufend) der EG-Kommission eine Liste der eingetragene Standorte. Eine vorübergehende oder dauerhafte Streichung des Eintrags erfolgt bei Verstößen des an diesem Standort tätigen (siehe Übersicht 1).

Unternehmens gegen Umweltbestimmungen. Für einen eingetragenen Standort kann eine der vier Teilnahmeerklärungen verwendet werden, jedoch nicht in der Produktwerbung, nicht auf den Produkten oder der Verpackung.

Anforderungen an das Umweltmanagement durch die Umwelterklärung

Nach den Bestimmungen des Artikel 5.3. muß die Umwelterklärung folgendes umfassen:

a) eine Beschreibung der Tätigkeiten des Unternehmens an dem betreffenden Standort
b) eine Beurteilung aller wichtigen Umweltfragen in Zusammenhang mit den betreffenden Tätigkeiten
c) eine Zusammenfassung der Zahlenangaben über Schadstoffemissionen, Abfallaufkommen, Rohstoff-, Energie- und Wasserverbrauch und ggf. über Lärm und andere bedeutsame umweltrelevante Aspekte, soweit angemessen
d) sonstige Faktoren, die den betrieblichen Umweltschutz betreffen
e) eine Darstellung der Umweltpolitik, des Umweltprogramms und des Umweltmanagement des Unternehmens für den betreffenden Standort
f) den Termin für die Vorlage der nächsten Umwelterklärung
g) den Namen des zugelassenen Umweltgutachters

Die Anwendbarkeit des Öko-Audit-Systems

Um die Praktikabilität des Instruments abschätzen zu können, wurde von der EG-Kommission ein einjähriges Pilotprojekt in Auftrag gegeben. Die PA Consulting Group untersuchte in Unternehmen unterschiedlicher Branchen aus mehreren Mitgliedsstaaten die Anwendbarkeit. Dabei stellte sich heraus, daß die Verordnung in mehreren Punkten für die Unternehmen unverständlich war und daher weiterer Erklärungsbedarf bestand. Dies obwohl es sich vor allem um gut entwickelte Großbetrieb handelte. Folgende Interpretationshilfen sollten zum besseren Verständnis der Verordnung bereitgestellt werden:

- Erläuterung der Verordnung in zusammengefaßter Form
- Erläuterung der Anforderungen der Verordnung
- Beispiele für Umwelterklärungen, Umweltziele, Umweltprogramme, Umweltmanagementsysteme
- Unterstützung bei der Erfassung der Umweltauswirkungen
- Hilfe zur Durchführung der ersten Umweltprüfung.

Daraus wird deutlich, daß die meisten Unternehmen mit den Anforderungen aus der EG-Verordnung überfordert waren. Daher stellt sich die praktische Anleitung der Unternehmen zur Erfüllung der Anforderungen als dringliche Aufgabe.

Mittlerweile existieren auch in der Bundesrepublik eine Fülle von Praxisbeipielen, die allerdings meistens nicht den Standard der EG-Verordnung erreichen. Zwei Unternehmensvarianten werden hier dokumentiert (VW und Dr. Oetker).

Einteilung der Umweltinformationssysteme
(Teichert 1993; 360)

Übersicht 2

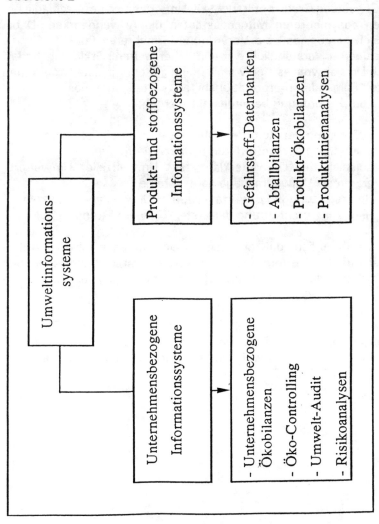

1.2. Sonstige Umweltinformationssysteme

Das bisher dargestellte Audit-Verfahren ist nur eines aus der reichhaltigen Palette von Umweltinformationssystemen (UIS).

Dabei muß man vor allem zwischen betriebs- und produktbezogenen Ansätzen unterscheiden.

Die unternehmensbezogenen Informationssysteme erfassen das Unternehmen in seiner stofflichen und energetischen Gesamtheit. Zu dieser Kategorie gehört auch das Audit (siehe Übersicht 2).

Bei den produkt- oder stoffbezogenen UIS stehen einzelne Produkte oder Stoffe über ihre verschiedenen Entwicklungsstufen von der Rohstoffgewinnung, über die Verarbeitung bis zur Entsorgung im Mittelpunkt der Analyse.

Die Einrichtung von betrieblichen als auch von produktbezogenen UIS gehört zu den weichen umweltpolitischen Instrumenten, deren Einführung jedoch präventiven Umweltschutz ermöglicht und planbar macht.

1.2.1. Unternehmensbezogene Umweltinformationssysteme

Unternehmensbezogene Ökobilanzen

Bei den unternehmensbezogenen Ökobilanzen kann man vier Teilbilanzierungskonzepte unterscheiden (Hallay/ Pfriem 1992, S.59):

- Bei der *Betriebsbilanz* wird der Betrieb als "Black box" betrachtet und durch eine Stoff- und Energiebilanz abgebildet. Dabei werden die Ströme der eingesetzten Stoffe und Energie

(Input) den Strömen der entstehenden Produkte und Emissionen (Output) gegenübergestellt.
- Im Rahmen einer *Prozeßbilanz* werden die Umweltwirkungen eines Produktionsprozesses wiedergegeben, wobei die Betriebsbilanz in kleinere Einheiten heruntergebrochen wird.
- In der *Produktbilanz* werden die hergestellten Produkte über ihren Produktlebenszyklus betrachtet.
- Zur *Standortbilanz* gehören Aspekte wie Flächennutzung und Bebauung, Landschaftsverbrauch, Boden und Gewässerverunreinigungen.

In den bisher vorliegenden betrieblichen Ökobilanzen wurden vor allem Betriebsbilanzen erstellt. Prozeß- und Produktbilanzen wurden nur in wenigen Fällen (Mohndruck, Wilkhahn, Neumarkter Lammsbräu) durchgeführt, meist auch nur für Teilbereiche des Produktionsprozesses oder für einzelne Produkte. Eine Substanzbetrachtung wurde lediglich durch Neumarkter Lammsbräu vorgelegt.

In der Praxis finden wir im wesentlichen zwei Anwendungstypen, nämlich betriebliche Ökobilanz nach Wagner und das Öko-Controlling nach Institut für ökologische Wirtschaftsforschung (IÖW) / Stahlmann. Bei Wagners Vorgehen handelt es sich um die klassische Betriebsbilanz. Nach einem festgelegten Kontenplan werden die Stoff- und Energieflüsse erhoben, einander gegenübergestellt und verbal gewichtet und bewertet. Firmenbeispiele hierfür sind Kunert, die Landesgirokasse Stuttgart, Merck/ratiopharm. Kunert hat mittlerweile schon zum dritten Mal eine betriebliche Bilanz erstellt und diese in der Form eines Ökoberichtes vorgelegt.

Durchgeführte Ökobilanzen in der Bundesrepublik (Teichert 1993, 361)

Übersicht 3

Unternehmen	Betriebs-bilanz	Prozeß-bilanz	Produkt-bilanz	Substanz-bilanz
Bischoff & Klein, Lengerich	+	-	-	-
Borges, Osnabrück	-	+	-	-
Kaldewei, Ahlen	+	-	+	-
Kunert, Immenstadt	+	-	-	-
Landesgirokasse Stuttgart	+	-	-	-
Merkle ratiopharm, Blaubeuren	+	+	+	-
Mohndruck GmbH, Gütersloh	+	-	-	-
Neff, Waldenbuch	+	+	+	+
Neumarkter Lammsbräu	+	+	-	-
Nordenia, Steinfeld				
Staatliche Bad Brückenauer Mineralbrunnen	+	-	-	-
Wilkhahn, Bad Münder	+	-	+	-

Öko-Controlling nach IÖW und Stahlmann

Vom wissenschaftlichen Anspruch am weitesten entwickelt ist das Öko-Controlling nach IöW und Stahlmann. Hier werden für alle vier Produktionsstufen (Prozesse, Produkte, Betrieb und Substanz) Teilbilanzen erstellt, in der Stoff- und Energieflüsse in Form von Input/output - Analysen erhoben werden. Der Bewertung liegt ein standardisiertes, allerdings subjektives Verfahren mit sieben Kriterien zugrunde (Hallay/ Pfriem 1992, 94ff), innerhalb derer eine Abstufung von A (hohes ökologisches Risikopotential) bis C (nach derzeitigem Forschungsstand kein Risikopotential) erfolgt. Umgesetzt wurde dieses Verfahren bisher komplett lediglich bei Neumarkter Lammsbräu. Teilaspekte fanden Anwendung bei Wilkhahn oder Nordenia. Das Entwicklung bei der Firma Wilkhahn wird in disem Band vorgestellt (vgl. Beitrag Knigge).

1.2.2. Produkt- und stoffbezogene Informationssysteme

Neben diesen unternehmensbezogenen Umweltbilanzmethoden existieren parallel auch produktbezogene Verfahren. Auf diese produkt- und stoffbezogenen Informationssysteme will ich an dieser Stelle nur kurz eingehen. Gefahrstoffdatenbanken und Abfallbilanzen gehören in diese Kategorie genauso wie Produktökobilanzen oder die Produktlinienanalyse (PLA). Es finden momentan auch in diesem Bereich Normierungsbemühungen statt. Zum einen über den Normenausschuß "Grundlagen des Umweltschutzes" (NAGUS) und dessen Arbeitsausschüsse 3 und 4 "Produkt-Ökobilanzen" und "Umweltbezogenen Kennzeichnung", zum anderen über das Eco-Label der EG.

Produkt - Ökobilanzen

Nach den bisherigen Vorschlägen des Umweltbundesamtes, die auch Eingang in ein "Memorandum of Understanding" mit dem Titel "Grundsätze produktbezogener Ökobilanzen" des NAGUS-Ausschuß

"Produkt-ökobilanzen" gefunden haben, soll sich eine Produkt-Ökobilanz aus folgenden Teilen zusammensetzen:

- Die *Zieldefinition* beinhaltet eine Eingrenzung des Untersuchungsrahmens und des Untersuchungszieles.
- Die *Sachbilanz* setzt sich aus einer vertikalen und horizontalen Ebene zusammen. Die vertikale Betrachtung umfaßt den Produktlebenszyklus, die horizontale Ebene will die mit dem Lebensweg verbundenen Luft-, Wasser- und und Bodenbelastungen durch Schadstoffe, den Verbrauch an Roh-, Hilfs- und Betriebsstoffen, Energie, Wasser etc. erfassen.
- Die *Wirkungsbilanz* beschreibt die in der Sachbilanz festgestellten Umweltbelastungen in Bezug auf die jeweiligen Umweltprobleme (z.B. Klimaveränderung oder Abfallaufkommen)
- Die *Bilanzbewertung* faßt die Ergebnisse zusammen, identifiziert Schwachstellen und macht Umsetzungsvorschläge (vgl. Beitrag Schlüter).

Produktlinienanalyse

Im Unterschied zur produktbezogene Ökobilanzierung, bei der ausschließlich die Umweltaspekte des Produktes betrachtet werden, sind bei der Produktlinienanalyse (PLA) auch soziale und wirtschaftliche Auswirkungen Untersuchungsgegenstand. Die Betrachtung eines Produktes oder einer Produktgruppe bezieht sich auf den gesamten Lebenszyklus, d.h. von der Rohstoffererschließung- und verabeitung, über die Produktionsstufen, den Vertrieb, die Verwendung und Entsorgung des Produktes bis hin zum Transport zwischen den einzelnen Stufen. Das aufwendige Verfahren stößt jedoch an finanzielle Grenzen und auf Widerstände in den Unternehmen. Betriebe sind offenbar noch eher bereit reine Umweltinformationen der Öffentlichkeit zur Verfügung zu stellen, als auch über soziale Belange zu informieren. Über wirtschaftliche Aspekte wird ja ohnehin eine Betriebsbilanz vorgelegt.

1.3. Erfahrungen und Akteure: praktische Beispiele

1.3.1. Typisierung von Umweltzugängen im Betrieb

Zwei gegenläufige Bewegungen kennzeichnen die betriebliche Einführung von Umweltinformationssystemen:

Umweltschutz von oben, d.h. durch die Managementebene oder Firmenleitung in Vorzeigeunternhemen eingeführt versus betrieblicher Umweltarbeitskreise von unten, die oft in ökologischen Problembranchen entstehen und gegen den Widerstand von strukturkonservativen Firmenleitungen anzukämpfen haben.

- *Ökologische Vorzeigeunternehmen*, die ihre Firmenpolitik als Beitrag zum vorsorgenden Umweltschutz verstehen. Darunter finden sich viele klein und mittelständische Unternehmen (KMU). Es handelt sich meist um ökologische Überzeugungstäter. In diesen Firmen gibt es häufig keine gewerkschaftliche Beteiligung oder zumindest keine zusätzlichen Impulse, aber meist charakterisiert eine partnerschaftliche Orientierung das Verhältnis von Firmenleitung zu MitarbeiterInnen (IÖW und Wagner-Unternehmen).
- Der *großindustrielle Zugang* findet meist über das Instrument Audit statt und hat einen starken Bezug zur Arbeitssssicherheit, Risiko- und Gefährdungsabschätzung sowie Umwelthaftung (VW etc.).
- Die *betrieblichen Umweltarbeitskreise*, oft mit aktiven Gewerkschaftern besetzt, bilden einen weiteren Zugang. Diese Arbeitskreise stoßen aber oft auf den Widerstand der Unternehmensleitung (Schäfer/ Kropp 1993).
- In einigen Fällen fungiert aber auch die Wissenschaft als Initiator von betrieblichen Modellprojekten im Umweltbereich. Dieser *Wissenschaftszugang* kennzeichnet das Projekt zur Einführung einer betrieblichen UVP im Bereich der Stahlindustrie (Krupp-Stahl, Dillenburg /Bechmann IKS) aber auch

eine Reihe von IÖW-Projekten. Hier wird der Zugang teilweise durch die Wissenschaft gelegt, wobei das Unternehmen (Krupp-Stahl) im Fall Bechmann /IKS nur halbherzig mitspielte.

1.3.2. ArbeitnehmerInnen und betriebliche Umweltinformationssysteme

Warum sollten sich die Beschäftigten eines Betriebes überhaupt mit Ökobilanzen befassen? Sind ökologischen Fragestellungen nicht viel zu kompliziert und von daher am besten bei den betrieblichen Umweltexperten und auf der Mangementebene aufgehoben?

Wenn die Unternehmen ihre Umweltinformationssysteme innerbetrieblich transparent machen, kann einerseits in der Belegschaft die Akzeptanz von Umweltschutzmaßnahmen gefördert werden. Andererseits kann die Motivation der MitarbeiterInnen, sich persönlich für den betrieblichen Umweltschutz einzusetzen, erhöht werden. Voraussetzung für dieses persönliche Engagement ist jedoch, daß den Beschäftigten mehr Kompetenzen und Beteiligungrechte zugestanden werden. Diese können wiederum Kreativität zur Verbesserung des eigenen Arbeitsplatzes freisetzen oder sogar zur Mitgestaltung von ökologischen Produkt- und Produktionsinnovationen führen. Darüberhinaus zeigen betriebliche Umweltinformationsssteme natürlich Umweltgefährdungen am Arbeitsplatz auf und bieten somit die Möglichkeit, den Arbeitsplatz umweltverträglicher zu gestalten.

Betriebliche Umweltinformationssysteme (UIS) geben den ArbeitnehmerInnen und ihren InteressenvertreterInnen aber auch Informationen zu Themenkomplexen, die nicht nur Umweltaspekte, sondern vielmehr auch ökonomische Belange betreffen. Z.B.:

- Kriterien für die Beschaffung,
- Orientierung für die Produktentwicklung,
- Abfallkonzepte und Fragen der Verpackung,
- Investitionsentscheidungen.

Handlungsbedarf entsteht zumindest in der Umsetzungsphase einer betrieblichen Ökobilanzierung, wenn es z.B. darum geht umweltgefährdende Arbeitsplätze abzubauen oder zu verändern. Betriebliche UIS ermöglichen also eine langfristige unternehmerische Planung, die letztlich sowohl zu einer Wettbewerbsfähigkeit des Unternehmens und damit zur Sicherung von Arbeitsplätzen beitragen kann.

1.3.3. Frage der betrieblichen Organisationsform

Wie kann eine solche Mitarbeit im Rahmen der Organisation eines Betriebes umgesetzt werden? Patentrezepte gibt es hierzu nicht, zumal es sich um ein Experimentierfeld mit noch geringer Praxiserfahrung handelt.

Volker Teichert vom Institut für ökologische Wirtschaftsforschung hat idealtypisch folgendes Vorgehen beschrieben, um aus der Sicht der Beschäftigten und der betrieblichen Interessenvertretung auf die Einführung von betrieblichen Umweltinformationssystemen (UIS) Einfluß zu gewinnen:

Um überhaupt eine *organisatorische Grundlage* zu haben, die es ermöglicht sich in den betrieblichen Informations- und Kommunikationsprozeß einzuschalten, ist es notwendig, einen *Umweltausschuß beim Betriebsrat* oder einen *Umweltarbeitskreis von Beschäftigten* zu gründen.

Dieser Umweltauschuß oder Umweltarbeitskreis sollte sich im nächsten Schritt beim Arbeitgeber danach erkundigen, ob die Einführung eines betrieblichen UIS geplant ist. Hier müßten dann schon frühzeitig die Anforderungen an ein solches UIS entwickelt und eingebracht werden.

Zu diesen Punkten sollte vom Betriebrat eine *Betriebsvereinbarung* nach § 88 Betriebsverfassungsgesetz (BetrVG) mit dem Arbeitgeber abgeschlossen werden. Falls dies auf Widerstand stößt, hat der Betriebsrat nach § 80 BetrVG die Möglichkeit, solche Maßnahmen einzufordern, insbesondere, wenn sich das Unternehmen in ökologischen Problembereichen bewegt.

Die Verabschiedung einer Betriebsvereinbarung eignet sich auch dazu, das Thema Umweltschutz in der Belegschaft zu verbreiten. Dies ist wiederum eine Voraussetzung für die frühzeitige Einbeziehung und qualifizierte Mitarbeit der Beschäftigten.

Die Einführung eines Umweltinformationssystems sollte unter Beteiligung des Betriebrates erfolgen. Denn aus der Datenerhebung werden entsprechende betriebliche Umweltmaßnahmen abgeleitet, deren Priorität festgelegt werden muß. Dies kann bis zur Einführung neuer Produkte und den damit verbundenen Investitionsentscheidungen führen.

Wichtig ist natürlich auch die *Kommunikationsfunktion* eines solchen UIS. Zum einen sollten die Ergebnisse auch der Öffentlichkeit vorgestellt werden, zum anderen bietet sich aber eine betriebsinterne Intensivierung der Umweltinformation an. Die UIS bieten so die Chance zu einem betriebsinternen Kommunikationsinstrument zu werden, das etwa in der Form einer "Informationsbörse" oder im Rahmen betrieblicher Weiterbildungsmaßnahmen im Umweltschutz ergänzt werden kann.

Das Zustandekommen von partizipativen Formen der betrieblichen Arbeit im Umweltschutz ist von vielen Faktoren abhängig. Zentrale Bedeutung hat jedoch die Aufgeschlossenheit der Unternehmensleitung und der Managementebene. Ein hoher Grad von Aufgeschlossenheit ermöglicht auch Informations- und Mitbestimmungsmöglichkeiten für die Beschäftigten unterhalb der Ebene vertraglicher Regelungen. Andererseits müssen aber selbst vertraglich geregelte Umweltzugänge für Beschäftigte und Betriebsräte nicht unbedingt deren aktive Wahrnehmung zur Folge haben (Schmidt 1993). Wichtig scheint nach ersten wissenschaftlichen Befunden auf jeden Fall das Verhältnis von Beschäftigten und Betriebsrat zu den freiwillig oder gesetzlich vorgeschriebene betrieblichen Umweltschutzbeauftragten (Föste 1994).

Auch die dokumentierten Praxisbeispiel deuten an, daß viele Entwicklungen eines präventiven betrieblichen Umweltschutzes - hierzu zählt auch die Etablierung und Umsetzung betrieblicher UIS - von diesen personellen Konstellationen abhängig sind. Eine weitere Mindestvoraussetzung besteht in der Etablierung bestimmter umweltbezogener Arbeitsstrukturen im Betrieb. Diese können in der Form von Umweltausschüsse, Umweltarbeitskreise etc. geregelt sein. In den hier dokumentierten Praxisbeispiele existiert überall ein Zugang des Betriebsrates zu diesen Gremien. Wie intensiv und aktiv er genutzt wird, wo Erweiterungsmöglichkeiten bestehen oder Konfliktlinien verlaufen und wie die Beteiligungsmöglichten der Beschäftigten aussehen und aussehen könnten, harrt einer genaueren wissenschaftlichen Analyse.

1.4. Gewerkschaftliche Perspektive

Perspektiven für eine gewerkschaftliche Beteiligung am Aufbau von Umweltinformationssystemen und an deren Standards sehe ich vor allem auf zwei Ebenen:

a) Im Rahmen der nationalen Ausgestaltung der Umweltnormung (NAGUS) (vgl. 4.1)
b) Im Rahmen der Beteiligung an konkreten Modellprojekten (vgl. 4.2)

Inhaltliche Ansatzpunkte, die sich aus der EG-Verordnung zum Öko-Audit ergeben, die aber auch für andere betriebliche UIS Gültigkeit haben, und auf die sich gewerkschaftliche Vertreter meiner Meinung nach sowohl in der NAGUS- Arbeit als auch bei der Umsetzung von Modellprojekten beziehen sollten, wären:

a) Prozeßbeteiligung von ArbeitnehmerInnen und deren Interessenvertretern

Die in der Präambel festgelegte Unterrichtungspflicht ist zu einer Beteiligungspflicht der "Betriebsangehörigen auszuweiten" oder zumindest sollte der Zeitpunkt der Unterrichtung an den Beginn der Umweltbetriebsprüfung zu legen, um die Arbeitnehmer in einer Art Scoping-Prozeß in das Verfahren von Beginn an einzubeziehen;
Dies bedeutet für die Umsetzung eines betrieblichen UIS, die Beteiligung an den einzelnen Stufen und Phasen:

- Beteiligung im Scoping-Prozeß
- Beteiligung bei der Umsetzung
- Beteiligung bei der Maßnahmenplanung
- Beteiligung bei der Kontrolle der durchgeführten Maßnahmen etc..

b) Information der Öffentlichkeit

Die Unterrichtung der Öffentlichkeit als Herzstück des Entwurfs sollte in ihrer Form so ausgestaltet werden, daß sie dem Informationsbedürfnis der Öffentlichkeit und nicht nur der Selbstdarstellung des auditierten Unternehmens dient.

Eine Vergleichbarkeit für die Öffentlichkeit und für die Beschäftigten und damit eine höhere Transparenz könnte durch die Entwicklung und Einigung auf Branchenstandards gefördert werden. Der Europäische Gewerkschaftsbund (EGB) kritisiert in seiner Stellungnahme mit Recht, daß auch die Änderungen zum endgültigen Audit-Entwurf "noch keine echte Öffentlichkeitsunterrichtung" vorsehen (EGB 1993, 5). Der EGB sieht Chancen durch ein branchenbezogenes Vorgehen und die damit verbundenen Vergleichsmöglichkeiten der Öffentlichkeit den Informationszugang zu erleichtern.

Die Umsetzung der Öko-Audit-Verordnung sollte auf jeden Fall keinen Rückfall hinter die EG-Richtlinie über den freien Zugang zu Umweltinformationen bedeuten, die es jedem Bürger in bestimmten Grenzen ermöglicht, Zugang zu betrieblichen und behördlichen Umweltvorgängen zu erhalten.

In diesem Zusammenhang müssen Standards in Bezug auf Transparenz, Nachvollziehbarkeit und Verständlichkeit gefordert werden. Dieser Aspekt ist für die Gewerkschaften eine Schnittstelle zwischen lebensweltlichem und produktionsbezogenem Umweltschutz und somit ein Berührungspunkt mit den Interessen der Umwelt- und Verbraucherverbände sowie der kritischen Wissenschaft.

c) Weiterbildung

Ausdrücklich in der Präambel der EG-Verordnung vorgesehen ist die Aus- und Weiterbildung von ArbeitnehmerInnen im Umweltschutz. Hier läge ein zentrales Aufgabenfeld für die Gewerkschaften, durch eigene Fortbildung, eine praxisnahe Weiterbildung der ArbeitnehmerInnen mit hohen Qualitätsstandards zu sichern, in denen z.B. auch Fragen des Gesundheits- und Arbeitsschutzes Berücksichtgung finden, die ansonsten beim Aufbau von UIS eher ein randständiges Dasein fristen. Zielgruppe solcher Fortbildungen, sind neben den ArbeitnehmerInnen auch Betriebsräte, gewerkschaftliche Vertrauensleute und betriebliche Umweltbeauftragte. Die Erstellung von branchenbezogenen Arbeits- und Bildungsmaterialien wäre ein erster Schritt.

1.4.1. Gewerkschaftliche Aktivitäten im Rahmen der nationalen Ausgestaltung der Umweltnormung

Hier sind vor allem zwei Dinge von Belang, nämlich die Mitarbeit im den Arbeits- und Unterarbeitsausschüssen des Normenausschusses Grundlagen des Umweltschutzes (NAGUS) und die Beteiligung an der nationalen Zulassungs- und Koordinierungsstelle für Umweltprüfer nach der Öko-Audit-Verordnung der EG.

Die Beteiligung an der nationalen Zulassungs- und Koordinierungsstelle für Umweltprüfer nach der Öko-Audit-Verordnung der EG ist insofern von Bedeutung, als auch hier indirekt oder direkt Einfluß auf den Verhaltenscodex der Umweltprüfer genommen werden kann. Im Kreis der UVP-Gutachter existiert eine solche Diskussion schon seit geraumer

Zeit. Die Zulassung der betrieblichen Umweltprüfer könnte z.B. zur Manifestierung bestimmter Qualitätsanforderungen beitragen, die für die gewerkschaftliche Arbeit wichtige Voraussetzungen bedeuten, wie die frühe Einbeziehung der Arbeitnehmer in das Verfahren oder Art und Inhalte der Umwelterklärung für die Öffentlichkeit. Auf jeden Fall entsteht mit dieser neuen Dienstleistung auch ein neues Berufsbild, das noch nicht verbandsmäßig organisiert ist.

1.4.2. Gewerkschaftliche Aktivitäten im Rahmen der Beteiligung an Modellprojekten

Im Rahmen der durchgeführten Modellprojekte der EG zur Umsetzung des Öko-Audits spielen gewerkschaftliche Positionen keine Rolle. Betriebsräte und ArbeitnehmerInnen wurden nicht beteiligt. Dies geht zumindest nicht aus dem Bericht zur Evaluation dieser Modellprojekte hervor (PA Consulting 1993).

Umso mehr könnte es von Interesse sein, sich in einem möglichst frühen Umsetzungsstadium an Modellprojekten zu beteiligen, die für die Erarbeitung und Umsetzung der Qualitäts- und Beteiligungsstandards von zentralem Interesse sein dürften.

Dies ist umso notwendiger, da die Verordnung selbst hierzu wenig Orientierung bietet und es daher auf die konkrete Ausgestaltung der Beteiligungsformen im Rahmen von Pilotprojekten ankommen wird.

Deshalb sollten die Gewerkschaften mit der aktiven Beteiligung an guten Modellen zur Schaffung von Qualitäten neben gesetzlichen Normen beitragen. Hierzu könnten vor allem vier Zugänge sinnvoll sein:

Branchenleitfäden / Standards

Ein zentrales Anliegen wäre über Modellprojekte Branchenstandards zu setzen. Ein positives Beispiel für eine solche Arbeit ist der vom Institut für ökologische Wirtschaftsforschung (IÖW) mit finanzieller Unterstützung des Landes Niedersachsen und in Kooperation mit der Firma Wilkhahn entwickelte Leitfaden zum Umweltcontrolling in der Möbelindustrie (Lehmann 1993).

Hier liegt ein Betätigungsfeld, das für die Einzelgewerkschaften evt. nach Priorität der Umweltrelevanz und unter besonderer Berücksichtigung von KMU-Besonderheiten Projekte in Angriff zu nehmen wäre.

Die besondere Problematik klein- und mittelständischer Unternehmen (KMU) aufgreifen

Ausgangspunkt ist die These: Umweltschutz schafft und sichert Arbeitsplätze, besonders in KMU. Dies gilt für Ökolgieunternehmen (Bärsch u.a. 1991, 32), die Aufnahme eines vorsorgenden Umweltschutzes stabilisiert aber auch in den anderen KMUs *langfristig Arbeitsplätze*.

Hoher Umweltberatungsbedarf, wenig Geld und eine geringere Betriebsratsquote aber keinesfalls einen geringeren gewerkschaftlichen Organisationsgrad (Wassermann 1992, 29) chrakterisieren den typischen klein und mittelständischen Betrieb. Sogar Unternehmen, die sich selbst zum Ökologiemarkt zugehörig deklarieren, signalisieren in diesem Bereich Beratungs- und Qualifzierungsbedarf (Bärsch u.a. 1991, 80 u.84).

Ebenso wurde bei den Betriebräten ein hoher Beratungsbedarf festgestellt, wobei Umweltschutz und Arbeitsschutz eine starke Priorität haben (Wassermann 1992, 81).

Ein denkbarer *Lösungsansatz wäre die Entwicklung von regionalen Transferleistungen unter Einbeziehung der Gewerkschaften und der Umweltberaterverbände etc.*.

In einigen Bundesländern sind Modellprojekte mit entsprechender Förderung, besonders für KMUs, bereits geplant.

Exkurs: Rahmenprogramme und Fördermöglichkeiten für KMU durch die einzelnen Bundesländer

Das Saarland hat ein Programm zur Förderung der ökologisch orientierten Unternehmensführung aufgelegt. Mit dem saarländischen Programm können Betriebe, die ihr Unternehmen auf technische und organisatorische Umweltschutzverbesserungen überprüfen lassen, 80 Prozent der Beratungskosten erstattet bekommen. Nach der am 1.5. 1993 in Kraft getretenen Öko-Audit-Richtlinie werden Betriebe nach Informationen des saarländischen Umweltministeriums bis zu einer Größe von 250 Beschäftigten und 40 Millionen DM Vorjahresumsatz gefördert. Für die Honorarkosten der externen Umweltberater können die Firmen einen Landeszuschuß von bis zu 80 Prozent, maximal aber 10.000 DM erhalten. Die Beratung soll eine Bestandsaufnahmen, eine Analyse bisheriger Schwachstellen und Verbesserungsvorschläge im betrieblichen Umweltschutz mit entsprechenden Finanzierungsvorschlägen umfassen. Im Landeshaushalt 1993 stehen 200.000 DM für das "Saarländische Umwelt-Audit-Programm" zur Verfügung (UVP-Report 3/1993, S.139). Damit wäre 1993 die Finanzierung von etwa 20 Musteraudits allein im Saarland möglich.

Hessen plant für 1994 die Auflage eines Pilotvorhabens zum Öko-Audit mit 5 größeren Unternehmen. Für diese Vorhaben ist ein Gesamtetat von 1 Mio.DM vorgesehen. Andere betriebliche Umweltinformationssysteme werden in Hessen nicht gefördert. Es existiert lediglich eine Orientierungshilfe in der Form eines Leitfadens für Unternehmen (Hübner/Simon-Hübner 1991).

In Niedersachsen setzen sowohl das Wirtschafts- als auch das Umweltministerium auf das über Modellprojekte erprobte Verfahren des Umweltcontrolling und nicht auf Öko-Audit. Dieses Umweltinformationssystem soll für Unternehmen anderer Branchen weiterentwickelt und zur Anwendung gebracht werden. Für 1994 steht etwa 1 Mio DM für 6 Projekte bereit. Der Qualitätsstandard des Umwelt-Controlling wird im Vergleich zu dem des EG-Öko-Audits als vergleichsweise hoch eingeschätzt. Für Unternehmen, die ein Öko-Controlling installiert haben, sei auch jederzeit eine Zertifizierung nach der EG-Verordnung möglich.

Das Umweltministerium des Landes Nordrhein-Westfalen fördert die beispielhafte Erarbeitung von Kriterien für eine Umweltberichterstattung der Unternehmen (Clausen/Fichter, 1993).

Schleswig-Holstein läßt über ein Pilotprojekt die Praktikabilität von Umweltinformationssystemen für Kleinstbetriebe (5-15 Mitarbeiter erarbeiten.

Das baden-württembergische Umweltministerium unterstützt mit DM 490.000 ein Pilotprojekt bei der Firma Voith. Am Ende des Projektes soll nicht nur eine Ökobilanz/Öko-Controlling für die Firma Voith durchgeführt und eingerichtet sein, sondern ein Leitfaden zur Erstellung betrieblicher Ökobilanzen für mittelständische Unternehmen im Bereich der Metallverarbeitung entwickelt werden (UVP-Report 3/1993, S. 139).

Einen zusätzlichen Anknüpfungspunkt, für den es leider schon fast zu spät ist, bietet das Förderprogramm für Pilotvorhaben der EG-Kommission. Die Frist für die Abgabe von Vorschlägen für Pilotprojekte läuft zum 31.12.1993 ab.

Bei den vorliegenden Förderprogrammen handelt es sich also in der Regel um eine Kombination von gezielten Unterstützungsmaßnahmen für KMU verbunden mit der Erarbeitung von Branchenleitfäden.

Organisation des betrieblichen Umweltschutzes

Als Initiatoren von Umweltschutzmaßnahmen übernehmen die Umweltbeauftragten neben dem Management eine zentrale Rolle (Antes 1993, 200). Die Aufgabe der Umweltbeauftragten auf gesetzlicher Grundlage sind stark durch das Ordnungsrecht geprägt. Sie übernehmen Überwachungs-, Aufsichts- , Berichts- und Dokumentationsfunktionen und sind der Geschäftsleitung gegenüber verantwortlich, wogegen eine Kooperation mit dem Betriebsrat in der Regel nicht vorgesehen ist. Das Verhältnis Umweltbeauftragter/ Betriebsrat ist häufig im Betrieb von unten gewachsen und stellt in vielen Unternehmen eine Schlüsselfunktion dar, wenn es um die Berücksichtigung der Interessen der Beschäftigten bei betrieblichen Innovationen im Umweltschutz geht. Betriebsräte liegen in der Umweltkompetenzskala zwar deutlich hinter dem Umweltbeauftragten, allerdings nur knapp hinter Geschäftsführung und Management, aber deutlich vor den MitarbeiterInnen (FUUF, 1991, 306).

Berufsbilder im Umweltschutz, z.B. der Umwelt- und Abfallberater, aber auch der betriebliche Umweltprüfer nach der EG-Verordnung zum Öko-Audit befinden sich noch in der Entwicklungsphase.

Die Anforderungen und Zulassungsverfahren für Umweltbetriebsprüfer (Verifier) nach der EG-Verordnung sind noch offen. An diesem Prozeß sollten sich die Gewerkschaften mit eigenen Positionen beteiligen, wie es die ÖTV ja beim Berufsbild des Ver- und Entsorgers getan hat.

Möglicher Lösungsansatz als Modell: Gewerkschaften als Interessenvertretung der Umweltberater/ -beauftragten. In Österreich existiert ein solches Modell, dessen Übertragbarkeit zumindest überprüft werden sollte.

Weiterbildungs- und Qualifizierungsoffensive für ArbeitnehmerInnen

Eine weitere Möglichkeit für die Gewerkschaftsseite wäre selber Träger von förderungswürdigen Fortbildungsmaßnahmen für Umweltbeauftragte und andere mit der Durchführung der Audits befaßte Personen zu werden.

Eigene Angebote der Gewerkschaften sollten in Kooperation mit Umweltforschungsinstituten entwickelt werden und KMU-Anforderungen einbeziehen.

1.5. Forschungs- und Handlungsbedarf

Daraus ergeben sich nach meiner Einschätzung folgende Anschlußprojekte, die von der Hans-Böckler-Stiftung in Kooperation mit anderen potentiellen Förderern zu betreiben wären:

1.5.1. Forschungsprojekt: Ökobilanzen im Betrieb

Eine Unternehmensbefragung, die die Erfahrungen mit der Einführung und dauerhaften Anwendung solcher Instrumente vor allem untern dem Blickwinkel des gewerkschaftlichen Zugangs analysiert und daraus Handlungs- und Gestaltungsvorschläge in folgenden Richtungen ausarbeitet und die Projekte organisatorisch vorbereitet.

Ein Vorschlag des Öko-Instituts Freiburg (R.Grießhammer), der von der Stiftung "Arbeit und Umwelt" der IG Chemie ausgezeichnet wurde, geht in diese Richtung. Die vorliegenden Ökobilanzen, in der Regel Produktökobilanzen sollen danach auf den Aspekt der Einbeziehung des Arbeitsschutzaspekts und der Berücksichtigung von ArbeitnehmerInneninteressen evaluiert werden. Ergiebiger für diese Fragestellung, wenn auch nicht so häufig durchgeführt, sind natürlich die betrieblichen Ökobilanzen.

Vielleicht bietet sich aber auch eine gemeinsame Umsetzung der bei der Stiftung "Arbeit und Umwelt" ausgelobten Projektskizzen zum "Einsatz von Kunststoffen aus nachwachsenden Rohstoffen" vom Bayerischen

Institut für Abfallforschung oder vom Institut für Kunststoffprüfung und Kunststoffkunde zur "Ganzheitlichen Bilanzierung des VW Golf" an.

1.5.2. Organisation des betrieblichen Umweltschutzes

Wie sieht das Aufgabenspektrum und das Verhältnis der betrieblichen Akteure im Bereich Umweltschutz aus?

Welche Verknüfungspunkte zur Fragen der Arbeitssicherheit und des Gesundheitsschutzes existieren und wie werden sie wahrgenommen? Welche Stellung nehmen betriebliche Umweltbeauftragte oder Umweltberater ein?

Wie ist ihr Verhältnis zu den Gewerkschaften und Betriebsräten? Gibt es Umweltarbeitskreise, Umweltausschüsse oder sind die Themen Teil der Arbeit von anderen Ausschüssen wie Arbeitssicherheit oder Wirtschaft?

Ein *Erfahrungsaustausch zwischen Umweltbeauftragten/ -beratern und Gewerkschaften* könnte solche Fragestellungen einer idealen betrieblichen Organisationsform des Umweltschutzes, aber vielleicht auch Fragen der organisatorischen Zusammenarbeit von Umweltberatern / -beauftragten und Gewerkschaften zum Gegenstand haben.
Mögliche Themen wären z.B.
-   die Umweltqualifikation und -information der MitarbeiterInnen.

Wie transparent und verständlich müssen/sollen betriebliche Umweltinformationen sein?

1.5.3. Umweltschutz in klein- und mittelständischen Unternehmen

Anzustreben wäre ein Kooperationsprojekt zur regionalen und/oder branchenbezogenen Umsetzung von Umweltinformationssystemen für klein- und mittelständische Unternehmen in Form der Einrichtung einer

Transfer- und Beratungsstelle für Umwelt- und Marktinformationen. Förderer, möglicherweise in Kooperation mit der Hans-Böckler-Stiftung, wären die Dt. Bundestiftung Umwelt, Länderministerien, aber eventuell auch die EG, falls man eine strukturschwache Region als Umsetzungsort wählt.

Literatur:

Antes, Ralf: Ökologie in Aus- und Weiterbildung, in: Kluge, Norbert u.a. (Hg.); Umweltschutz und gewerkschaftliche Interessenvertretung, Düsseldorf 1993, 196-203

Bärsch, Jürgen u.a.: Der Ökologiemarkt für Kleinunternehmen, Darmstadt 1991

Birke, Martin / Schwarz, Michael: Umweltschutz im Betriebsalltag, Opladen 1994

Clausen, Jens/ Fichter, Klaus: Vorstudie zum Projekt Umweltberichterstattung, Osnabrück 1993

Föste, Wolfgang: Umweltschutzbeauftragte und präventiver Umweltschutz in der Industrie, München und Mering 1994

FUUF: Umweltorientierte Unternehmensführung, Berlin 1991

Hildebrandt, Eckart/ Schmidt, Eberhard: Umweltschutz und Arbeitsbeziehungen in Europa. Eine vergleichende Zehn-Länder-Studie, Berlin 1994

Hübner, Heinz/ Simon-Hübner, Daniela: Ökologische Qualität von Produkten. Ein Leitfaden für Unternehmen, Wiesbaden 1991

IKS: Leitfaden zum Einsatz ökologischer Instrumente für die Analyse der Umweltverträglichkeit von Produkten und Produktionsverfahren im Betrieb, Bochum 1993.

Institut für ökologische Wirtschaftsforschung: Umweltschutz und Arbeitsbeziehungen, Berlin 1993

Kluge, Norbert / Obst, Susanne / Schmidt, Eberhard (Hg.): Umweltschutz und gewerkschaftliche Interessenvertretung, Düsseldorf 1993

Lehmann, Sabine / Clausen, Jens (Hg.): Umweltberichterstattung von Unternehmen, Berlin 1992

Lehmann, Sabine (Hg.): Umweltcontrolling in der Möbelindustrie, Berlin 1993

Mittendorfer, Cornelia: Umweltbeauftragte im Betrieb, Wien 1993

PA Consulting Group: Pilot Exercise of Environmental Auditing- Final Report, Royston 1993

Schäfer, Hermann / Kropp, Dieter: Ökologie ist kein Selbstläufer, Bad Kreuznach 1993

Schmidt, Eberhard: Gewerkschaftliche Konzepte zum betrieblichen Umweltschutz durch traifvertäge und betriebsvereinbraungen, in: WSI-Mitteilungen 6/1993, 330-337

Teichert, Volker: Betriebliche Umweltinformationssysteme und Möglichkeiten der Arbeitnehmervertretung; in: WSI-Mitteilungen 6/1993, 359-368

Wassermann, Wolfram: Arbeiten im Kleinbetrieb, Köln 1992

Teil B Unternehmensbezogene Beispiele

Günter Larisch
1. Dr. Oetker - Einführung eines Umweltauditsystems in der Lebensmittelbranche

1.1. Umweltorientierte Unternehmensführung bei Dr. Oetker

Dr. Oetker beschäftigt 3000 Mitarbeiter in 8 Produktionsstätten und hat einen Jahresumsatz von 1,4 Mrd DM. Aktiven Umweltschutz betreibt Dr. Oetker seit 1987. Der Umweltschutzbeauftragte ist als Stabsstelle installiert und direkt der Geschäftführung unterstellt. Man hat mir als Umweltschutzbeauftragten sehr viel Freiheit gegeben, diese Aufgabe zu gestalten. Bei der Stelle handelt es sich um eine freiwillige und nicht um eine gesetzlich vorgeschriebene Stelle.

Ein Umweltaudit sollte eigentlich Bestandteil einer umweltorientierten Unternehmensführung sein. Ich möchte über einige Aktivitäten, die wir bei Dr. Oetker in den letzten Jahren durchgeführt haben und durchführen wollen, berichten, damit der Rahmen etwas deutlicher wird.

Angeregt wurde die umweltorientierte Unternehmensführung durch die Aktivitäten des Bundesdeutschen Arbeitskreis für umweltbewußtes Management (BAUM). Schon 1987 wurde ein noch sehr einfacher Leitsatz formuliert: Dr. Oetker hat dem Umweltschutz in der Unternehmenspolitik einen besonderen Stellenwert eingeräumt und zahlreiche umweltorientierte Maßnahmen auf freiwilliger Basis umgesetzt.

Zur Organisation

Die Geschäftsleitung besteht aus vier Personen und Herrn Dr. August Oetker als Sprecher der Geschäftsführung. Mein direkter Vorgesetzter ist Mitglied der Geschäftführung und für den Umweltbereich zuständig. Meine Aufgabe ist es auch, die Geschäftsführung ständig über die entsprechenden Aktivitäten zu informieren.

Der Umweltschutzbeauftragte hat Zugriff auf die einzelnen Produktionsstätten. In diesen Werken und Produktionsstätten sind wiederum Umweltbeauftragte installiert. Diese tragen innerhalb ihrer Werke Umweltverantwortung, was auch in den Stellenbeschreibungen entsprechend verankert worden ist.

Wichtig war es, denjenigen die hier Verantwortung übernehmen, mitzuteilen, wofür sie verantwortlich sind. Mit einem Umwelttrainer wurden für die Mitarbeiter in den Werken, für Werksleiter, Meister, Produktionsleiter und Umweltverantwortliche ganz spezielle Seminare zum betrieblichen Umweltschutz durchgeführt.

Die Berücksichtigung von Umweltgesichtspunkten im Rahmen der Materialbeschaffung ist selbstverständlich. Im Zusammenhang mit der Umsetzung des Abfallwirtschaftskonzept des Landes NRW wurde durch ein Expertenunternehmen eine Abfallberatung durchgeführt und eine bertiebliche Abfallbilanz erstellt. Sämtliche Abfälle, die an den einzelnen Produktionsstätten und auch in der Verwaltung anfallen, werden zugeordnet und nach den einzelnen Kostenstellen erfaßt. Somit kann auch kontrolliert werden, wieweit dort Abfallvermeidung wirklich betrieben wird. Zur Beachtung der Umweltverträglichkeit bei der Produktverpackung wurde ein separater Arbeitskreis eingerichtet.

Umweltbilanzen im ursprünglichen Sinne führen wir noch nicht durch. Wir arbeiten mit dem Ökobase-Programm, das wir von der MIGROS aus der Schweiz gekauft haben. Dabei handelt es sich um ein EDV-Programm, das Verpackungsmittel auf der Grundlage von Umweltbelastungspunkten miteinander vergleicht. Neue Produkte laufen im Hinblick auf das einzusetzende Verpackungsmaterial über über dieses EDV-Programm.

Es finden regelmäßig Zusammenkünfte im Umweltausschuß und in den Umweltschutzprojektarbeitskreisen statt. Dort werden z.B. Energiesparmaßnahmen geplant. Aufgrund dieser Besprechung hat sich Dr. Oetker beispielsweise zugunsten der teureren Fernwärme entschieden und auf Öl verzichtet. Der Betriebsrat ist ständiges Mitgleid in unserem Umweltarbeitskreis.

In das betriebliche Vorschlagswesen wurde der Umweltschutz ab 1991 miteinbezogen. Persönlich war ich etwas enttäuscht über die Resonanz. In Bielefeld machten knapp 2000 Mitarbeiter 18 Vorschläge, obwohl die Aktion überall bekannt gemacht wurde. Beim zweiten Anlauf sind auch nicht viel mehr Vorschläge eingereicht worden, obwohl jeder eingereichte Vorschlag prämiert wurde. Im Gegensatz zum sonstigen betrieblichen Vorschlagswesen, wo sich die Maßnahmen für das Unternehmen finanziell rentieren, können beim Umweltschutz auch höhere Kosten verursacht werden.

1.2. Verhältnis zum Betriebsrat

Die konstruktive Zusammenarbeit mit dem Betriebsrat in allen Umweltschutzangelegenheiten ist kein "Papiertiger", sondern existiert in der Tat. Als wir 1987 unsere Aktivitäten begannen - damals war ich noch Hauptabteilungsleiter im Einkauf und habe den Umweltschutz nebenamtlich für 3 Jahre mitgemacht - bestand meine erste Aufgabe darin, einen Umweltarbeitskreis zu bilden. Von Anfang an war der Betriebsrat mit in diesem Umweltarbeitskreis vertreten. Heutzutage wird das zusätzlich so gehandhabt, daß ich alle vier Wochen mit Frau Frommholz, die bei Dr Oetker innerhalb des Betriebsrates für den Umweltbereich verantwortlich ist, sogenannte Abstimmungsgespräche führe, in denen wir uns gegenseitig auf dem Laufenden halten und gemeinsam Aktivitäten planen. Denn es ist wichtig, daß ich aus dem Betrieb und vom Betriebsrat Informationen erhalte, um sie gemeinsam sehr schnell umsetzen zu können.

Externe Kontakte im Umweltbereich bestehen mit Industrie, Handel, Verbrauchern, Hochschulen und Verbänden. Wir arbeiten gerne mit Hochschulen zusammen, von denen wir uns das nötige Umwelt-Knowhow holen.

Wir haben uns u.a. dazu entschlosen, und das war auch das Ergebnis eines Trainee-Projektes, unsere Mitarbeiter in den Betrieben über aktuelle Umweltthemen besser zu informieren und für Gespräche zur Verfügung zu stehen. Wir vertreten den Standpunkt, daß Umweltinformationen nicht nur von oben nach unten gegeben werden sollten, sondern es muß auch eine Rückkopplung von unten nach oben erfolgen.

Außerdem führe ich mit den Auszubildenden Projektarbeit über Umweltthemen durch. Ein solches Projekt war z.B. im letzten Jahr "Das umweltfreundliche Büro". In diesem Jahr lief ein Mini-Audit zusammmen mit den gewerblichen Auszubildenden. Die kaufmännischen Azubis bearbeiten das Thema "Analyse der Lieferanten-Eingangsverpackungen".

Wichtiges Thema ist die Schulung der Mitarbeiterinnen und Mitarbeiter. Die Information und Motivation ist das A + O. Jeder neue Mitarbeiter, den wir einstellen, bekommt neben seinem Vertrag eine Umweltschutzerklärung und diese Umweltschutzerklärung lautet: "Dr. Oetker hat dem Umweltschutz in der Unternehmenspolitik einen besonderen Stellenwert eingeräumt und zahlreiche umweltorientierte Maßnahmen umgesetzt. Damit hat sich das Unternehmen zum aktiven Umweltschutz verpflichtet und alle Mitarbeiterinnen und Mitarbeiter werden in die Umweltaktivitäten der Dr. Oetker Nahrungsmittel KG mit einbezogen. Jeder Mitarbeiter, jede Mitarbeiterin erklärt sich bereit gemäß seines/ihres Arbeitsgebietes und Verantwortungsbereiches den Umweltgedanken im vollen Umfang mit zu unterstützen." Wir bitten die neuen Mitarbeiter mit ihrer Unterschrift, ihre Bereitschaft zum aktiven Umweltschutz innerhalb ihres Verantwortungsbereiches zu bestätigen. Diese Erklärung ist mit dem Betriebsrat formuliert worden und wir haben vor, dieses Papier von allen Mitarbeitern unterzeichnen zu lassen.

Der Betriebsrat und ich sind auch der Meinung, daß Verstöße geahndet werden sollen. Es gibt schon Disziplinarmaßnahmen in Form einer Ermahnung, wenn ein Umweltverstoß vorkommt.

Was ebenfalls wichtig ist und immer besser funktioniert, ist die Reduzierung und die richtige Vorsortierung der betrieblichen Abfälle. Seit zwei Jahren existiert ein Projektarbeitskreis "umweltgerechte Verpackung". Hier wird jede Verpackung in Frage gestellt und unter dem Gesichtspunkt der Verpackungsverordnung neu analysiert und festgelegt wird.

Das Unternehmen Dr. August Oetker ist Gründungsmitglied der "Umweltinitiative der Bielefelder Wirtschaft". In einem Kodex verpflichten sich die zur Zeit 27 Mitgliedsfirmen zu umweltgerechtem Verhalten. Besonderer Schwerpunkt wird dabei auf die richtige Vorsortierung und Reduzierung der betrieblichen Abfälle gelegt. Die Umweltbeauftragten der Initiative führen einen regelmäßigen Erfahrungsaustausch durch.

Derzeit erleben wir einen starken Kostenanstieg bei der Entsorgung. Umso wichtiger ist eine richtige Vorsortierung und Reduzierung der Abfälle in den Produktionsstätten. Wenn wir Verpackungsmittel ökologisch verbessern wollen, leiden wir unter den langen Vorlaufzeiten, die sich durch über 18 Monate laufende Lagerversuche und lange Maschinen-Lieferzeiten ergeben.

Im Rahmen unserer umweltorientierten Unternehmensführung wird nun auch seit einiger Zeit das Öko-Audit integriert.

1.3. Das Öko-Audit bei Dr. Oetker

Umweltaudits wurden oder werden in den Werken, Brackwede, Oerlinghausen, Wittenberg durchgeführt. Sie wurden durchgeführt unter Berücksichtigung der neuen EG-Richtlinie. Wir wollen bei Dr. Oetker versuchen, die EG-Verordnung weitgehend in unsere Audits miteinzubeziehen und wir haben auch vor, die Audits nach ca. 3 Jahren zu wiederholen.

Momentan beschäftigen wir uns mit der Erstellung eines Umweltschutzhandbuches. Dieses Umwelthandbuch lassen wir unseren Trainees im Rahmen einer anderthalbjährigen Ausbildung erarbeiten. Das Umweltschutzhandbuch ist auch Bestandteil der EG-Audit-Verordnung, also ein wichtiges Instrument.

Als wissenschaftlichen Berater haben wir in diesem Zusammenhang Prof. Sietz von der Gesamthochschule Höxter/Paderborn gewonnen, der die Erstellung des Umweltschutzhandbuch begleitet und die Impulse für diese Traineegruppe gibt. Eine Studentin der Hochschule Höxter/-Paderborn ist dreimal in der Woche bei uns in der Firma. Sie ist die Kontakt- und Koordinationsstelle zwischen der Hochschule und dem Projektarbeitskreis von Dr. Oetker. Dadurch haben wir das Know-how und auch die aktuellen Gesetze und Verordnungen verfügbar.

Vor ungefähr drei Jahren wurde bei Dr. Oetker mit den Audits begonnen. Nachdem zuvor von einer Unternehmensberatung sogenannte Risikosicherheitsanalysen erstellt wurden. Ein Praktikant von der Hochschule interessierte sich für den Umweltschutz. Dieser Praktikant bekam die Aufgabe, die drei vorhandenen Sicherheitsanalysen zu überarbeiten, unter der Prämisse einen roten Faden für den Ablauf eines Audits zu entwickeln. Von der internationalen Industrie- und Handelskammer wurde während dieser Zeit stark das freiwillige Audit propagiert und ein Leitfaden herausgebracht. Auch diesen Leitfaden haben wir in unser Konzept für die eigenständige Durchführung eines Audits eingearbeitet. Das erste Audit wurde dann in einer kleinen

Niederlassung durchgeführt. Endprodukt war ein Maßnahmenkatalog mit einer Fotodokumentation.

Dieses Pilotprojekt wurde zur Zufriedenheit der Geschäftsleitung durchgeführt und diente vor allem der Risiko-Minimierung. Unsere Umweltaudits haben jetzt folgende Ziele:

- Prüfung der Rechtssicherheit,
- Prüfung der Anlagensicherheit,
- Prüfung des Arbeitsschutzes und
- Prüfung der Umweltschutzorganisation.

Umweltschutz betrifft alle Bereiche des Unternehmens. Dies gilt auch für Verwaltung und Organisation. Besonders bei der Entwicklung neuer Produkte, ist es wichtig, daß der Umweltschutzgedanke von Beginn an mit berücksichtigt wird.

Mit den Ergebnissen des Öko-Audits wollen wir Risiken vermeiden, d.h. finanzielle und Haftungs-Risiken, und wir wollen Mängel im technischen Umweltschutz, Mängel in der Organisation des Umweltschutz und in der Unternehmensorganisation erkennen. Ein zusätzlicher Nutzen der ausgearbeiteten Datengrundlage liegt darin, daß sie Hilfe bei der Umsetzung der Umweltziele innerhalb des Unternehmens, Hilfe bei der Öffentlichkeitsarbeit und der Dokumentation für weitere Aktivitäten bietet.

Zum Auftakt wird eine Informationsveranstaltung durchgeführt, in der die Ziele verdeutlicht werden. In einem Audit geht es nicht darum, Schuldzuweisungen für Mitarbeiter oder Mitarbeiterinnen zu treffen und es darf sich deshalb in keiner Weise gegen eine Person richten. Im Abschlußbericht werden daher auch keine Namen aufgeführt.

Das Vorhaben wird vorher mit der Geschäftsführung abgestimmt. Wir legen fest, in welchem Betrieb das Audit durchgeführt werden soll. Die Auditziele, der Umfang, die Klärung des terminlichen Ablaufs und natürlich auch die Vorstellung der Teammitglieder werden festgelegt.

Es existiert viel Know-how in einem Betrieb, der im Rahmen eines Audit-Teams genutzt werden soll. Zum Audit-Team gehören:

- der Produktionsleiter,
- ein Ingenieur aus der zentralen Technik,
- eine Sicherheitsfachkraft,
- ein Versicherungsfachmann,
- ein Brandschutzbeauftragter und
- ein Mitglied des Betriebsrates.

Bei allen Veranstaltungen die innerhalb des Audits stattfinden, ist der Betriebsrat dabei. Auch wenn abschließend die Auditergebnisse der Geschäftsführung vorgestellt werden.

Frau Frommholz als Kontaktperson des Betriebsrats ist vollberechtigtes Teammitglied und bei den Betriebsbegehungen von Anfang an dabei. Sie hat selber die Möglichkeit "Mißstände" entweder zu erfragen oder mit in den Maßnahmenkatalog einzubeziehen, so daß sie also auch faktisch etwas bewegen kann. Es handelt sich nicht um eine Alibifunktion, sondern wenn der Betriebsrat feststellt, daß im sozialen Bereich ein Handlungsbedarf besteht - ich nenne etwas ganz einfaches, wie z.B. eine schlecht funktionierende Kaffeeküche oder nicht ausreichende Umkleideräume - dann nimmt das Team entsprechende Hinweise mit in den Massnahmenkatalog auf. Der Betriebsrat hat genauso die Möglichkeit, Vorschläge für Maßnahmen zu machen wie jedes andere Teammitglied auch. Der Betriebsrat ist allerdings aufgrund der zeitlichen Belastung auch nicht immer dabei, wenn Audits durchgeführt werden.

Es wird ein Maßnahmenkatalog erstellt, der sehr wichtig ist, denn daraus gehen die Ergebnisse der Untersuchung hervor. In so einem Maßnahmenkatalog kann z.B. stehen: Im Rahmen einer Betriebsbegehung die Arbeitsplätze auf ihre Ergonomie zu untersuchen und wenn möglich über die Untersuchung einen Bericht der Betriebsleitung zukommen zu lassen. Dies sind alles Maßnahmen, die festgeschrieben werden und die dann Bestandteil der weiteren Arbeit innerhalb des

Audit-Teams sind. In einer einfachen Übersicht stellen wir fest, wo Handlungsbedarf ist. Bestandteil eines Audits ist auch eine Fotodokumentation. Wenn z.B. ein Ladegerät direkt im Kontakt mit Verpackungen steht, dokumentiert dies die Feuergefährlichkeit.

Wir veröffentlichen im Moment unsere Audit-Berichte noch nicht, weil sie freiwillig sind. Was veröffentlicht und wie veröffentlicht werden muß, ist im Augenblick noch nicht festgelegt. Keiner weiß es genau und wir verhalten uns erst einmal abwartend, obwohl wir eine Zertifizierung anstreben.

Zusammenfassend bleibt festzuhalten: Umweltschutzaudits werden von der Geschäftsführung, dem mittleren Management und den Mitarbeitern akzeptiert und unterstützt. Die Maßnahmenkataloge werden sehr ernst genommen, die notwendigen finanziellen Mittel werden gemäß der Priorität des Maßnahmenkatalogs zur Verfügung gestellt. Die Wichtigkeit der Umweltschutzaudits für das Unternehmen sind von der Geschäftsführung erkannt. Nach sechs Monaten wird der Maßnahmenkatalog kontrolliert. Der Betriebsrat ist, wenn er Zeit hat und möchte mit im Kontrollteam vertreten. Nach weiteren drei Monaten wird der Abschlußbericht für die Geschäftsführung erstellt, um abschließend festzuhalten, daß dieser Betrieb auditiert ist. Hinsichtlich nicht umgesetzter Maßnahmen ist die Geschäftsführung in der Verantwortung.

Momentan arbeiten wir an einer Ergänzung im Hinblick auf die EG-Audit-Verordnung. Der Inhalt eines solchen Öko-Audits ist eigentlich mit dem Audit, das wir machen, schon in sehr vielen Punkten abgeglichen. Was noch fehlt, ist die Einbeziehung des Umweltmanagements und das Umwelthandbuch. Ich kann also abschließend nur sagen , daß es bei Dr. Oetker keine Probleme in Sachen Umwelt gibt, a) von der Geschäftsleitung her, b) von den Mitarbeitern und erfreulicherweise auch von der Betriebsratsseite. Wir arbeiten Hand in Hand, besprechen wichtige Sachen miteinander und versuchen, im Sinne der Umwelt und des Unternehmens, sinnvolle Lösungen herbeizuführen. Ich könnte mir jedenfalls eine vernünftige Umweltarbeit ohne Mitarbeit des Betriebsrates schlecht vorstellen. Es muß aber auch die richtige Person im Betriebsrat sein. Es muß jemand sein, der sich die Umwelt ein bißchen auf die Fahne geschrieben hat. Wenn das der Fall ist, werden wir im Umweltbereich auch in Zukunft weiter vorankommen.

Stellungnahme der für Umweltschutz zuständigen Betriebsrätin Gerlinde Frommholz

(Beantwortung des Fragebogens aus BR-Sicht)

Wer waren die Initiatoren ?
- Der Initiator für den betrieblichen Umweltschutz überhaupt war mit persönlichem Einsatz und Engagement Herr Larisch. Aus rein persönlichem Interesse in seinen Arbeitsbereich ist nach langen, harten und einsamen Kämpfen eine Position geschaffen worden, die ihn sowohl nach innen als auch nach außen als Umweltbeauftragten zeichnet und auszeichnet.

Was hat es gekostet? Programme, Fördermittel etc.?
- Über die Kosten kann aus BR-Sicht keine detaillierte Auskunft gegeben werden. Eine Kosten-/Nutzenrechnung gibt es beim Umweltschutz nicht.

Wie beurteilen sie Standardisierungsversuche, z.B. Öko-Audit?
- Die Beurteilung der Standardisierungsversuche, z.B. Öko-Audit, kann nur als positiv betrachtet werden, da durch Auditings unter Beachtung der entsprechenden gesetzlichen Vorschriften dem Umweltschutz Nachdruck verliehen wird.

Sind Standardisierungen sinnvoll?
- Die Standardisierung ist als absolut sinnvoll zu betrachten, da die unterschiedlichen Bereiche bis hin zur Geschäftsführung einbezogen werden.

Wer war beteiligt ?
- Technik, Umwelt, Sicherheit, Feuerwehr, Produktsleitung, Betriebsrat, Versicherung, externer Werksleiter

Wo sehen sie Ansatzpunkte für ArbeitnehmerInnen-Beteiligung?
- Ansatzpunkt für Arbeitnehmer-Beteiligung wird in der Motivation der Mitarbeiter gesehen, z.B. selbständig bei der Müllsortierung oder im betrieblichen Vorschlagswesen im Umweltschutz mitzuarbeiten, Mißstände aufzeigen, Auszubildendenprojekte u.s.w.

Wer könnte betriebsintern organisatorischer Träger sein?
- Umweltausschuß

Wo sind sinnvolle Beteiligungsmöglichkeiten für den Betriebsrat?
- Informationsweitergabe an Mitarbeiter, Projekte, Vorleben, persönliche Ansprache, Betriebsversammlung, Betriebsrats-Zeitung

Welche Informationsrechte haben die ArbeitnehmerInnen in Bezug auf die Umweltbilanzen ?
- Fragen darf man alles

Welche Weiterbildungsmaßnahmen im betrieblichen Umweltschutz sind geplant ?
- Vorgesetztenschulung, Seminare für Umweltbeauftragte im Unternehmen.

Erfolgen Freistellung oder Entlohnung für die Mitarbeit am Aufbau von betrieblichen UIS?
- Freistellung und Entlohnung ohne Komplikationen

Zusatzpunkte
- Jeder Mitarbeiter unterschreibt gleichzeitig mit seienm Arbeitsvertrag eine Verpflichtung, den Umweltgedanken mitzutragen und in seinem Rahmen zu unterstützen.

Bei massiven Fehlverhalten (bewußt) unterstützt der Betriebsrat Disziplinarmaßnahmen.
- Die gewerkschaftliche Einbindung in den betrieblichen Umweltschutz ist bislang noch nicht erfolgt, aber auch noch nicht angefordert.

Ablauf eines Oetker Umweltschutzaudits

Übersicht 1

Ablauf eines Oetker Umweltschutzaudits:

Phase 1:

Einstiegscheckliste

Organigramm, Ablauforganisation, Unternehmensziele, Fragen zur Betriebsgröße und zu den Produkten, technische Verfahren, Funktionen des Betriebes, behördliche Umweltauflagen usw.

Phase 2:

Grobcheckliste

Fragen zu Lageplänen, Transportwegen, Abfallarten- und Abfallmengen, Übersicht über Stoffkreisläufe usw.

Übersicht 2

Ablauf eines Oetker Umweltschutzaudits:

Phase 3:

Abgleich des Istzustandes aus der Phase 1 und 2 mit dem Soll-Zustand --> gesetzliche Anforderungen.

Dieser Soll/Ist-Abgleich ist das eigentliche Audit.

Übersicht 3

Ablauf eines Oetker Umweltschutzaudits:

Phase 4:

Erstellung des schriftlichen Abschlußberichtes für die Geschäftsführung mit Beurteilung der Umweltsituation im auditierten Betrieb.

Wichtigster Bestandteil des Abschlußberichtes ist der Maßnahmenkatalog mit Fotodokumentation.

Der Maßnahmenkatalog wird durch ein kleines Team zusammen mit dem Umweltbeauftragten nach ca. 6 Monaten kontrolliert.

Die umgesetzten Maßnahmen sowie das Ausbleiben der Realisierung wird der Geschäftsführung schriftlich mitgeteilt.

Umweltschutz und Rechtssicherheit im Betrieb

Übersicht 4

Kriterium: / Gesetzliche Grundlagen:	vorgeschrieben ja	vorgeschrieben nein	vorhanden ja	vorhanden nein	Handlungsbedarf ja
UWS in Unternehmensorg.		X	X		
Formulierung UWS-Ziele intern		X	X		
UWS-Unterweisung Mitarbeiter		X	T		E
UWS in Stellenbeschreibungen		X		X	E
Notfallpläne		X	T		E
Gefahrstoffkataster		X		X	E
Ersatz von Gefahrstoffen		X		X	E
Betriebsgenehmigungen:					
Emissionen BImschG/V	X		X		
Ionis. Strahlung StrlSchV	X		X		
Abfallentsorgung AbfG	X		X		
Betriebsbeauftragte:					
Sicherheit UVV-VGB 1, RVO	X		X		
Fachkraft Arbeits- ASiG, sicherheit UVV-VGB 122	X		X		
Immissionsschutz BImschG/V	X		X		
Gewässerschutz WHG	X		X		
Strahlenschutz RöV	X		X		
Gefahrgut GbV	X		X		
Störfall BImschG	X		X		
Abfall AbfG	X	X			
Umweltschutz keine	X	X			
Brandschutz keine	X			X	E
Einhaltung von Auflagen:					
Lagerung WHG	X		T		X
Lärm UVV-VGB 121	X		T		X
Abfallbilanz AbfG	X		T		X
Abfallwirtschaftskonzept	X		T		X
Transportverpackung VerpackV	X		X		

T = teilweise
E = empfohlen

Ulrich Sollmann
2. VW - Die Erweiterung der Umweltrisikountersuchung zur Umweltbetriebsprüfung

2.1. Betrieblicher Umweltschutz

Wie sieht bei VW die Umweltschutzstrategie aus?

Basierend auf einem Stärken/Schwächen-Profil des Unternehmens wurde eine Strategie zum Umweltschutz ausgearbeitet. Diese Strategie wurde vom Vorstand verabschiedet. Die Strategie kommt in folgendem Leitsatz zum Ausdruck:
"Es ist das erklärte Ziel der VW AG bei allen ihren Aktivitäten die schädlichen Einwirkungen auf die Umwelt so gering wie möglich zu halten und mit den eigenen Möglichkeiten an der Lösung der regionalen und globalen Umweltproblemen mitzuwirken."

VW löst den Konflikt zwischen Umweltschutz und Ertragsziel nicht nur unter Berücksichtigung der finanzwirtschaftlichen Kriterien, sondern auch der umweltstrategischen Dimensionen. Im augenblicklichen Zustand des Unternehmens ist das sehr schwierig. VW versucht Umweltziele konsequent dadurch umzusetzen, daß alle Entscheidungsträger über ein Grundwissen im produkt- und produktionsbezogenen Umweltschutz verfügen und Verantwortung dafür in ihren Entscheidungsbereichen tragen.

In der VW AG sind 100.000 MitarbeiterInnen beschäftigt. Es existieren sechs Werke in den alten Bundesländern, zwei in Sachsen, eins in der slowakischen Republik (Bratislava), eins in Spanien und eins in Brüssel. Hinzu kommen noch die anderen Gesellschaften SEAT, SKODA und Audi. Die VW AG hat in jedem ihrer Werke einen Umweltschutzbeauftragten. Wir haben in allen Werken genehmigungsbedürftige Anlagen, haben also Immissionsschutzbeauftragte. Die Aufgaben der gesetzlich geforderten Immissionschutzbeauftragten, Gewässerschutzbeauftragten und Abfallbeauftragten nimmt in den VW-Werken immer ein Mitarbeiter in Personalunion wahr.

Die Umweltschutzbeauftragten werden an einer Stelle koordiniert. Der Koordinator dieser Umweltschutzbeauftragten ist der Leiter Umwelt- und Arbeitsschutz, und er ist gleichzeitig für den Arbeitsschutz im Unternehmen zuständig (Hauptsicherheitsingenieur).

Von der rein sachlichen Organisation kann man bei VW zwischen dem produktionsbezogenen und dem produktbezogenen Umweltschutz unterscheiden. Produktbezogener Umweltschutz meint die Entwicklung von verbrauchsarme Motoren, Katalysatoren etc. Der produktionsbezogenen Umweltschutz umfaßt die Planung und Kontrolle der Anlagen im Hinblick auf Wasser-, Boden- und Luftbelastung.

2.2. Die organisatorische Gliederung des Umweltschutzes bei VW

Seit 1991 gibt es den §52a im Bundesimmissionsschutzgesetz, in dem niedergelegt ist, daß alle Firmen, die genehmigungsbedürftige Anlagen nach Bundesimmissionsschutzgesetz haben, einen verantwortlichen Betreiber benennen müssen. Dieser verantwortliche Betreiber muß aktienrechtlich vertretungsberechtigt sein, d.h. diese Funktion muß jemand aus dem AG-Vorstand wahrnehmen. Das ist bei VW Prof. Seifert, Vorstand für Forschung und Entwicklung. Darunter gibt es die Umweltschutzbeauftragten und darunter sind wiederum die Sachkundigen für Umweltschutz angesiedelt. Das ist ein Instrument, das bei VW neu eingeführt worden ist. Der einzelne Betriebsleiter, also z.B. der Leiter der mechanischen Fertigung oder der Lackiererei, kann einen oder mehrere Sachkundige für Umweltschutz benennen.

Der Allgemeine Umweltschutz legt dann mit dem Benannten und mit dem Betriebsleiter den Aufgabenbereich, für den er im Umweltschutz zuständig ist fest. Das wird in einer individuellen Pflichtenübertragung formuliert, die er dann vom Personalwesen bekommt. Darüberhinaus wurde ein fünftägiges Seminar entwickelt, um die Sachkundigen für Umweltschutz auszubilden.

Dort werden Informationen über die rechtlich Stellung, arbeitsorganisatorische Dinge etc. gegeben. Darüber hinaus werden Grundlagen zum fertigungsbezogenen Umweltschutz angeboten, nämlich Immissionsschutz, Gewässerschutz und Reststoffwirtschaft. Zum Abschluß wird ein Handbuch ausgehändigt, das ständig aktualisiert wird.

Mit dieser Benennung hat der Sachkundige für Umweltschutz gleichzeitig ein direktes Vorspracherecht bei seinem Betriebsleiter und auch bei dem für das Werk zuständigen Umweltschutzbeauftragten. Bisher sind 190 Sachkundige für Umweltschutz in der gesamten VW AG ausgebildet und installiert, die vom Allgemeinen Umweltschutz und den örtlichen Umweltschutzbeauftragten betreut werden.

Das ganze Instrument wurde im Konsens von Personalabteilung, Rechtswesen, Umweltschutz und Arbeitnehmervertretung erarbeitet. Ihre Aufgabe übernehmen die Sachkundigen für Umweltschutz im Rahmen ihrer betrieblichen Tätigkeit, d.h. es liegt an dem betrieblichen Vorgesetzten ihm diese Zeit einzuräumen.

Daneben gibt es bei VW noch bestimmte Gremien, die sich mit dem Umweltschutz befassen. In der Umweltstrategiekommission sind Vorstandsmitglieder bzw. hochrangige Mitglieder der einzelnen Geschäftsbereiche (Beschaffung, Produktion, Forschung und Entwicklung, Finanz etc.) vertreten. Dort wird das umweltrelevante strategische Vorgehen festgelegt.

Im Planungsausschuß ist eine verbriefte Beteiligung des Betriebsrates festgeschrieben. In diesem Planungsausschuß werden alle Projekte, die bei VW durchgeführt werden, vorgestellt und somit natürlich auch die entsprechenden umweltrelevanten Projekte.

Desweiteren findet drei bis vier mal pro Jahr ein Erfahrungsaustausch der Umweltschutzbeauftragten statt. In einem Arbeitskreis Umweltschutz kommen die Sachbearbeiter und die Abteilung Allgemeiner Umweltschutz zu einem regelmäßigen Arbeitstreffen zusammen, um sicherzustellen, daß Umweltschutz gleichmäßig in allen Betrieben umgesetzt wird.

Parallel dazu existieren die Fachabteilungen, die sich aus ihrer Aufgabenstellung heraus mit Umweltschutz beschäftigen. Die Umweltkoordination kümmert sich darum, daß Umweltschutz als Querschnittsaufgabe in allen Geschäftsbereichen des Unternehmens organisiert wird. Die Fachabteilung Verkehr beschäftigt sich mit zukünftigen Verkehrssystemen. Die Umweltplanungsabteilung hat im wesentlichen die Aufgabe, Koordinations- und Leitstelle für die Umwelttechnik zu sein und Fachplanung zu betreiben. Hier werden z.B. biologische Kläranlagen oder Deponien geplant und praktisch umgesetzt. Die Abteilung Arbeitsumwelt ist der Bereich, der sich mit der Sicherheit der Mitarbeiter am Arbeitsplatz beschäftigt.

Ein wesentlicher Aspekt sind die internen Informationen zum Thema Umweltschutz. Es kommt darauf an , daß die Mitarbeiter in dieses Thema einbezogen werden. Wir erstellen Broschüren und Info-Blätter zu bestimmten Themen des Umweltschutzes, z. B. haben wir ein spezielles Informationsblatt zu FCKW, zum Umgang mit wassergefährdenden Flüssigkeiten, aber auch zum Umweltaudit. Momentan arbeiten wir an der Weiterentwicklung eines bestehenden Selbstlernprogrammes. Es gibt bei VW ein Selbstlernzentrum, in dem sich jeder Mitarbeiter zu den unterschiedlichsten Themen (von Fremdsprachen bis Maschinenschreiben) weiterbilden kann. Hier kann auch auf das Selbstlernprogramm Umwelt zurückgegriffen werden. Ob der Mitarbeiter das in seiner Arbeitszeit tut oder ob er das in seiner Freizeit tun muß, wird über individuelle Absprachen mit dem direkten Vorgesetzten geregelt.

Daneben werden umweltschutzbezogene Seminare durchgeführt, z.B. für Führungskräfte, für Meister, für den Werkschutz, für die Feuerwehr etc. Immerhin macht der Block Umweltschutz in der Meisterausbildung, die insgesamt 560 Std beträgt, mindestens 16 Std. aus. Darüber hinaus erscheinen Artikel zum Umweltschutz in der Hauszeitschrift "Autogramm".

2.3. Umweltinformationssysteme im Betrieb

Im folgenden werden die Instrumente vorgestellt, die VW entwickelt hat und anwendet. Beim System U-risk (Umweltrisikoanalyse) handelt es sich um ein Expertensystem zur Umweltanalyse. D.h. die Durchführung muß mit Leuten geschehen, die im Umweltschutz Fachkenntnisse haben.

U-risk ist entstanden aus einem C-risk (Chemie-Risikoprüfung). C-risk wurde von einer schweizer Firma entwickelt, aufgrund der Vorfälle bei Sandoz. C-risk ist ausschließlich Störfall-orientiert. Aufgrund des Umwelthaftungsgesetzes ist es aber notwendig, eine Risikoanalyse zu haben, die auch den Normalbetrieb abdeckt.

U-risk wurde am Beispiel der Gießerei in Kassel entwickelt. Es handelt sich um einen qualitativen Fragenkatalog, der sich mit bestimmten generellen Umweltaspekten beschäftigt, z.B. wie der betriebliche Umweltschutz organisiert ist. Ein weiterer quantitativer Fragebogen beschäftigt sich mit Stoffdaten. Hier werden z.B. die Abwassermenge, die Abfallmenge und die Emissionen erhoben. Die Antworten sind immer mit bestimmten Wertigkeiten belegt.

Für die Bewertung der Abfälle werden in diesem quantitativen Bereich z.B. die Entsorgungskosten herangezogen. Das ist momentan eigentlich der einzige übergreifende Parameter, um über die Gefährlichkeit eines Abfall etwas auszusagen. D.h. je teurer die Entsorgung ist, desto gefährlicher ist der Abfall. So geht also über ein Rechenmodell für die einzelnen Aspekte eine gewisse Bewertung dieser ermittelten Daten ein. Als drittes folgt der störfallbezogene Bereich (C-risk), in dem das von den verwendeten Stoffen ausgehende Risiko, z.b. über Funktionen wie Entflammbarkeit und Wassergefährdung, bewertet werden.

Das Ganze wird in einem EDV-System erfaßt, und zu bestimmten Bereichen werden Gefährdungspotentiale aufgezeigt. Wir haben die Möglichkeit, die Risikoanalyse auf ein gesamtes Werk auszudehnen. Man kann sie auch Anlagen-bezogen anwenden, z.B. nur eine Kunststoffteileherstellung betrachten. Bei mehrfacher Anwendung ungleicher Bereiche kann man dann auf Daten zurückgreifen, die Vergleiche ermöglichen. Außerdem kann man das Instrument einsetzen, um Alternativuntersuchungen zu machen. D.h. ich variiere meine Untersuchung, z.B. nach Einsatzstoffen und kann daraus Erkenntnisse gewinnen, wie hoch das Risikopotential dieser Anlage oder des Werkes ist. Damit ist natürlich noch ein weiterer Aspekt verbunden: Das Umwelthaftungsgesetz schreibt vor, einen bestimmten Versicherungsschutz sicherzustellen. Auf Grund dieser Risikoermittlungen haben die Versicherungsgesellschaften VW Policen ausgestellt. Nach einer gewissen Zeit werden wir die Risikoanalysen wiederholen. Aus den Ergebnissen kann man dann erkennen, wie sich das Risikopotential verändert hat.

2.4. Das Umwelt-Audit als Erweiterung der Umweltrisikoprüfung

U-risk zeigt nur, wo Risikopotentiale liegen, aber nicht, wie Risikopotentiale vermindert werden können. An dieser Stelle setzt das Umweltaudit an. Wenn ein Werk nach U-risk analysiert wurde und in drei von zehn untersuchten Bereichen wurden hohe Risikopotentiale festgestellt, werden diese drei Bereiche einem Auditverfahren, mit speziell für diesen Bereich zugeschnittenen Fragen unterzogen. Da setzt eine gewisse Individualität des Verfahrens ein, wo man entsprechende Fragen speziell formulieren muß. Ein Umweltaudit ist eine Art Baukastensystem, in dem wir für die verschiedenen Bereiche entsprechende Fragen entwickelt haben. Mit diesen Fragen wird ein Stärken/Schwächen-Profil ermittelt und aus diesem Profil kann man Handlungsanweisungen formulieren, um dann die Risiken entsprechend zu reduzieren.

Im Augenblick sind wir dabei unternehmensintern zu regeln, wie mit solchen Ergebnissen umgegangen werden soll. Wer ist verpflichtet, in welcher Form die ermittelten Ergebnisse zu publizieren und auch umzusetzen? Im Moment gibt es bei VW eine Organisationsrichtlinie zum fertigungsbezogenen Umweltschutz, die vom Vorstand verabschiedet worden ist. Darin werden generell alle Belange von der Bestellung des Umweltschutzbeauftragten über die Sachkundigen für Umweltschutz, die Beteiligung der Umweltschutzbeauftragten an Investitionsvorhaben bis hin zum Thema der Berichtswege behandelt.

Die Festschreibung eines Umweltschutzmanagement und der entsprechenden Organisation hat durch die Erarbeitung der Organisationsrichtlinie begonnen. Daraus wurden Organisationsanweisungen zu bestimmten Bereichen abgeleitet. Eine dieser Organisationsanweisungen wird Umweltbetriebsprüfung heißen. Darin wird der Ablauf, die organisatorische Zuständigkeit und der Umgang mit den Konsequenzen und Ergebnissen festgelegt.

Es folgen Fachanweisungen zum Immissionsschutz, zum Gewässerschutz und zur Reststoffwirtschaft. Es handelt sich also um eine Art Pyramide. Darunter werden dann wieder Handlungsanweisungen formuliert, die z.B. etwas zum Umgang mit Abfällen aus dem Werk Emden aussagen. Eine Spezialisierung erfolgt von Schritt zu Schritt. Auf diese Weise wird das Thema Umweltmanagement im Unternehmen VW festgeschrieben. Darin liegt ja auch ein wesentlicher Teil des Ökoaudits und der späteren Erklärung, das ein Umweltmanagementsystem transparent gemacht worden ist und daß dann eben auch auditiert worden ist. Das Problem in vielen Unternehmen liegt im Augenblick darin begründet, daß Umweltschutz zwar gelebt wird, daß es einzelne Vereinbarungen und Festschreibungen gibt, aber dieses Regelwerk Umweltschutz wird nicht nachvollziehbar niedergeschrieben.

Für die Konzerntöchter, die ihren Standort in der EG haben, muß VW natürlich nach EG-Recht handeln. Aber trotz EG-Harmonisierung gibt es immer wieder länderspezifische Gesetze, die zu berücksichtigen sind und die in manchen Dingen den Umweltschutz, den wir in der Bundesrepublik Deutschland betreiben, nicht zulassen. D.h. also eine Umsetzung unserer Standards erfolgt prinzipiell, aber immer unter Berücksichtigung der landesspezifischen Gesetzgebung.

Für den Standort SKODA in der tschechischen Republik, wo VW auch tätig geworden ist, ist es absehbar, darauf zielt die politische Entwicklung, daß fast eins zu eins die deutschen Umweltgesetze übernommen werden.

2.5. Beteiligung des Betriebsrates

Bei VW gibt es verschiedene Gremien, in denen der Betriebsrat auch freiwillig an Planungsvorhaben beteiligt wird. Darüberhinaus ist bei uns eine Betriebsvereinbarung zum Umweltschutz in Vorbereitung, in deren Konkretisierung solche Beteiligungen dann sichergestellt werden. Aber diese Betriebsvereinbarung ist noch in der Entstehungsphase.

Die Organisationsrichtlinie Umweltschutz ist in der Abteilung Umweltplanung entwickelt worden und dann natürlich unter Federführung der Organisation Geschäftsprozesse mit allen Beteiligten im Unternehmen, d.h. Vertrieb, Forschung und Entwicklung, Produktion, Rechtswesen etc. abgestimmt worden. Auch der Betriebsrat bekommt Entwürfe der Organisationsrichtlinie vorgelegt und kann dazu Bemerkungen und Vorschläge machen. Zur Organisationsrichtlinie 507 hat er dies allerdings meines Wissens nicht getan.

Es ist möglich, daß die Sachkundigen für den Umweltschutz mit Vertrauensleuten besetzt sind, aber festgeschrieben ist das so nicht. Das Instrument ist mit der Arbeitnehmervertretung abgestimmt und gemeinsam eingeführt. Dies ist auch insofern wichtig, als es sich sicherlich um einen Mitbestimmungsaspekt handelt, wenn etwas organisatorisch Neues im Unternehmen eingeführt wird. Bei VW haben einige Betriebsräte, die Ausbildung zum Sachkundigen für Umweltschutz mitgemacht, um auch die Aspekte des Umweltschutzes in ihre gewerkschaftliche Arbeit einbringen zu können.

2.6. Stellungnahme des Betriebsrates Wolfsburg

Umwelt-Audit bei VW

"Auto und Umwelt" ist eine zentrale Herausforderung für das Überleben der Autoindustrie und die Zukunftssicherung unserer Arbeitsplätze.

Hieraus ergibt sich für den Betriebsrat die Notwendigkeit zukunftsweisender Konzepte. Deshalb halten wir es für sinnvoll, "Öko-Audit" durchzuführen, auch, wenn die EU hierfür Freiwilligkeit vorsieht.

Bisher war es für die VW-Mitarbeiter und die betrieblichen Vorgesetzten schwierig, das Risiko sowie die Qualität des Umweltschutzes in unserem Unternehmen einzuschätzen. Das Audit ist ein ausgezeichnetes Hilfsmittel und Steuerungsinstrument im Rahmen des Umweltschutzes, weil nicht nur Bewertungen durchgeführt werden, sonderen parallel auch Handlungshilfen gegeben werden.

Die Erwartungen an das VW Öko-Audit sind grundsätzlich positiv. Erfahrungen liegen zur Zeit noch nicht ausreichend vor, um eine Beurteilung abzugeben. Es wurden bisher erst in drei Organisationseinheiten durchgeführt. Die Erfahrungen aus dem ähnlich gestalteten Arbeitsschutz-Audit (z.Z. 12 Organisationseinheiten) begründen jedoch unsere Einschätzung.

Wenn ausreichende Erfahrungen in der Durchführung von Umwelt-Audit vorliegen, werden wir über eine operative Beteiligung des Betriebsrates entscheiden.

Umweltschutz bei Volkswagen

Übersicht 1

Umweltschutz bei Volkswagen

Organisation	Fachabteilungen	Information
Vorstand § 52a	Umweltkoordination	Broschüren
Umweltschutzbeauftragte	Verkehr	Selbstlernprogramm
Sachkundige für UWS	Umweltplanung	Seminare - Sachkundige für UWS - Führungskräfte - Meister - Werkschutz - Feuerwehr - Div. Infoseminare
Umweltstrategiekom.	Arbeitsumwelt	
Erf.-aust. UWS-Beauftr.	Fahrzeugentwicklung	Berichte
AK Umweltschutz		Planungsausschuß
Erf.-aust. Sackkundige		Handbücher

U-risk - Expertensystem zur Umweltrisikoanalyse

Übersicht 2

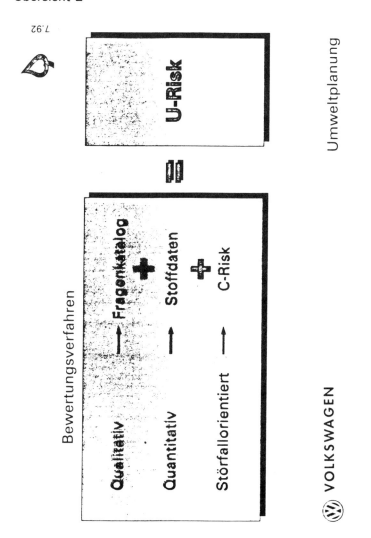

Horst Knigge
3. Wilkhahn - Vorbildliches Umwelt-Controlling in der Möbelindustrie

Wilkhahn ist ein mittelständisches Unternehmen, das Sitzmöbel und Tische in zeitnahem Design für die Einrichtung von Büros, Verwaltungsgebäuden, Banken sowie von Kultur- und Sozialobjekten herstellt. Die Firma wurde 1907 gegründet hat ca. 500 Mitarbeiter in der Bundesrepublik und erwirtschaftete 1991 einen Umsatz von 130 Mio. mit einem 46%igen Exportanteil.

Hervorzuheben ist die Sozialpartnerschaft im Unternehmen, die schon immer einen hohen Stellenwert hatte. Seit 1970 sind die Mitarbeiter seit 1970 zu 50% am Unternehmensgewinn als stille Gesellschafter beteiligt.

3.1. Die Rolle der Gewerkschaften bei Wilkhahn

Die Firma Wilkhahn ist im Arbeitgeberverband organsiert und die Mitarbeiter zu 73% in der Industriegewerkschaft Holz und Kunststoff.

Um Ihnen einen Überblick in unsere Struktur zu geben, möchte ich von einer Mitarbeiterbefragung berichten, die vor kurzem in Zusammenarbeit mit der Hans-Böckler-Stiftung und der Bertelsmann-Stiftung zum Thema "Unternehmenskultur" bei Wilkhahn durchgeführt wurde.

Auf die Frage :" Wie wichtig ist der Betriebsrat?" haben 53,3% sehr wichtig, 31,6% wichtig und 11,3% teils/teils geantwortet (siehe Übersicht 1).

Übersicht 2 dokumentiert die Zufriedenheit mit der Arbeit des Betriebsrats. Sehr zufrieden waren 8,5%, zufrieden 47,1%, teils teils 34,1%.

Betriebsrat eine wichtige Einrichtung

Übersicht 1

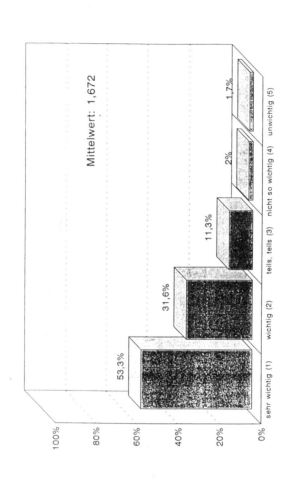

Zufriedenheit mit der Arbeit des Betriebsrates

Übersicht 2

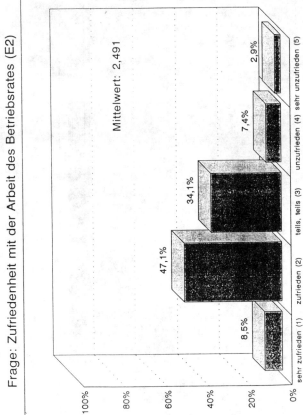

Bei der Frage: "Wie wichtig sind die Gewerkschaften für die Arbeitnehmer?" wurde geantwortet: Sehr wichtig 39,5%, wichtig 42,2%, teils/teils 16%.

Unter dem Aspekt, daß die Gewerkschaften mittlerweile sehr in der Kritik stehen, zeigt die Mitarbeiterbefagung, daß nicht nur aus meiner Sicht der Betriebsrat und Gewerkschaften einen relativ hohen Stellenwert haben.

Bei dem betrieblichen Ökokonzept, das bei Wilkhahn entwickelt wurde, hat die Gewerkschaft keine Rolle gespielt. Aus meiner Sicht u.a. deswegen, weil sie nicht die entsprechenden Experten hat. Das ist zwar schade, aber eine Tatsache.

3.2. Umweltorientierte Unternehmensführung bei Wilkhahn

Was bedeutet Ökologie bei Wilkhahn?

Ökologie ist zu einem wahren "Zauberwort" unserer Zeit geworden - häufig mißverstanden und oft mißbraucht. Es fußt auf dem griechischen "Oikos": Haus, Platz zum Leben, Haushalt. In der Biologie wird es als Beschreibung der wechselseitigen Beziehungen von Organismen mit ihrer Umwelt verstanden. Ökologie meint also einen ausgeglichenen Naturhaushalt, das Gleichgewicht in der Natur. Dieses Gleichgewicht haben wir Menschen seit unserer Anwesenheit auf dieser Erde durch unser Tun in irgendeiner Form schon immer beeinträchtigt. Mit dem Beginn der weltweiten Industrialisierung und wegen der ständig wachsenden Weltbevölkerung wurde die Beeinträchtigung des natürlichen Gleichgewichts unserer Umwelt jedoch immer tiefgeifender und nachhaltiger. Da wir jedoch auf Dauer nur mit einer sich im Gleichgewicht befindenden Natur existieren können, ist ökologisches

Denken und Handeln lokal wie global gefordert. Ein Unternehmen ist kein soziales Exterritorium und trägt folglich gesellschaftliche Verantwortung für seine Aktivitäten.

In diesem Bewußtsein haben Verwaltungsrat, Geschäftsleitung und Betriebsrat bei Wilkhahn ökologisch verantwortliches Handeln zur verpflichtenden Maxime erhoben, die im Zweifelsfall höher zu bewerten ist als schneller Gewinn. Der Verwaltungsrat hat 1989 einen Grundsatzbeschluß gefaßt, daß der Betrieb ökologisch geführt wird. Ziel von Wilkhahn ist es, ein aktives und nützliches Glied der menschlichen Gesellschaft zu sein und gleichzeitig seine Existenz langfristig zu sichern: die Grenze bei diesem Streben liegt - wie bei jeder unternehmerischen Entscheidung - bei der ökonomischen Überforderung des Unternehmens.

Der Weg zur Ökologisierung

Es geht bei Wilkhahn darum, nicht ein nachgeschaltetes, sondern ein in die Unternehmensplanung integriertes Umweltkonzept zu implementieren: Nicht "ein bißchen mehr Umweltschutz" ist gefragt, sondern eine tiefgreifende Neuorientierung des gesamten Unternehmens und seiner Leistungen, um deren ökologische Vertretbarkeit zu verbessern. Voraussetzung hierfür ist die Bereitschaft aller Mitarbeiter, ökologisches Denken und Handeln einzuüben, zur selbstverständlichen Grundlage des eigenen Tuns zu machen und ökologische Verantwortung als Teil der Unternehmenskultur zu begreifen. Transparenz des ökologischen Konzepts, Information zum Umweltschutz und eine aktive Mitarbeiterbeteiligung sind dazu notwendig.

Wir haben uns vorab über Umweltcontrolling informiert und in Zusammenarbeit mit der niedersächsischen Landesregierung (bestehend aus Grünen und SPD), ein Controlling-Projekt bei Wilkhahn durchgeführt.

Einführung Umwelt-Controlling

Übersicht 3

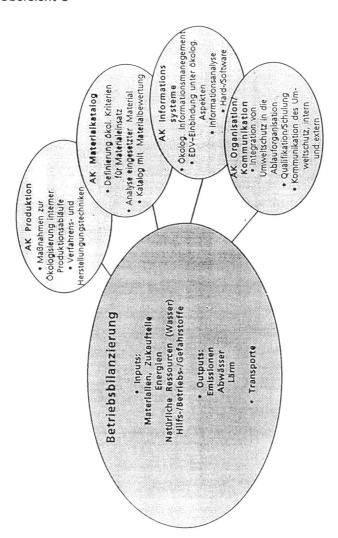

Dabei sind wir nach den folgenden Prinzipien vorgegangen:
Wir haben zunächst eine Betriebsbilanz erstellt, d.h. eine Betriebsbilanz bezogen auf Materialien und Zukaufteile, auf Energie und natürliche Ressourcen (z.B. Wasser), Hilfs- und Betriebsstoffe und Outputs als Emission an Abwasser und Lärm.
Es wurden vier Arbeitskreise gebildet: Produktion, Materialkatalog, Informationssysteme sowie Organisation und Kommunikation (siehe Übersicht 3).

Zentrale Funktion hat bei Wilkhahn das Sicherheitsdatenblatt, da wir ca. 160 Gefahrenmaterialien bei uns im Betrieb haben. Wenn also Materialien in den Betrieb kommen, kann kein Zulieferer anliefern, ohne vorher das Sicherheitsdatenblatt abgegeben zu haben. Anhand dieses Sicherheitsdatenblattes werden die Materialien geprüft und anschließend eine Betriebsanweisung erstellt. Diese Betriebsanweisung wird wiederum verbindlich für die Mitarbeiter.

3.2. Innerbetriebliche Kommunikation

Wir haben ein betriebliches Kommunikationskonzept, das Transparenz über ökologische Konzepte herstellen soll und die Mitarbeiter motivieren will. Wir geben ökologische Informationen in unserer Hauszeitschrift "wilkhahn aktuell". Außerdem geben wir Ökotips, haben Aushänge am Schwarzen Brett, erstellen Betriebsanweisungen, schulen die Mitarbeitern und wir haben Ökoobleute. Es gibt eine Einbindung ökologischer Lehrinhalte in die interne Lehrlingsausbildung. Wir haben z.B. mit den Berufsschulen und Gewerkschaften über eine Aufnahme ökologischer Inhalte in die Berufsausbildung gesprochen. Aber das dauert seine Zeit, deshalb machen wir das zunächst intern.

Haushaltsberatung für Mitarbeiter werden durch BAUM angeboten, ein Ökotag für Auszubildende, Schulung neuer Kollegen und wir wollen 1994 den Wilkhahn-Umweltpreis vergeben. Als Preis ist eine Reise auf eine Nordseeinsel für die Kollegen und Kolleginnen, die sich besonders engagieren, vorgesehen. Mit solchen Aktionen wollen wir motivieren.

Darüberhinaus gibt es eine Vertriebsinformation für unsere KollegInnen und Kollegen im Außendienst. Diesen Vertriebsinformationen kann u.a. entnommen werden, welche Eigenschaften das Leder hat, das wir verarbeiten. Beim Rindleder gibt es z.b. verschiedene Gerbverfahren. Wir informieren darüber, wie das Gerben dieses Leders ökologisch zu betrachten ist, welche Schadstoffe entstehen und warum wir nur ein bestimmtes Leder verarbeiten. Es wird kein Leder verarbeitet, dessen Gerbverfahren die Umwelt belastet. Darüber informiert der Außendienstmitarbeiter dann wiederum die Kunden.

3.3. Die Zulieferung als Nadelöhr einer ökologischen Produktpolitik

Wilkhahn hat für die Zulieferer einen Fragenkatalog erstellt, bezogen auf die Materialien. Wir kaufen für 35 Mio. DM Material zu. Unsere Zulieferer müssen offenlegen, welche Inhaltsstoffe ihre Materialien enthalten. Das ist manchmal etwas problematisch, weil manche Firma darüber keine Auskunft geben möchte. Lackfirmen z.B. wollen nur ungern ihre Rezeptur bekanntgeben. Diese Verfahrensweise ist ein langwieriger Prozeß, der nicht von heute auf morgen umgesetzt werden kann.

Unsere Bürostühle bestehen aus 87 Einzelteilen. Wir müssen unsere Einkäufer dazu zu bringen, daß sie sich nach der Analyse der Kunststoffe und Materialien so verhalten, daß sie Zulieferer finden und suchen im Preisleistungsverhältnis, die so ausgerichtet sind, daß die Produkte ökologisch vertretbar sind. Der Schwachpunkt ist, die nötige Information darüber zu erhalten, was tatsächlich angeliefert wird.

Den nächsten Fragenkatalog, den wir erstellt haben, bezieht sich auf die Hilfs- und Betriebsstoffe (siehe Übersicht 4).

Im dritten Fragenkatalog möchten wir gerne wissen, wie unser Zulieferanten ihre Materialien herstellen. Auf dieser Grundlage wollen wir unsere Zulieferanten überprüfen, um notfalls geeignetere auswählen zu können.

3.4. Umweltinformationsysteme und ganzheitliche Produktentwicklung als Kernelemente einer ökologischen Unternehmenspolitik

Wie bereits erwähnt war der Ausgangspunkt für die Umsetzung einer ökologieorientierten Unternehmensführung bei Wilkhahn 1989 der Beschluß des Verwaltungsrates. Danach führte der Gerlingkonzern eine Schwachstellenanalyse durch. Anschließend wurde mit dem Institut für ökologische Wirtschaftsforschung (IÖW) in Berlin die betriebliche Ökobilanzierung durchgeführt. Daraus ist der Leitfaden "Umwelt-Controlling in der Möbelindustrie" entstanden. Das Land Niedersachsen hat dieses Projekt mit 270.000,- DM bezuschußt.

Wir haben ein Ökomanagement eingeführt, und zwei Kollegen - eine Designerin und ein Industriekaufmann - arbeiten in diesem Bereich. Alle anderen Kosten, die anfallen durch Schulungen etc. summieren sich im Jahr auf ca. 300.000,- DM zusätzlich bezogen auf unseren Betrieb. Damit wollen wir erreichen, daß Umweltcontrolling bei uns im Betrieb und umweltbewußtes Verhalten in Gesellschaft und Betrieb normal wird.

Fragenkatalog Hilfs- und Betriebsstoffe

Übersicht 4

Blatt 1): Fragenkatalog Hilfs-/Betriebsstofe

Produktbezeichnung:

Aktiven Umweltschutz zu betreiben, gewinnt eine zunehmende Bedeutung für jedes Unternehmen. Bei Wilkhahn gehen wir soweit, ein betriebsumfassendes Umwelt-Controllingsystem einzuführen, zu dem auch eine Beurteilung der zukünftig einzusetzenden Materialien, Hilfs-/Betriebsstoffe gehört.
Zur Beurteilung des genannten Hilfs-/Betriebsstoffs sind wir auf Ihre Mithilfe angewiesen, und bitten Sie deshalb, den folgenden Fragenkatalog zu beantworten.

1) Generelle Stoffinformation
    Wie lautet die genaue Stoffbezeichnung?
    Welches Gewicht pro gelieferte Einheit?
    Gibt es eine generelle Stoffinformation (Broschüre o.ä.)?

2) Sicherheitsdatenblatt
    Bitte senden Sie uns das vollständig ausgefüllte Datenblatt
    nach DIN 52 900

3) Inhaltsstoffe
    Prozentuale Angaben zu den einzelnen Inhaltsstoffen nach folgender Systematik:

    unter 1 %
    1 – 5 %
    5 – 10 %
    10 –15 %
    15 –20 %
    ab 20 % in Spannen von 10%. Wir gehen davon aus, daß Verunreinigungen in der Größenordnung von 10 ppm enthalten sein können, die hier nicht aufgeführt werden. Pauschale Angaben wie Lösemittel oder Bindemittel sind nicht ausreichend, bitte genaue chemische Spezifikation!

4) Verpackungen
    Können wir die von Ihnen gelieferten Stoffe in Mehrweggebinden erhalten?
    Wenn nein, nehmen Sie leere Gebinde zurück?

5) Umwelt-Konzept
    Gibt es in Ihrem Unternehmen ein Umwelt-Konzept oder wird daran gearbeitet? Wenn ja, teilen Sie uns bitte den Stand mit.

Alle Angaben werden vertraulich behandelt und sind nur für den internen Gebrauch bei Wilkhahn.
Bei Rückfragen wenden Sie sich bitte an S.Skoecz, Tel.: 05042/801-252 oder K. Sander, Tel.: -286.

Sollten Sie das in Frage kommende Produkt nicht selbst fertigen, sondern nur an Wilkhahn liefern, so möchten wir Sie bitten, eine Kopie dieses Schreibens an Ihren Vorlieferanten bzw. Produzenten weiterzuleiten.'

Wir versprechen uns von der umweltorientierten Unternehmensführung auch Wettbewerbsvorteile, weil wir sicher sind, daß auch unsere Kunden mittlerweile sensibilisiert sind und ökologisch bewußte Kaufentscheidungen treffen.

So haben wir auch ein ökologisches Produkt entwickelt. Dieser Bürostuhl heißt "Picto" und ist zu einem Großteil recycelbar. Zur Zeit wird an einem Rücknahmekonzept gearbeitet, d.h. wir wollen in Zukunft alle Produkte wieder zurücknehmen, demontieren und sachgerecht entsorgen bzw. Teile wiederverwenden.

Die Holzverwendung ist bei Wilkhahn stark rückläufig. Ca. 1950 wurde letztmalig Teakholz verarbeitet. Seitdem verarbeiten wir keinerlei Tropenholz mehr, sondern nur noch heimische Hölzer. Bei Wilkhahn wird nur noch 20% Holz eingesetzt, der Rest sind andere Materialien. Die Designer achten darauf, Materialien zu verarbeiten, von denen sie wissen, daß sie wieder verwertbar sind. Bereits bei der Produktidee beginnt das ökologische Denken. Dazu gehört aber auch ein schlüssiges Entsorgungskonzept, an dem wir z.Z. arbeiten.

3.5. Beteiligung von Betriebsrat und MitarbeiterInnen im betrieblichen Umweltschutz

Was die Einbeziehung der Kollegen und Kolleginnen zu Fragen des Umweltschutzes betrifft, so ist das nicht vorrangig ein Problem des Managements oder des Betriebsrates. Als das IÖW im Rahmen des Öko-Controllings in der Firma war und Kunststoffe nach dem ABC-Raster untersucht hat, wurden die Chemiker aktiv und erzählten, welche Inhaltsstoffe enthalten sind. Diesen Sachverhalt umzusetzen in eine Sprache, die alle Kollegen verstehen, damit das nachvollziehbar wird, ist meiner Ansicht nach das größte Problem. Es ist nicht das Problem, die Kollegen mitentscheiden zu lassen. Bei Wilkhahn existieren Arbeitskreise, an denen sich jeder beteiligen kann, auch die Betriebsräte sind in den Arbeitskreisen. Das zentrale Problem ist, eine

Sprache zu finden, die jeder verstehen kann. Und diese Expertensprache, die dort zum Teil gesprochen wird, die grenzt aus - aus meiner Sicht. Ein Chemiker redet seine Fachsprache, ein Arzt redet seine Fachsprache und das gleiche gilt analog für den Umweltschutz auch, zumindest teilweise. Da liegt das größte Problem, weil man sich z.B. bestimmte Sachverhalte nicht zu hinterfragen traut und damit kommt Desinteresse auf. Die Mitarbeiter sind sehr interessiert und sie sind auch Anwalt dieser Idee.

Als das IÖW im Betrieb war und die Untersuchung vorgestellt hat über zwei Produkte, habe ich zwei Stunden dabei gesessen und nichts verstanden. Dann haben wir darüber geredet und gesagt, wenn ihr das jetzt nicht verdeutlicht, können wir aufhören damit, das bringt nichts mehr. Da ist nämlich genau das Verständigungsproblem eingetreten. Es gibt einen Arbeitskreis in einem schönen Konferenzraum und nur Experten unterhalten sich und das Wissen bleibt unter den Experten. Die Experten finden das toll und verstehen sich. Bloß alle anderen verstehen es nicht. Dann haben wir betriebsintern angefangen, den Sachverhalt verständlich und nachvollziehbar zu machen.

Inzwischen haben wir uns von der Berufsgenossenschaft Filme besorgt und versuchen darüber die Wirkungen aufzuzeigen. Wenn unsere Mitarbeiter z.B. mit Toluol und Verdünnung arbeiten, kann ein Leberschaden entstehen, weil Toluol über die Haut in die Blutbahn geht. Wir haben z.Z. nichts anderes als diese Verdünnung, aber erklären den einzelnen Mitarbeitern, welche Auswirkungen dieser Stoff auf seine Gesundheit und die Umwelt hat. Ich denke aber, wir brauchen mindestens noch 5-6 Jahre, um genügend Wissen vermittelt zu haben.

Insgesamt gesehen glaube ich, daß wir auf einem guten Weg sind. Die umweltorientierte Unternehmensführung muß als Prozeß betrachtet werden, der unser Verständnis, unser Verhalten und unser Tun sukzessive verändert im Sinn von verantwortlichem Umgang mit unserer Umwelt.

Gunther le Maire, Kunert AG

4. Betriebliche Ökobilanzen und Umweltberichte als Instrumente einer umweltorientierten Unternehmensführung

Die KUNERT AG stellt Qualitätsbeinbekleidung her, unter den fast jeder Frau in Deutschland bekannten Marken KUNERT, HUDSON, BURLINGTON, SILKONA, Yves Saint Laurent.
Wir haben z.Zt. rund 5.300 Beschäftigte, und erzielten 1992 rund 700 Mio DM Umsatz. Wir produzieren in 14 Werken in Deutschland, in Marokko und Tunesien sowie je einem in Portugal, in Griechenland und in Ungarn.

Der Standort der KUNERT-Zentrale im Allgäu, unmittelbar vor dem prächtigen Panorama der Alpen, nur wenige Meter vom Kleinen und Großen Alpsee entfernt, liegt mitten im vielleicht attraktivsten Fremdenverkehrsgebiet Deutschlands. Wir arbeiten dort, wo andere Urlaub machen. Diese Tatsache macht notwendigerweise ökologisch sensibel. Man hätte seit eh und je z.B. mit Wasserverschmutzung, mit Lärmbelästigung, kohlschwarzen Rauchschwaden, sofort den Konflikt mit einem der bedeutendsten Erwerbsgrundlagen des Allgäus gehabt: dem Fremdenverkehr. Hier liegt der eine Ausgangspunkt der Ökologieorientierung der KUNERT AG, ein zweiter war rein ökonomischer Art. KUNERT hatte bereits 1971 eine erstaunlich differenzierte Abfalltrennung eingeführt, allerdings nicht aus ökologischen Motiven, sondern weil getrennter Abfall weiterverkauft werden konnte.

Die durch die Ölkrise Ende der 70er Jahre kräftig gestiegenen Schwerölpreise veranlaßten KUNERT, die vermutlich ersten Wärmerückgewinnungsanlagen in der Textilindustrie zu bauen. Darüber wurde ungewöhnlich viel in der Presse berichtet - das forderte nachfolgend die Bereitschaft zu ökologischem Engagement. Und es gibt - neuerdings - einen dritten Grund:

Etwa 60 % der Frauen in Deutschland - in Holland dürften die Werte ähnlich liegen - sind lt. Gesellschaft für Konsumforschung (GfK) umweltorientiert und laut der Zeitschrift "Absatzwirtschaft" würden über 90 % der Frauen "staatliche Eingriffe zur Verpackungsreduktion" befürworten. Von KUNERT in Auftrag gegebene Befragungen bei Leserinnen von Frauenzeitschriften in den alten und neuen Bundesländern ergab, daß bei den Qualitätsmerkmalen für Feinstrumpfhosen die 3 wichtigsten: Paßform, Haltbarkeit und ökologische Verpackung bzw. ökologische Produktionsweise sind (und Maschenbild mit Eleganz weit dahinter rangieren).

Das ist für uns wichtig, weil gerade die klassische Kundin unserer Marken, wie wir aufgrund der Life-Style-Studie des ZDF wissen, die ökologiebewußteste aller Käuferschichten ist.

1985 haben wir freiwillig einen Umweltschutzbeauftragten ernannt, als Anlaufstelle für alle ökologischen Ideen und Probleme. Das war grundsätzlich eine gute Einrichtung. Sie hatte nur den Nachteil, daß der Umweltbeauftragte heute dies und morgen jenes Thema bearbeiten mußte. Deshalb suchten wir den Weg der systematischen Schwachstellenanalyse für das Gesamtunternehmen und fanden ihn in der betrieblichen Ökobilanz.

Unsere Ökobilanz ist ein INPUT-OUTPUT-Schema. Wir kaufen über unseren Zentraleinkauf bei KUNERT 80.000 Artikel pro Jahr. Dieser Input wurde nach einem Schema, das Dr. Wagner von der Universität Augsburg für uns zurechtgeschnitten hat, aufgegliedert. Setzt man diesem Input den Output, zunächst einmal als Produkte + Abfall gegenüber, ist man schon mitten drin in der Bilanzierung.

Etwas differenzierter fließen Inputs wie Umlaufgüter, Anlagegüter, Wasser, Luft, Energie, Boden in eine black box, die unsere Produktionsbetriebe versinnbildlichen und dann kommen Outputs heraus: Aus Wasser wird Abwasser, aus Luft Abluft, aus Umlaufgütern Produkte plus Abfälle.

Außerdem haben wir zwischenzeitlich Bestände, noch nicht alle, ökologisch bewertet, ins Schema einbezogen. Das ist natürlich sehr stark vereinfacht dargestellt, aber sie erkennen diese Grundstruktur in den zusammenfassenden Bilanzen aller unserer Ökoberichte.

Die Summe der Inputs z.B. in kg muß dann der Summe der Outputs in kg entsprechen und die Differenz, der sogenannte "Schwund", begründet werden. Für unsere Gruppe haben wir diesen Kostenrahmen Input 1 bis Input 6 und Output 1 bis Output 6 entwickelt. In unserer Ökobilanz haben wir die Inputs und Outputs in Tabellen erfaßt. Soweit ist es "nur" Darstellung. Diese Darstellung wurde erläutert und daraus "Konsequenzen und Ziele" abgeleitet. Das ist der Controlling-Ansatz. Mit der Festlegung dieser Konsequenzen und Ziele wird in Betriebsabläufe eingegriffen und mitunter werden durchaus arbeitsplatzrelevante Entscheidungen vorbereitet. Z.B. kann die Forderung nach einer Kläranlage in Portugal die Verlagerungsmöglichkeit einer Färberei von Deutschland nach Portugal fördern.

Gegenüber den ersten beiden Ökoberichten ist im 3. Ökobericht z.B. die direkte Farbbezeichnung im Konto "Farben" aufgegeben und die Farben in ökologisch relevante Farbgruppen zusammengefaßt. Ein Beispiel, wie sich durch Erfahrung das Bilanzschema im kleinen wie im großen verbessert.

Sie finden in den Ökoberichten von 4 Jahren eine unheimlich lange Palette an ökologisch orientierten Verbesserungen am Produkt z.B. Schwermetallreduzierung bei den Farben, Wegfall von Nachbehandlungsmitteln wie Bioguard, Superwash usw. führte zu Rückgang um 47 % in der Verpackung. Dies wurde u.a. durch folgende Maßnahmen erreicht:

- durch ausschließliche Verwendung umweltfreundlicher Papiere und Kartons,
- Rückgang von Strings und Klammern,
- in der Werbung Umstellung auf umweltfreundliche Displays,
- in der Verwaltung Verringerung des Büromaterials,

- in der Produktion systematische Abfalltrennung,
- Reduzierung der Banderolen,
- Erhöhung des Recycling-Materialanteils im Verpackungsbereich,
- Einsatz von Mehrwegpaletten etc.

Wir haben sogar über unseren Unternehmenstellerrand hinaus positiv für die Umwelt Einfluß genommen, so z.B. bei unseren Lieferanten für Papier, für Farben, für Tragetaschen oder für Garne. Dort, wo z.B. aus zeitlichen Gründen eine Erfassung noch nicht möglich war, haben wir dies vermerkt und die Lücke sichtbar gemacht. Dem Ziel des Öko-Controllings entsprechend, haben wir wie beim TÜV die Mängel offen dargelegt. Schließlich will ein Autofahrer ja auch wissen, ob an seinem Wagen alles in Ordnung ist. Dieses offene Darlegen der Mängel wird nach unserer Erfahrung nicht von der Öffentlichkeit gegen ein Unternehmen verwendet. Es hilft vielmehr zum Aufbau öffentlichen Vertrauens, weit mehr als wenn die Werbung Produkt und Unternehmen als absolut das Beste, Schönste und Makelloseste darstellt. Das glaubt heute ohnehin niemand mehr.

Selbstverständlich hat es bei der Datenerfassung allerhand Schwierigkeiten der Bemessung, der Periodenabgrenzungen und der Definitionen gegeben. Durchgeführt wurde die 1. Ökobilanz von einer 15-köpfigen "Ökogruppe". Angeregt wurde diese Konstruktion von dem damaligen Assistenten des Vorstandsvorsitzenden. Ausgewählt wurde diese Gruppe in Abstimmung mit den Fachgebietsleitern. Nach unserer Vermutung durfte eine Öko-Arbeitsgruppe, sollte sie effizient sein, nicht aus "zuständigen" und sich dann automatisch "verteidigenden" Fachexperten des Hauses, sondern aus jungen Nachwuchsleuten bestehen. Da alle Unternehmensbereiche, alle Töchter und Werke direkt in die ständige Mitarbeit einbezogen werden sollten, kam eine Ökogruppe von 14 Mitarbeitern zustande. Zu deren Sitzungen ist der Betriebsrat eingeladen.

Zur Verhinderung von Betriebsblindheit kam als Externer Dr. Bernd Wagner, Spezialist für Öko-Bilanzierung von der Universität Augsburg, dazu. Heute sind 20 Mitarbeiter in der Öko-Gruppe - da ARLINGTON dazukam - und mehr dürfen es auch nicht werden.

Inzwischen sind für spezielle Themen Umweltausschüsse gegründet worden. Einer, z.B. der sich mit der Integration des betrieblichen Verkehrssektors beschäftigte, wurde im wesentlichen vom Betriebsrat getragen.

Nicht alles, was die Mitglieder der Ökogruppe zusammengetragen hatten, war fehlerfrei. Deshalb wurden die Daten von den Fachabteilungen überprüft. Dann jedoch wurde der Ökobericht ungeschönt, ohne jegliche zensierende Korrektor veröffentlicht. Das war uns, auch für das Selbstverständnis der Ökogruppe, sehr wichtig. In der Zwischenzeit hat die Uni Augsburg ein Software-Paket entwickelt, mit dem wir die ökologische Datenerfassung voll in die Abteilung Betriebswirtschaft integrieren konnten. Heute sind deshalb die Daten der Ökobilanz und der Geschäftsbilanz weitgehend konsolidiert.

Die Schlußfolgerungen zu jedem Ökobilanzkonto, die "Konsequenzen und Ziele" - zu erfüllen, ist nicht Aufgabe der Ökogruppe. Die Aufgabe wurde hoch aufgehängt, vom Vorstand an die Geschäftsführer und Geschäftsbereichsleiter verordnet. In gleicher Weise ist das Aufgabengebiet "Umweltschutz" in der Geschäftsordnung des Vorstands dem Vorstandsvorsitzenden zugeordnet und das "Ökomanagement" direkt bei ihm organisatorisch zugegliedert. Selbstverständlich ist, wenn auch nur mit einem Satz, die Ökologie in unseren Unternehmensrichtlinien verankert.

Für uns wird immer deutlicher, ohne daß der letztliche Schliff der betriebswirtschaftlichen Theorie bereits erfolgt wäre, wie Ökobilanz und Geschäftsbilanz zwei Seiten ein und derselben Medaille sind: Die Ökobilanz zeigt die materielle Seite und die Geschäftsbilanz die nominale, finanzielle. Zugleich ergibt sich sehr klar, daß der betriebswirtschaftliche Zentralsatz des ökonomischen Prinzips, also mit geringstem Mitteleinsatz höchstmögliche Effizienz zu erreichen, ja exakt ein ökologisches Prinzip ist, nämlich: Ressourcen so sparsam wie möglich zu verbrauchen. Ökologie und Ökonomie decken sich im betrieblichen Spektrum in vielen Bereichen. Ich möchte das noch etwas auf die Spitze treiben: Aus einer betrieblichen Ökobilanz muß die Ressourcenproduktivität ersichtlich werden, z.B. die jährliche Steigerung der Energieproduktivität oder der Verkehrsproduktivität oder der Rohstoffproduktivität. Wir machen gewissermaßen eine Betriebswirtschaft der Ökologie.

Gerade in unserem neuesten Ökobericht wird etwas erstmals klar erkennbar: Diese Mengenflußaufzeichnungen sind ein Kostensteuerungsinstrument par exzellence. Weit detaillierter als die herkömmliche Kostenrechnung, die manchmal sogar Verbräuche durch Bewertungen verschleiert, offenbart die Ökobilanz kostenträchtige Veränderungen. Wir haben bei rückläufiger Produktion festgestellt, daß Verbräuche sich beschäftigungsabhängig fix, variabel oder sprungfix verhalten, ganz genauso wie die Kosten. Z.B. ist Energieverbrauch bei uns in der Regel fix, Wasserverbrauch oder der Verbrauch chemischer Hilfsstoffe dagegen außerordentlich beschäftigungsabhängig.

Nehmen wir ein Beispiel, wo die Ökobilanz mehr aufdeckt als die Kostenrechnung: Ihre Abwassergebühren bezahlen Sie nach Ihrem Trinkwasserverbrauch. Wenn jahraus jahrein die von der Gemeinde berechnete Trinkwassermenge gleichbleibt oder nur beschäftigungsparallel steigt und fällt, wird eine Kostenrevision dabei nichts Auffälliges finden. Die Ökobilanz hingegen zeigt Trinkwasser-Input und Abwasser--Output in Mengen. Besteht hier eine auffällige Differenz, so deutet das auf vorhandene Leckagen hin. Diese können im Regelfall über die vorliegenden lokalen Einzelmessungen schnell gefunden werden. Und mit den dadurch verringerten Abwasserverlusten spart das Unternehmen gleich zweifach: Trinkwasser- und Abwasserkosten.

Die Optik der Ökobilanz haben wir sehr bewußt dem Geschäftsbericht angeglichen und es ist unser Credo, daß in absehbarer Zeit beide Berichtarten nebeneinander offiziell vorgeschrieben für jedes Unternehmen selbstverständlich sein sollten. Das EG-Umwelt-Audit fürs Unternehmen ist ein Schritt in diese Richtung. Vielleicht aber muß der auf die Sicht der Kapitalgeber orientierten Geschäftsbilanz eine PR- oder verbraucherorientierte zur Seite gestellt werden. Ich könnte mir vorstellen, daß hier Qualitätsaudit und Ökoaudit, vielleicht sogar Elemente der Sozialbilanz Eingang finden könnten.

Ich darf aber auch hier über die drei Formen der Ökobilanzen zwei Sätze sagen: wir unterscheiden Ökobilanzen für Produkte - haben wir auch durchgeführt -, die man besser Produktlinienanalysen nennen müßte, weil nämlich das gar nicht so ist, daß man einer Linie von der Wiege bis zum Grabe folgen kann, sondern es verästelt sich zum Markt hin und läuft in ein vielfältiges Produktwurzelgeflecht zur Wiege hin. In beiderlei Richtung verirrt man sich bald, deshalb halten wir nur die innerbetriebliche Produktlinienanalyse für realistisch machbar, aber da auch für interessant.

Zum anderen gibt es Prozeßbilanzen für betriebliche Abläufe. Auch das muß man gelegentlich untersuchen. Aber wirklich interessant ist die Ökobilanz als unternehmerische Ökobilanz, als betrieblicher Ökobericht ganz parallel zum Geschäftsbericht. Und da sehen Sie auch schon, daß wir das EG-Öko-Audit für nicht zureichend, aber für einen Schritt in die richtige Richtung halten.

Wir haben pragmatisch festzustellen, daß noch wichtiger als Detailperfektion bei der Analyse der Ökodaten die praktische Umsetzung ökologischer Maßnahmen ist. Die Öffentlichkeit erwartet sowohl Betriebs- wie Prozeßbilanzen, wie Produktbilanzen, vor allem aber, daß der Lebensweg des Produkts bis zur Entsorgung verfolgt und auf Lieferanten und Vorlieferanten Einfluß genommen wird. Ökologiebewußte Mitbürger durchschauen ökologische Gags sehr rasch. Sie erwarten keineswegs Fehlerlosigkeit, aber ernstliches Bemühen. Die Offenlegung von Schwachstellen trägt, ich wiederhole es, zum Aufbau öffentlichen Vertrauens bei. Wer einmal eine Ökobilanz veröffentlicht hat, kann sich danach auch in Einzelfragen nicht ökologisch "vorbeimogeln". Wir meinen, daß unsere Bilanzierung zwar nicht die höchste theoretische Perfektion darstellt, aber dafür den Vorteil hat, für jedes Unternehmen praktikabel zu sein. Für uns steht außer jeder Diskussion, daß auch Ökologie sich "rechnen" muß und wir keine Erfassungswasserköpfe aufzubauen haben. Wenn eine Ökoinvestition Einsparung bringt, braucht man über die Umsetzung nicht zu diskutieren, wenn sie keine Mehrkosten verursacht, auch nicht. Sind wünschenswerte Beseitigungen von Schwachstellen kostenträchtig, behandeln wir sie als unternehmerische Entscheidungen: Eine Chromreduzierung kann eine zukünftige Auflage, eine Kläranlage zu bauen, verhindern. Das Finden eines guten Strumpfrecyclings kann irgendwann zum Marktvorteil geraten. Das kann man nur wie andere unternehmerische Prozesse abwägen und entscheiden.

Wir haben in jedem Werk einen Umweltschutzbeauftragten ernannt, der seine Aufgaben neben seiner sonstigen Tätigkeit miterfüllt. Die Bestellung der Umweltschutzbeauftragten wird mit dem Betriebsrat abgestimmt. Zwei Mitarbeiter sind in der Kombination Sicherheit und Umwelt freigestellt. Ein Mitarbeiter (und Sekretariat) benötigt etwa 3/4 seiner Arbeitszeit für die Koordination der Ökoarbeit. Die zusätzlichen Aufwendungen für die Mitarbeit in der Ökogruppe sind für jeden der Beteiligten unerheblich.

Somit lassen sich die Kosten der Ökoarbeit etwa so umreißen:

Maximal 10% des Gesamt-Investitionsaufwands, aber eben nicht als "Sonderinvestitionen", sondern als Akzent bei Investitionen. Dazu 2 volle Mitarbeiter und Nebenarbeitszeiten, insgesamt auch 2,5 Mitarbeiter, rund 300.000 DM plus Kosen für Beratung und Fahrtkosten, plus Kosten für Ökobroschüre, plus Versand, miteinander 120.000 DM, macht 420.000 DM etwa pro Jahr und Investitionen von ca. 2,5 Mio DM. Wir haben nie irgendwelche öffentlichen Mittel oder Subventionen in Anspruch genommen. Wir haben lediglich zwei, dreimal Praktikanten für ABM-Maßnahmen beschäftigt.

Entscheidend für ein erfolgreiches Ökomanagement ist, daß einerseits die Unternehmensleitung engagiert dahintersteht, andererseits die Mitarbeiter insgesamt gerne mitmachen.

Wir haben von Anfang an viel dafür getan. Wir haben Informationen verteilt, Plakate angeschlagen, Wettbewerbe veranstaltet. Mitarbeiter zu Seminaren gesandt, eigentlich alle Formen betrieblicher Information genutzt. Wir haben auf jeden Lohnzettel Ökoratschläge gedruckt, in jeder Werkszeitschriftsausgabe ist eine eigene Rubrik "Öko-News", jedem Mitarbeiter steht der Ökobericht zur Verfügung und wir hatten eine prächtige Resonanz in der Belegschaft.

Als wir vor einem Jahr unsere Verkehrsstudie erstellten, hat der Betriebsrat die gesamte Erfassung übernommen, soweit es Pendler, Werksverkehr und Parkraum betraf.

Wir sind überzeugt, daß Ökologie und Ökonomie unter einen Hut zu bringen sind und meinen auch, daß Umweltauflagen, jetzt vielleicht als Wettbewerbsbelastung gesehen, sich schon bald zu Wettbewerbsvorsprüngen gewandelt haben werden. Das ist nur eine Frage der unternehmerischen Phantasie.

Lassen Sie mich abschließend Peter Rosegger zitieren. Er schreibt 1908 im "Heimgärtner Tagebuch": "Je länger der sogenannte Volkswohlstand dauert, je häßlicher wird das Land. Die Wälder werden abgeholzt, die Berge aufgeschürft, die Bäche abgeleitet, verunreinigt. Die Wiesen werden mit Fabriken besetzt, die Lüfte mit Rauch erfüllt, die Menschen unruhig, unzufrieden, heimatlos gemacht. Und so fort. Und alles des Geldes wegen...". Und das nennt man dann Volkswohlstand, resümiert Rosegger.

Unternehmensgruppe Kunert - weltweit
(Kunert AG, Ökobericht 1993)

Übersicht

Unternehmensgruppe KUNERT weltweit

KUNERT AG/HUDSON Textilwerke GmbH/ARLINGTON Socks GmbH und SILKONA Textil GmbH konsolidiert

	1991	1992
Allgemeine Geschäftsdaten		
Mitarbeiter	6.300	5.300
Konzernumsatz	693 Mio DM	673 Mio DM
Anzahl der Werke	14	15
Umweltdaten 1992		
Wasserverbrauch	672.110 m^3	530.541 m^3
Energieverbrauch	185.039.982 KWh	157.709.097 KWh
Rohstoff-Input	15.771.320 kg	12.152.962 kg
Produktion	4.240.075 kg	3.171.240 kg
Produkt-Output (incl. Verpackung)	9.280.253 kg	7.997.075 kg
Verpackungs-Output	3.007.958 kg	2.561.693 kg
Abfälle gesamt	3.124.629 kg	3.069.063 kg
Gebäudenutzfläche	206.618 m2	222.771 m2
Ökologische Kennzahlen 1992		
Spezifischer Wasserverbrauch*	158,5 l/kg	167,3 l/kg
Spezifischer Energieverbrauch*	43,6 kWh/kg	49,7 kWh/kg
Anteil der Verpackung am Produkt	32,4 %	32,0 %

* Gesamtverbräuche incl. Verwaltung und Vertrieb;
  1 kg entspricht beispielsweise 50 Feinstrumpfhosen.

Teil C Bestandsaufnahme, Strategien und Perspektiven

Sabine Schlüter
1. Die Arbeit des DGB in den nationalen Normungsgremien (NAGUS) am Beispiel der Produktökobilanzen

In der auf Weiterentwicklung und Standardisierung gerichteteten Diskussion um Ökobilanzen und Produktlinienanalysen treffen Aufgabenstellungen des seit den Ölkrisen entstandenen unternehmerischen Ressourcenmanagements zusammen mit einer gesellschaftlichen Umwelt - und Ressourcendiskussion, die für die Entwicklung dauerhaft zukunftsverträglicher Wirtschaftsweisen die ökologische Analyse komplexer Systeme von Produkten und Dienstleistungen für erforderlich hält.

Ökobilanzen sind dabei ein recht neues Instrument, das zudem erst teilweise entwickelt ist. Ausgelöst durch die Energiekrise standen zunächst energetische Aspekte im Vordergrund, später kamen Kriterien wie Ressourcenverbrauch, Emissionen und Abfälle hinzu.

Die Analysen beschränkten sich zunächst im Wesentlichen auf die Untersuchung von Verpackungssystemen, mittlerweile gibt es ein breites Spektrum von Beispielen aus den unterschiedllichsten Anwendungsbereichen.

Sowohl Ökobilanzen als auch Produktlinienanalysen können als Lebenswegsbetrachtung von Produkten, Prozessen und Dienstleistungen bezeichnet werden, wobei die Produktlinienanalyse erklärtermaßen auch den Nutzen und Bedarf der betrachteten Güter/Systeme analysiert und bewertet und hierzu explizit soziale und ökonomische Aspekte einbezieht.

Ökobilanzen dagegen analysieren lediglich den gesamten Lebensweg (Rohstoffentnahme, Vorproduktion, Herstellung, Transport

/Distribution, Ge- und Verbrauch, sowie Entsorgung) indem sie die auf jeder Stufe des Wegs auftretenden Stoff- und Energieumsätze in möglichst validen In- und Outputdaten erfassen, bearbeiten und bewerten.

Damit das Vorgehen dabei möglichst wissenschaftlichen Ansprüchen genügt, sowie transparent und nachvollziehbar gestaltet ist, hat man sich auf eine generelle Teilung des Bilanzprozesses in vier Schritte (Zielfestlegung/goal definition, Sachbilanz/inventory analysis, Wirkungsanalyse/impact assessment, Bilanzbewertung/improvement assessment) verständigt.

In der Zielfestlegung muß die Festlegung des Bilanzraumes und das damit verbundene Erkenntnisinteresse deutlich werden, denn Bilanzergebnis und Aussagekraft sind davon wesentlich bestimmt. Bereits hier sollen nach den von Deutschen Institut für Normung im März 1994 veröffentlichten Grundsätzen produktbezogener Ökobilanzen die gesellschaftlichen Gruppen einbezogen werden.

Die Methoden zur Erfassung der Stoffströme in der Sachbilanz werden mittlerweile für normierbar gehalten, sind aber - abhängig von der Breite der Fragestellung - sehr arbeitsaufwendig.

Bei den Wirkungsanalysen erlaubt der derzeitige Wissensstand die Bilanzierung globaler ökologischer Wirkungen nur ansatzweise. Die Zuordnung der Outputströme aus der Sachbilanz zu den jeweiligen Umweltwirkungen wird derzeit mit zumindest vier Modellen in der Normungsdiskussion erörtert, wobei zumindest in der Bundesrepublik Deutschland ein Konsens erreichbar scheint.

Wenngleich Überlegungen zur gesellschaftlichen Bewertung und Prioritätensetzung noch ganz am Anfang stehen, ist eine Erweiterung der Ökobilanzmethode zur sozio- ökologischen Gewinn - und Verlustrechnung gerade im Bereich der methodischen Weiterentwicklung von Wirkungsanalysen nicht auszuschließen und wird von gewerkschaftlicher Seite angestrebt.

Ein allgemeingültiges Bilanzbewertungsverfahren - ob über Ökopunkte oder verbal argumentativ - ist allerdings derzeit nicht in Sicht, zumal die Erarbeitung von Konventionen und Regeln sowohl zu methodischen Fragen als auch zur Beteiligung der interessierten Kreise noch aussteht.

Ökobilanzen verstehen sich als Hilfsmittel zur Information, Planung und Zielverfolgung bei der Vorbereitung umweltorientierter Entscheidungen im Kontext des Lebenswegs von Produkten und haben damit eine Optimierungs- und Vergleichsfunktion ebenso wie eine Kommunikationsfunktion. Sie können nicht Entscheidungen unter Abwägung ökonomischer und sozialer Apekte ersetzen und auch nicht an die Stelle anderer Instrumente, wie z.B. die Verfahren zur Bewertung von Stoffen, die Umweltverträglichkeitsprüfung für Infrastrukturprojekte, die umweltökonomische Gesamtrechnung oder die Bilanzierung der Umweltsituation in ökologisch gefährdeten Räumen treten.

Auch beim gegenwärtigen Wissenstand sind Ökobilanzen jedoch als geeignetes Mittel anzusehen, erstmals und einigermaßen zuverlässig die ökologische Analyse komplexer Systeme zu leisten und damit Entscheidungsgrößen zur Verfügung zu stellen, die es gestatten, Maßnahmen zur Verringerung der durch Produkt- und Dienstleistungssysteme hervorgerufenene Umweltbelastungen zu treffen. Sie dienen damit der Offenlegung von Schwachstellen im Lebensweg von Dienstleistungen und Produkten, der Verbesserung der Umwelteigenschaften von Dienstleistungen und Produkten und zur Begründung von Handlungsempfehlungen bei Beschaffung, Einkauf und Entsorgung. Anwendungsmöglichkeiten ergeben sich damit in der produktbezogenen Umweltpolitik ebenso wie in der industriellen Produktgestaltung und -entwicklung, der Umwelt- und Verbraucherberatung, der Produktkennzeichnung und der Effizienzbilanzierung.

Dies gilt im Rahmen öffentlicher Aufgaben aber auch für die Zusammenarbeit von Industrie und Wissenschaft, für die Kooperationen von Firmen, für die Öffentlichkeitsarbeit ebenso wie für die Vorbereitung firmeninterner Entscheidungen.

Aufgrund der weltweiten Vernetzung wirtschaftlicher Aktivitäten kann das Bedürfnis nach zunehmend systemökologischer Betrachtung wirtschaftlicher Prozesse nicht auf nationaler Ebene realisiert werden. Größere Ökobilanzvorhaben werden daher zunehmend auf internationaler Ebene durchgeführt.

Dabei richten sich die Normierungsbemühnungen auf nationaler und internationaler Ebene darauf, über Konventionen schrittweise einen allgemein akzeptierten technischen Standard aufzubauen, der theoretische Ansätze ebenso wie praktische Erfahrungen aufgreift und integriert.

Unter einem sochen Standard kann keine abgeschlossene starre Methodik erwartet werden. Vielmehr wird derzeit sowohl im NAGUS- Arbeitsausschuß des DIN als auch im ISO Subcommitee 5 (Life Cycle Assessment) des TC 207 "Environmental Management" versucht, die erforderlichen Formalisierungsaspekte aufzugreifen, - denn eine Verständigung über Struktur und Ablauf des Instruments Ökobilanz scheint auch für eine Weiterentwicklung dringend erforderlich - und gleichzeitig - angesichts der komplexen Praxis - immer wieder auf die Unerläßlichkeit von Plausibilitätsbetrachtungen hinzuweisen.

Ein gemeinsames Verständnis über Struktur und Ablauf des Instruments Ökobilanzen ist dringlich ohne daß dabei Möglichkeiten zur Weiterentwicklung ausgeschlossen werden sollen.

Eine geeignet erscheinende Plattform bietet der Verbund nationaler und internationaler Normungsorganisationen. Bereits seit Sommer 1992 beschäftigt sich ein Arbeitskreis des Deutschen Instituts für Normung e. V. (DIN) mit der schrittweisen Entwicklung des Rahmenmodells.

Nach der im Frühjahr 1993 erfolgten Neugründung des sogenannten NAGUS (Normenausschuß für Grundlagen des Umweltschutzes) existiert im DIN eine Organisationseinheit, die sich auf breiter Basis mit umweltrelevanten Normungsvorhaben auseinandersetzt. Hierunter fällt auch der NAGUS-Arbeitsausschuß "Produkt-Ökobilanzen" der unter der Leitung von Harald Neitzel, Umweltbundesamt Berlin, steht.

Im Arbeitsausschuß wirken Beteiligte aus Wissenschaft, Gewerkschaften, Umwelt- und Verbraucherverbänden, Behörden und Wirtschaft mit, die Ihre spezifischen Erfahrungen einbringen.

Auch auf internationaler Ebene ist eine übergeordnete Standardisierungs-Initiative aufgenommen worden.

Zuständig ist die ISO (Internationale Organisation für Normung). Aufgrund strategischer Überlegungen, an denen sich das Business Council for Sustainable Development (BCSD) beteiligte, wurde die Gründung eines Technical Committee (TC) "Enviromental Management" vorgeschlagen und innerhalb von ISO verankert (ISO/TC 207).

Mit Hilfe von Subcommittees (SC) und Working Groups (WG) werden Teilaufgaben der Gesamtprogrammatik abgearbeitet.

1.1. Gewerkschaftliche Arbeit im NAGUS-Ausschuß

Vor dem Hintergrund der Standortdebatte und mit Bezug auf die internationale Politik ist eine Einmischung in diese Gremienarbeit richtig und wichtig. Das Problem ist nur, daß wir als Gewerkschaften im Grunde genommen keine Rolle spielen.

Im Arbeitsausschuß Produkt-Ökobilanzen sind sieben Vertreter der Industrie, sieben Vertreter der Wissenschaft, drei Vertreter der Umwelt-/Verbraucherverbände und ein Vertreter der Gewerkschaften.

Es gab also eine Dominanz von Industrie und Wissenschaft, die ja wiederum Auftrageber der Industrie ist. Unsere Forderung nach zwei Mandaten war nicht durchsetzbar, höchstens zulasten der Umweltverbände.

Dies war aber für uns eine unmögliche Frontstellung mit den Umweltverbänden, aus der sich die Industrie herausgehalten hat. Auch das Umweltbundesamt (UBA) hat sich nicht sonderlich für ein zweites Gewerkschaftsmandat eingesetzt. Das UBA hat kein Verhältnis zum Deutschen Gewerkschaftsbund und zur Rolle der

Gewerkschaften, was die Umsetzung von industriellen Innovationen angeht. Das ist mein Eindruck aus diesem Arbeitszusammenhang. Möglicherweise sind es auch nur die zuständigen Sachbearbeiter.

Was den Arbeitsaufwand angeht, halte ich es für ein Problem, wenn Funktionäre des DGB und der Einzelgewerkschaften in all diesen Gremien nicht nur präsent, sondern auch initiativ sein sollen. Leider sind die dafür erforderlichen Ressourcen bei keiner Einzelgewerkschaft vorhanden.

Die Federführung in diesen Arbeitsausschüssen und Untergruppen liegt ausschließlich bei Industrie und Wissenschaft. Es gibt keine gewerkschaftliche Beteiligung, d. h. wir haben keine Möglichkeit konzeptionell aktiv zu werden. Wir können lediglich versuchen, eine politische Diskussion herzustellen. Bei Ökobilanzen gibt es dazu Ansätze.

Bei der personellen Besetzung (Obleute) ist wiederum eine Dominanz der Industrie sowie der Mitarbeiter des UBA feststellbar oder aber von wissenschaftlichen Instituten. Diese haben vom UBA Aufträge für die Erstellung wichtiger Studien bekommen. In diesem Zusammenhang ist eine marktstrukturierende Funktion des UBA feststellbar, die durchaus bedenklich stimmt. Wenn bestimmte Institute beteiligt sind und andere nicht, ist das an dieser Stelle nicht unproblematisch, weil damit auch politische Entscheidungen vorbereitet werden.

Ich persönlich finde es auch problematisch, wenn dort Vertreter der Verbraucher- oder Umweltverbände sitzen, die aber ebenfalls in Umweltinstituten (IFEU, IÖW etc.) arbeiten.
Mein Wunsch wäre, daß zumindest Transparenz in diese Strukturen gebracht wird.

In Abgrenzung zum betriebsbezogenen Umweltaudit beziehen sich Produktökobilanzen auf den Lebensweg eines Produkts. Es gibt einige Vorzeigebeispiele, z. B. den schweizerischen Vergleich Plastiktüten/Papiertüten, aufgrund dessen das schweizerische Handelsunternehmen MIGROS Papiertüten wieder zurückgezogen hat, weil die Folie bei Tragetaschen in der Ökobilanz besser abschnitt.

Die meisten Produktökobilanzen wurden in der Verpackungsbranche erstellt. Daran orientiert sich bisher der Stand der Erarbeitung von Ökobilanzen. Dort entstanden wesentliche Teile der Methodik. Die Erstellung von Ökobilanzen ist auch immer eine Finanzierungsfrage.

Eine Produktökobilanz kostet in der Regel mehr als 500.000,- DM und ein Unternehmen muß sich schon überlegen, ob jede Strumpfhose bilanziert werden soll oder ob man sich auf die für das Unternehmen strategisch wichtigen Produkte konzentriert.

Es gibt eine Definition von Ökobilanzen, die jemand als Frage formuliert hat: "Was ist die ökologische Auswirkung des Stahls für die Fabrikation des Bohrgeräts, das für das Loch benutzt wird, das, wenn es das Erdöl hergibt, für die Herstellung von Plastik benutzt wird, um eine Trinkflasche herzustellen". In diesem Zitat wird noch einmal das "von der Wiege bis zur Bahre"-Prinzip erläutert.

1.2. Das Konsens-Papier der NAGUS-Gruppe Produktökobilanzen

Das Grundsatzpapier, das jetzt vom UBA veröffentlicht wurde, ist als 13. Entwurf im Oktober vom Arbeitsausschuß Produktökobilanzen beschlossen worden und in den DIN Mitteilungen vom März 1994 veröffentlicht.

Es ist entstanden aus der eineinhalbjährigen Arbeit einer Gruppe, bestehend aus Dr. Marsmann (Bayer AG), drei Vertretern der Umweltverbände, Neitzel (UBA) und Schlüter (DGB). Das Papier leistet eine Festlegung von Grundsätzen zur Ökobilanz. Danach muß, wie oben bereits erwähnt, eine Ökobilanz folgende Elemente enthalten:

- eine Zieldefinition,
- eine Sachbilanz von dem Stoff- und Energie-Input und Output,
- eine Wirkungsanalyse,
- und abschließend die Bilanzbewertung.

Es gibt einen Konsens darüber, daß sowohl Zieldefinition als auch die Bilanzbewertung in der Regel nicht streng wissenschaftlich möglich ist. Daraus sind - und das ist wichtig - folgende Konsequenzen gezogen worden:

- Es muß grundsätzlich Transparenz und Offenheit hergestellt werden.
- Es muß grundsätzlich möglich sein von jeder Phase des Prozesses auf den ersten Schritt zurückzugehen und auch die Diskussion von vorne zu beginnen.
- Es muß eine frühzeitige Beteiligung der Öffentlichkeit geben.

Es wurde auch festgelegt, daß es wünschenswert ist, bei den betriebsinternen Ökobilanzen eine Beteiligung der Arbeitnehmer und ihrer Interessenvertretungen zu regeln.

Dies scheint mir besonders wichtig zu sein, denn es gibt eine problematische Tendenz in den Fachgremien, Arbeiter als hilflose Opfer von Umweltbelastungen (krebserzeugenden Stoffen etc.) zu betrachten.

Beschäftigte werden im Grunde genommen überhaupt nicht als partizipationsfähig wahrgenommen. Daß Arbeiter mitreden und selber Ideen haben, die möglicherweise besser sind und auch einen Beteiligungsanspruch haben, ist überhaupt nicht als Diskussionsthema präsent.
Auch die Umweltverbände haben nicht begriffen, daß in den Gewerkschaften von Vertrauensleuten über Betriebsräte in wirtschafts- oder Arbeitssicherheitsausschüssen bis in die Aufsichtsräte hinein diskussionsfähige Ansprechpartner zu finden sind, die in der Lage sind kritisch mitzugestalten und auch manchmal mitgestalten wollen. Das hat möglicherweise auch seine Ursachen im Image der Gewerkschaften.

Die IG Chemie, die die Stiftung "Arbeit und Umwelt" gegründet hat, hat u. a. das Anliegen ein anderes Bild vom Arbeiter bzw. vom abhängig beschäftigten Chemiearbeitnehmer nach außen zu dokumentieren. Dazu ist Partizipation eine wichtige Voraussetzung.

Die ökonomischen, ökologischen und sozialen Perspektiven der chemischen Industrie werden auch in der Enquete-Kommission des Deutschen Bundestages "Schutz des Menschen und der Umwelt" diskutiert. In diesem Diskussionszusammenhang existiert eine Beteiligung der IG Chemie. Im Chemiebereich besteht aufgrund des hohen Problemdrucks ein gewisser "Zwang" mitzureden und Fachkompetenz zu entwickeln.

Wir sind konfrontiert mit einer Entscheidung darüber, welche Stoffe umweltgünstig sind und welche nicht. Bisher hat das alles noch viel mit Glauben zu tun. Da treffen viele Positionen aufeinander, deren Argumente nicht unbedingt fundiert sind. Die IG Chemie hat jedenfalls Interesse daran, daß die Diskussion darüber, ob und wie ein Stoff ersetzt wird, intensiv geführt wird, allerdings nicht ohne eine Beteiligung von ArbeitnehmerInnen. Deshalb engagieren wir uns sehr für die Weiterentwicklung und Normung des Instruments Ökobilanzen.

1.3. Die Stiftung "Arbeit und Umwelt"

Die Stiftung "Arbeit und Umwelt" ist ein Kind des hundertsten Geburtstags der IG Chemie. Die Stiftung "Arbeit und Umwelt" ist eine gewerkschaftliche Einrichtung, die mit ihrer Arbeit humane Arbeits-, Umwelt- und Lebensbedingungen der Menschen in hochentwickelten Industriegesellschaften fördern will, die der Schaffung und Weiterentwicklung von Bewußtsein für Voraussetzungen und Probleme des Umweltschutzes und dem Erhalt einer lebenswerten Umwelt dienen, die Übertragung des rohstoff- und energieschonenden Wirtschaftens auf alle Bereiche der Arbeitswelt fördern, die Verbesserung des Gesundheits- und Arbeitsschutzes der Arbeitnehmerinnen und Arbeitnehmer durch Vermeidung oder Verminderung von gesundheitsschädlichen oder -gefährdenden Belastungen, unterstützen ein umweltgerechtes Produzieren und die Entwicklung umweltverträglicher Logistiken.

Die Stiftung hat 1993 zum erstenmal einen Umweltpreis vergeben. Wir haben mehrere Projektskizzen für Ökobilanzen prämiert und sind guter Dinge, daß wir aus dieser Preisvergabe heraus mehrere Ökobilanzprojekte mit ins Leben rufen bzw. diese unterstützen.

Der 1. Preis wurde an das Bayerische Institut für Abfallforschung vergeben, das einen Vorschlag entwickelt hat, im Verpackungsmittelsektor Kunststoffe aus nachwachsenden Rohstoffen mit konventionellen Kunststoffen zu vergleichen.

Neben dieser grundsätzlich für die Chemiebranche interessanten Fragestellung enthält die Projektskizze unserer Ansicht nach auch einige sinnvolle Vorschläge zur Beteiligung von Fachöffentlichkeit, Gewerkschaften, Industrie und gesellschaftlichen Gruppen.

Der 2. Preis wurde zu gleichen Teilen vergeben an Reiner Grießhammer vom Öko-Institut Freiburg und an das Institut für Kunststoffprüfung und Kunststoffkunde der Universität Stuttgart.

Das Öko-Institut hat vorgeschlagen, die bestehenden Ökobilanzen auf die Behandlung von Arbeitsschutzaspekten zu überprüfen. Bei den ca. 150 hisher entwickelten Ökobilanzen soll analysiert werden, was an Arbeitsschutzaspekten faktisch berücksichtigt wurde und was sich daraus für den gesellschaftlichen Diskussionsprozess ableiten läßt. Darüberhinaus wurde vom Öko-Institut vorgeschlagen, an Stoffströmen in der Automobilindustrie folgende Aspekte zu überprüfen:

- Kann man Arbeitnehmer beteiligen?
- Wie vollzieht sich eigentlich der Partizipationsprozess?
- Wie sieht ein internationaler Vergleich aus?

Die Umsetzung ist allerdings sehr teuer und von daher ist bisher noch nicht geregelt, wer die Finanzierung übernehmen kann.

Die Stiftung hat außerdem aus der Jury-Arbeit ein Projekt der Firma Multiplex GmbH die eine Ökobilanzierung von Haushaltgeräten erstellen will weitergeleitet an das UBA, damit man sich dort um eine Fortführung der Arbeit bis zu einer für die Dt. Bundesstiftung Umwelt in Osnabrück antragsfähigen Form bemüht.

Von der Ökobilanz erhoffte man sich eine Antwort auf die Fragestellung: Was ist besser: reparieren oder entsorgen?

Wenn das Projekt bewilligt und realisiert wird, erhalten wir wiederum Informationen darüber und können uns außerdem nach der Einbeziehung des Betriebsrats erkundigen. Dies sind kleine Schritte mit denen man aber auch weiterkommt.

Hauptaufgabe der Stiftung "Arbeit und Umwelt" der IG Chemie--Papier-Keramik ist heute die industriepolitisch orientierte Forschung und Beratung auf dem Gebiet der ökologischen Fragen der industriellen Gesellschaft sowie der Transfer geeigneter Forschungsergebnisse nach West- und Osteuropa.

Wir tun dies in konkreten Projekten wie z. B.

- dem Umweltberaterprogramm,
- dem Projekt "Sero 2000",
- der Mitarbeit am Qualifizierungswerk Chemie und
- der Studienarbeit zu "Neuen Wegen zur Erfassung und Verwertung von Sekundärrohstoffen" für die Enquete-Kommission des Deutschen Bundestages.

Die Stiftung "Arbeit und Umwelt" ist bundesweit tätig und erfüllt ihre satzungsgemäßen Aufgaben bis zur Vollendung der deutschen Einheit in zwei Aufgabenbereichen mit erheblichem gesellschaft- und wirtschaftspolitischem Konfliktpotential:

Es sind dies einerseits die umweltpolitischen- und technischen Probleme der zunehmend ins Visier grundsätzlicher Kritik geratenen industriellen Entwicklungen einerseits, und die ökonomischen, ökologischen und sozialen Probleme der neuen Bundesländer und ihre Anbindung an westdeutsche Strukturen andererseits.

Die Stiftung bemüht sich dabei im Sinne ihrer Gründer und ihrer Vorstands- und Beiratsmitglieder darum, im umweltpolitischen Bereich konsens- und lösungsorientierte Strategien auf betriebs-, industrie- und gesellschaftspolitischer Ebene mit zu entwickeln und umzusetzen.

Bedingt durch die zeitliche Überschneidung der Stiftungsgründung mit den Notwendigkeiten und Arbeitserfordernissen in Zusammenhang mit der Wiederherstellung der Deutschen Einheit wurde der Arbeitsauftrag für die Stiftung jedoch von Anfang an schon auf den ersten Gremiensitzungen über das in der ersten Satzung vorgesehene Maß festgeschrieben. Der erste Studienauftrag der vergeben wurde, befaßte sich mit der Situation im Chemiedreieck Sachsen-Anhalt und kam zu dem Ergebnis:

Die bisherige stark grundstofflastige Chemieindustrie in der Region kann künftig keinen hohen Beschäftigungsstand bei hohen Einkommen ermöglichen, sie muß sich neu orientieren. Sie sollte sich dabei so weit wie möglich davon leiten lassen, die "Ökologieführerschaft" zu übernehmen. Dies bedeutet:

- die laufende Belastung der Umwelt durch die Einführung emissionsarmer, rohstoff- und energiesparender Technologien zu minimieren, sowie insbesondere,
- sich bei der Entwicklung recycling- und umweltfreundlicher sowie ressourcenschonender Produkte an die Spitze zu setzen.

Diese Felder sind von der westdeutschen Chemieindustrie keinswegs vollständig besetzt. Die Chemieindustrie im Raum Halle/Merseburg/Leipzig könnte dann zu einem Kristallisationskern einer sehr breit angelegten Umweltschutzindustrie werden, die internationales Renomee erlangen kann.

Dem bisherigen Negativ-Image sind überzeugende Markenzeichen entgegenzusetzen. In etlichen Betrieben und in der Forschungslandschaft sind entsprechende Ansätze bereits vorhanden (Abfallwirtschaft, Recycling, Gewässerschutz).

Folge war die Gründung des Beratungsbüros Bitterfeld mit der Maßgabe, durch gezielte Beratung mit dafür zu sorgen, daß einerseits sozialverträgliche "Auffang"möglichkeiten für die in großer Zahl aus den Betrieben ausscheidenden Menschen im Bereich der Umweltsanierung über ABM-Projekte geschaffen wurden, anderseits die Betriebsräte in den Kernbetrieben bei der Nutzung ihrer Rechte im Hinblick auf die weitere Entwicklung der Unternehmen entsprechend der oben genannten Zielsetzung zu unterstützen.

Der Arbeitsansatz der Bitterfelder geht dabei praktisch von der Beratung von Betriebsräten, Unternehmensleitungen sowie Behörden aus und zielt darauf, die Beteiligten einerseits als "Experten in eigener Sache" zu unterstützen und ihnen andererseits Auseinandersetzungs- und Kooperationsmöglichkeiten untereinander und mit Dritten zu eröffnen.

Steht und stand in Bitterfeld dabei die praktische Beratungsarbeit im Vordergrund, so hat das bisherige Engagement der Stiftung in den alten Bundesländern bzw. bei der allgemeinen Fördermittelvergabe vor allem darauf gezielt, industriepolitisch relevante Umweltfragestellungen, die von anderen vernachlässigt wurden, aufzugreifen bzw. bearbeiten zu lassen.

In diesem Rahmen kann man sowohl die Unterstützung zur Schaffung eines Lehrstuhls für Arbeitsmedizin an der Medizinischen Hochschule Hannover stellen, als auch die Vergabe verschiedener Forschungsaufträge, die sich auf die Ermittlung europäischer Sachzusammenhänge konzentrieren. Auch das Thema des ersten Umweltpreises "Ökobilanzen" kann insofern als exemplarisch angesehen werden.

Es wird auch weiterhin in der Tätigkeit der Stiftung einen eigenen Arbeitsschwerpunkt bilden, zu dem in verschiedener Weise Bildungs-, Austausch- und Informationsaktivitäten entwickelt werden. 1994 werden wir unseren Umweltpreis an Schülerinnen und Schüler vergeben und auch in den folgenden Jahren hoffen wir, mit unserer Arbeit einen kleinen aber sinnvollen Beitrag zur sachlichen Verbesserung der Umweltschutzaktivitäten in der Bundesrepublik und in Europa leisten zu können.

Wir hoffen, daß durch die Arbeit der Stiftung ein grundlegender Beitrag zur Verbesserung bzw. Veränderung der Kommunikations-, Planungs- und Entscheidungsstrukturen (und manchmal auch die Ziele) geleistet wird.

1.4. Einschätzung zum Schluß

Die kosten- und personalintensive Durchführung von Ökobilanzen und Produktlinienanalysen kann für kleine und mittlere Unternehmen zu teuer sein. Gleichwohl kann die Bilanzierung umstrittener Produkte oder von Zwischenprodukten einer umstrittenen Produktlinie, wenn sie in solchen Unternehmen hergestellt oder weiterverarbeitet werden, sowohl gesamtgesellschaftlich als auch für diese Unternehmen von entscheidender zukunftsichernder Bedeutung sein. Es sollten daher Instrumente und Möglichkeiten geschaffen werden, die auch diesen Unternehmen die Beteiligung bzw. die Entscheidung zur Erstellung solcher Bilanzen produktabhängig ermöglichen.

Ökobilanzen ermöglichen keine Entscheidung per Knopfdruck, sie liefern aber eine differenzierte Analyse der durch Systemanwendungen hervorgerufenen primären Ressourcenverbräuche und Umwelteinwirkungen. Aufgrund der weltweiten wirtschaftlichen Verflechtungen ebenso wie aufgrund der globalen Umweltprobleme sind Ökobilanzen notwendigerweise international anzuwenden. Vereinheitlichungen in der Anwendung, gekoppelt mit einer konsensualen Weiterentwicklung und intensiven Förderung, könnten Ökobilanzen zu einer wichtigen Grundlage für politische Entscheidungen und weltweite Entwicklungsprozesse im Rahmen einer dauerhaften Entwicklung werden lassen.

Anwendungsmöglichkeiten von Ökobilanzen

Übersicht 1

* produktbezogene Umweltpolitik

* industrielle Produktgestaltung- und entwicklung

* Umwelt-und Verbraucherberatung

* Produktkennzeichnung

(* Effizienzbilanzierung)

im Rahmen:

- *öffentlicher Aufgaben*

- *Zusammenarbeit von Industrie und Wissenschaft*

- *Kooperation von Firmen*

- *Öffentlichkeitsarbeit*

- *Vorbereitung firmeninterner Entscheidungen*

Grundsätze zur Durchführung und Beurteilung von Ökobilanzen

Übersicht 2

1.) Frühzeitige Beteiligung der Fachöffentlichkeit (Offenheitsprinzip bei der Aufstellung und Bewertung)

2.) Qualitätssicherung durch Expertenteam

3.) Unmöglichkeit bzw. Nicht-Erforderlichkeit einer allumfassenden Ökobilanz

4.) Erforderlichkeit von Regeln und Konventionen über die Lösung einiger methodischer Probleme

5.) Berücksichtigung qualitativer Beeinflussungen auf die Umwelt

6.) Gleichrangige Einbeziehung von verallgemeinerten und spezifischen Daten

7.) Verständigung auf die Unmöglichkeit einer wissenschaftlich begründbaren Bilanzbewertung

Prioritäten bei der Fortentwicklung von Ökobilanzen

Übersicht 3

1.) Lösung der Datenproblematik

* Codex der Wirtschaft zur Verbesserung der Informationsstruktur von Ökobilanzen

* Entwicklung einer Datenbank "Ökobilanz-Daten"

2.) Entwicklung einer Methodik zur Durchführung der Wirkungsbilanz

3.) Entwicklung von Konventionen

Konventionen zum Umgang mit Ökobilanzen

Übersicht 4

1.) Festlegung von Regeln für:

- die Beachtung der funktionellen Äquivalenz

- die Behandlung des Recyclings

- die Behandlung der Kuppelprodukte

- die Behandlung des Energieeinsatzes

- die Behandlung des Transports

- die Beachtung der zu bertachtenden Wirkungen und Wirkungsbereiche

- die Anwendung wissenschaftlich gestützter Aggregation bei der Wirkungsanalyse

2.) Empfehlungen zur Beteiligung der Fachöffentlichkeit

3.) Erarbeitung einer standardisierten Kurzfassung

4.) Regeln zur Präsentation und Kommunikation von Ökobilanzen

5.) Entwicklung einer Methodik der Wirkungs-analyse und Bilanzbewertung

6.) Erstellung eines Glossars

Karl-Heinz Rosenhövel
2. Vernetzungsstrategien für kleine und mittlere Unternehmen im Umweltbereich - Ansätze aus dem Gesundheitsschutz

2.1. Ziele eines Umsetzungsvorschlags Arbeitsumweltschutz im Handwerk und in kleinen und mittleren Unternehmen (KMU)

Ausgehend von den Ergebnissen (DGB 91, Protokoll Bundeshandwerkstagung) der Handwerksbefragung des Büros für Sozialforschung in Kassel zum Thema "Strukturwandel und Mitbestimmung im Handwerk", bei der 1991 Inhaber und Betriebsräte in zwei Kammerbezirken befragt wurden, haben wir folgende Vorschläge auf den Gebiet des Gesundheitsschutzes und der Sicherheit am Arbeitsplatz für diesen Wirtschaftszweig entwickelt. Diese werden auf den nächsten Seiten vor dem Hintergrund der neueren wissenschaftlichen Diskussion in gekürzter Form vorgestellt.

Hauptziele des Umsetzungsvorschlags sind:

- Einleitung eines Prozesses zur ständigen, geplanten Verbesserung der Arbeitsumwelt im Handwerk,
- Entwicklung von Handlungskompetenz bei Inhabern und Gesellen im Handwerk,
- Erprobung und Entwicklung von regionalen Unterstützungsstrukturen für diesen Prozeß.

Verbesserungsmöglichkeiten auf dem Gebiet des Gesundheitsschutzes und der Sicherheit am Arbeitsplatz werden in folgenden Bereichen gesehen:

- Beschaffung (Verminderung toxikologischer Stoffe im Betrieb)
- Marketing (Produktökologie)
- Sicherheitsmanagement (sozialer Dialog, partizipatives Sicherheitsmanagement)
- Arbeitsorganisation und -gestaltung (Gesundheitsförderung)

- Qualifikation (von Inhabern, Managern, eigenen Fachkräften, Mitarbeitern, Auszubildenden)

2.2. Arbeitsumweltschutz vor dem Hintergrund der besonderen Lage von kleinen und mittleren Unternehmen und dem EG-Binnenmarkt

Der Begriff Arbeitsumweltschutz bezieht sich auf den Artikel 118a des EWG-Vertrags Absatz 1. Darin sprechen sich die Mitgliedstaaten für eine Verbesserung der "Arbeitsumwelt" aus, "um die Sicherheit und die Gesundheit der Arbeitnehmer zu schützen" und zu fördern. Wir schließen uns bei der Interpretation des Begriffs Arbeitsumwelt der weiten Fassung des EG-Parlaments an, die sich nicht nur auf den engen Arbeitsschutz-Begriff bezieht, sondern alle Arbeitsbedingungen umfaßt, die Auswirkungen auf die Gesundheit und Sicherheit der Arbeitnehmer haben. Dazu gehören die Beziehungen zwischen den Arbeitnehmern, das Verhältnis von Menschen und Arbeitsmitteln, die Arbeitsorganisation, der Arbeitsinhalt und die Arbeitszeit (Kommission... S. 28).

Mit der Einführung des EG-Binnenmarktes stehen kleine und mittlere Unternehmen (KMU) vor besonderen Anpassungsproblemen. Dazu werden aller Voraussicht nach auch die neuen Regelungen nach Artikel 118a EG-Vertrag gehören, die in das Arbeitsschutzrahmengesetz (ASR) bzw. in das Arbeitssicherheitsgesetz übernommen werden und für alle Betriebe gelten, einschließlich des öffentlichen Dienstes.

2.2.1. Strukturelle Merkmale und besondere Lage der KMU

Welches sind nun die Faktoren, die vielzitierte "besondere Lage" der KMU und welche Auswirkungen auf den Arbeitsumweltschutz dieser Betriebe sind damit verbunden ? (vgl. auch Amtsblatt: Stellungnahme zum Thema "KMU und Handwerksbetriebe" des EG Wirtschafts- und Sozialausschusses, 26.März 92).

Wassermann (1988) verbindet die typischen Strukturmerkmale mittelständischer Unternehmensführung mit der Analyse der Arbeitsschutzdefizite von Diekershoff. Dieser führt in seiner Studie über die sicherheitstechnische Betreuung kleiner Betriebe von 1982 "folgende Faktoren an:

- Überforderung des Unternehmers (Belastung durch verschiedene Funktionen),
- Unzureichende Kenntnis der gesetzlichen Verpflichtungen,
- Unzureichende Kenntnis der Wirkung technischer oder technologischer Veränderungen (z.B. im Zusammenhang mit Arbeitsstoffen und Arbeitsabläufen),
- Geringer Stellenwert des Arbeitsschutzes, geringe Bereitschaft der Betriebsinhaber, sich mit Fragen des Arbeitsschutzes zu beschäftigen,
- zu geringe Liquidität, um Arbeitsschutzdefizite (auch Auflagen der Aufsichtsdienste) zu beseitigen,
- Bewußte Versuche, durch Bestehenlassen von Arbeitsschutzdefiziten Kosten zu sparen und sich so einen Wettbewerbsvorteil gegenüber anderen Firmen zu verschaffen,
- unter Umständen veraltete Betriebsmittel" (Wassermann, W., 1988, S.79, Diekershoff, K.H., 1982, S.40)

Unter dem Blickwinkel von Arbeitssicherheit und Gesundheitsschutz am Arbeitsplatz sind noch einige wichtige Aspekte zur Kennzeichnung der besonderen Lage der KMU hinzuzufügen. Insbesondere sind noch folgende Faktoren zu nennen:

- Die Inhaber und Beschäftigten dieser Betriebe haben/hatten formal betrachtet nicht den Zugang zum medizinischen und sicherheitstechnischen Beratungssachverstand, wie er in größeren Betrieben üblich ist. Desweiteren fehlen, auf dem Hintergrund der flachen Organisationsentwicklung in Kleinbetrieben Arbeitsschutzausschüsse, Fachkräfte für Arbeitssicherheit etc. (ebd., S.43).

Dies erklärt zum Teil die erheblichen Wissens- und Anwendungslücken bei Inhabern und Betriebsräten bezüglich geltender Bestimmungen (vgl. Handwerksbefragung). Inhaltlich betrachtet stellt sich die Frage, ob das Bild wesentlich besser wäre, wenn eine medizinische und sicherheitstechnische Betreuung nach üblichem Muster diese Betriebe erreicht hätte? Wäre der Gesundheitsschutz z.B. beim Umgang mit Gefahrstoffen besser organisiert? Das Wissen über toxikologische Wirkungen bestimmter Stoffe besser? Auf diesen Fragenkomplex wird weiter unten noch eingegangen.

Der von uns festgestellte Mangel an Kenntnissen im Arbeitsschutz- und im Gefahrstoffrecht bei Betriebsinhabern, Betriebsräten und demzufolge auch bei den Beschäftigten, ändert sich durch die Einrichtung von innerbetrieblichen Gremien nach dem ASiG (Arbeitssicherheitsgesetz) nicht. Dies wäre bestenfalls eine Institutionalisierung der mangelnden Kenntnisse.

- KMU und Handwerksbetriebe verfügen meistens nicht über eigene personelle, organisatorische und materielle Ressourcen, um die geforderten Präventionsmaßnahmen und Sicherheitsstandards anzuwenden. Obwohl andererseits Unfälle, chronische Erkrankungen etc. bei einer kleinen Personaldecke dieser Betriebe, schwerwiegende wirtschaftliche Folgen für diese Betriebe haben können. (Aktionsprogramm EG für Sicherheit...,3.2.88, Klein- u. Mittelbetriebe)
- Versuchen diese Betriebe neue Technik einzuführen, stoßen sie auf große Schwierigkeiten, wobei die "wirtschaftlichen Lösungen" eine Konkurrenz entstehen lassen, die zu Lasten der Sicherheit und des Gesundheitsschutzes geht. In diesem Zusammenhang sind die Auswirkungen neuer Arbeitsformen und Fertigungstechniken, auf den Gesundheitsschutz, der Arbeitshygiene und -sicherheit von Interesse (vgl. Aktionsprogramm der EG Kommission 3.2.88, 88/C 28/02). Zudem kommen noch die kürzer werdenden Innovationszeiträume hinzu, die einerseits alte Gefahren und Belastungen verringern, aber zugleich mit neuen Risiken behaftet sind. Dies führt, bei mangelnder Möglichkeit/-Motivation zur Weiterbildung zu einer zunehmenden Entwertung des Sicherheitswissens in diesen Betrieben.

Die Möglichkeiten zu einer eigenständigen Innovationsstrategie und ökonomischen Handlungsspielräumen nehmen mit der Betriebsgröße ab. Hier gegenzusteuern ist eine Aufgabe der Verbände des

Handwerks (G.Sieben, S.15). Mitarbeiterzentrierte Innovationsstrategien wie bei der Volkswagen AG (Schultz, F.; Ritter, A., 92 zu Qualitätszirkeln) sind für Kleinbetriebe interessant, weil sie nicht kapitalintensiv sind und im Betrieb stattfinden können. Es fehlt ihnen aber der nötige betriebsexterne Überbau (Unterstützungsstrukturen) um personelle, zeitliche und qualifikatorische Ressourcenprobleme auszugleichen.

- Die weit verbreitete Betriebsphilosophie dieser Betriebe, Probleme erst dann dauerhaft provisorisch-fallbezogen zu lösen, wenn sie akut sind (schwache Planungsmentalität), faßt Carlo Corsi in der Anmerkung zusammen, "..., der Handwerker denkt kaum daran, was sich in einem Jahr ereignet,... .." (Kommission der EG, Protokoll der ersten.. S.47). Werden diesem Bild noch oft wechselnde Tätigkeiten an verschiedenen Orten und Kleinserienproduktion etc. hinzugefügt, dann wird deutlich, daß in diesen Betrieben kaum effektive Sicherheitsroutinen und -standards entwickelt werden können (vgl. Hauß/Schröder S.49). Gerade die geringe Standardisierung, die für die Herstellung von Einzelstücken, kleinen Serien für einen speziellen Kundenkreis etc. die die Facharbeits-Organisation des Handwerks prägt (Laville, J.L., S. 86), ist aber Garant für seine lebenswichtige Flexibilität. Diese Struktur bestimmter Handwerksbetriebe ist wahrscheinlich mitverantwortlich für das Scheitern bzw. die Nichtannahme der meisten, auf Standardisierung beruhenden Arbeitssicherheit- und Gesundheitsschutzkonzepte in Kleinbetrieben des Handwerks.

Mehr Chancen zur Akzeptanz hat ein standardisiertes Arbeits- und Gesundheitsschutzkonzept in Handwerksbetrieben "mit einem einfachen berechenbaren Umfeld, einem nicht differenzierten Kundenkreis, Massenfertigung oder kontinuierlicher Produktion und einer durch unqualifizierte Arbeit geprägten Organisation." (ebd.)

Festzuhalten ist hier erst einmal die Anmerkung, daß der Arbeitsumweltschutz auf unterschiedliche Strukturen bzw. organisatorische Mischformen der Arbeitsorganisation in den KMU trifft, und daß deshalb die Unterstützungsmaßnahmen von außen einen unterschiedlichen Zuschnitt haben sollten. Da die EG-Richtlinien nach

118a Mindest-Zielvorstellungen sind, lassen sie genügend Spielraum für unterschiedliche nationale Wege zu diesen Zielen.

In Form und Inhalt kommen mitarbeiterzentrierte Innovationszirkel (Qualitätszirkel, Gesundheitszirkel etc.), was Flexibilität, Unmittelbarkeit und Praxisbezug angeht den typischen Strukturen kleinbetrieblicher Unternehmensführung und Problemlösungsmustern entgegen. Die Betriebsinhaber befürworten bei der Verbesserung des Arbeitsschutzes nach unserer Befragung betriebsnahe Lösungen: Aufklärung und Information am Arbeitsplatz, Betriebsvereinbarungen (im weiten Sinne) und u.U. auch Gesundheitszirkel. Die Notwendigkeit zur Anleitung und Unterstützung für die betrieblichen Akteure von außen, ergibt sich u.a. schon aus ihrem unzureichenden Kenntnisstand bezüglich möglicher Arbeitsumweltgefahren.

Man kann sich ein Bild darüber machen, welche Herausforderung der Artikel 6/2 der EG-Rahmenrichtlinie (Allgemeine Pflichten des Arbeitgebers) für diese Betriebe ist, wo es heißt:
"Planung der Gefahrenverhütung mit dem Ziel einer kohärenten Verknüpfung von Technik, Arbeitsorganisation, Arbeitsbedingungen, sozialen Beziehungen und Einfluß der Umwelt auf den Arbeitsplatz."

Es heißt aber auch an anderer Stelle:
"Reichen die Möglichkeiten im Unternehmen bzw. im Betrieb nicht aus, um die Organisation dieser Schutzmaßnahmen und Maßnahmen zur Gefahrenverhütung durchzuführen, so muß der Arbeitgeber außerbetriebliche Fachleute (Personen oder Dienste) hinzuziehen." (Artikel 7/3 EG Rahmenrichtlinie vom 12. Juni 89)

2.2.2. Informelle Kanäle und Unternehmenskooperation

Bei der Einführung neuer Technik lassen sich nach unserer Befragung die Inhaber am zweithäufigsten (nach den Herstellern und Vertreibern) von Ihnen bekannten Inhabern beraten. Auch bei der Untersuchung des Informationsverhaltens u.a. von Handwerksbetrieben durch die Uni Passau (Schmalen, H. u.a., S. 46-47), rangiert die Information über Handwerkskollegen (43%) auf den vorderen Plätzen, nach Messebesuchen, Fachzeitschriften und Werbematerial.

Informelle Informations- und Beratungsstrategien der Inhaber untereinander scheinen aber in der Firmenkooperation ihre Grenze zu finden, obwohl Firmen, die diese Kooperation betreiben, zu der Gruppe der wirtschaftlich stärkeren, innovativeren und erfolgreicheren Unternehmen gehören. (Wassermann, W., 93, S.66)

Eine Ausnahme in der Bundesrepublik bildet das Feld der beruflichen Bildung, wobei darüber hinaus die Kooperationsvorhehalte weiterbestehen (Manz, T., 1993, S.172f).

Vorliegende empirische Befunde nähren die Vermutung, das partnerschaftliche Kooperation am ehesten in regionalen Zusammenhängen stattfindet. "Es sind gemeinschaftliche Normen und Institutionen, die die Kooperation der lokalen Akteure untereinander regulieren", und sich aus einer gemeinsamen lokalen Geschichte entwickelt haben (ebd. S.178 f).

Unter Hinweis auf italienische Beispiele wird festgestellt: "Diese 'lebensweltliche' Vernetzung der lokalen Akteure schafft ein Kollektivbewußtsein und ein gemeinsames Wertesystem, das die Konkurrenz unter den einzelnen Firmen 'sozial' zügelt und kooperatives Verhalten in der Normalität der Alltagspraxis verankert" (ebd.S.175).

Es gehört zu den traditionellen Aufgaben der Kammern als öffentlich-rechtliche Anstalten, u.a. Strukturen der gegenseitigen Hilfe zu schaffen. Beratungs- und Unterstützungsstrukturen zur Gewerbeförderung im Handwerk schließen bisher in Hessen keine Unterstützung bei der Verbesserung des Arbeitsumweltschutzes ein.

2.3. Mögliche Aufgaben von Kammern und Innungen

Allgemeines

Es scheint an der Zeit, die bisher mehr oder weniger nicht stattgefundene bzw. unkoordinierte Fachberatung von KMU und Handwerksbetrieben koordiniert, planmäßig und branchenbezogen zu entwickeln und die Unternehmenskooperation bzw. den informellen Austausch, auf dem Gebiet der Arbeitssicherheit und der Gesundheitsförderung zu unterstützen.

Die Einführung von Gesundheitsförderung und Arbeitsumweltschutz im Handwerk als Aufgabe der Kammer und der Innungen, ist ein komplexer Innovations-, Lern- und Organisationsprozeß, der zu eigenen Strukturen führen muß, wenn er Bestand haben soll. Er erfordert einen mittel- bis langfristigen strategischen Planungshorizont und eignet sich nicht für schnelle Erfolge.

Um die Leistungsfähigkeit des Handwerks in der Bundesrepublik zu fördern und um handwerksspezifische Möglichkeiten der Verbesserung auf dem Gebiet der Qualität der Arbeitsbedingungen auszuloten, könnte z.B. in einem Kammerbezirk eine breite Qualitätsdiskussion handwerklicher Leistungen im EG-Binnenmarkt unter vier Aspekten eines erweiterten Qualitätsbegriffs initiiert werden. Er verbindet Ökonomie und Gesundheit miteinander (Forum: Handwerkstag).

Verbesserungen der:

- technischen Qualität: Sicherheit von Material und Anlagen,
- Verfahrensqualität: Arbeitsorganisation, Informatitonsfluß, Materialfluß, Flexibilität, Arbeitsumweltschutz,
- sozialen Qualität: Führungsverhalten, Zusammenarbeit, Motivation,
- Qualität der Kundenzufriedenheit: Flexible Leistungserstellung nach Kundenanforderungen

2.3.1. Aktuelle Rahmenbedingungen für eine konstruktive Mittelstandspolitik der Kammern im Arbeitsumweltschutz

Im Rahmen der Neuregelung des Arbeitsschutzsystems (Arbeitsschutzrahmengesetz ASR) der Bundesrepublik ist die Einbeziehung aller arbeitsbedingten Gesundheitsgefahren in die Rechtsetzungs- und Aufsichtskompetenz der GUV (Gesetzlichen Unfallversicherung) zu erwarten.

Des weiteren ist mit einer verstärkten Kooperationspflicht zwischen der staatlichen Arbeitsschutzaufsicht und der Technischen Aufsicht der Berufsgenossenschaft, auf gesetzlicher Grundlage zu rechnen, so daß es zu einer Bündelung der bisher unkoordiniert eingesetzten Ressourcen kommen kann (z.b. gemeinsame regionale Überwachungspläne).

Mit der Schaffung und Finanzierung eigenständiger überbetrieblicher Organisationsstrukturen im Arbeitsumweltschutz würden die Handwerkskammern die Konsequenz aus der "besonderen Lage" ihrer Mitgliedsbetriebe ziehen und "besondere Lösungen", durch Nutzung bestehender Spielräume bei Anwendung verbindlicher Zielvorgaben im Arbeitsumweltschutz, zum Nutzen ihrer Betriebe vorantreiben.

2.3.2. Gründung einer Regionalen Arbeitsgemeinschaft Gesundheitsförderung und Arbeitsumweltschutz im Handwerk (RAGAH). Mögliches Organisationsmodell

Zusammensetzung:
    Fachkundige bzw. interessierte Inhaber und Gesellen, Technischer Dienst der Berufsgenossenschaften, Arbeitsmedizinischer Dienst der BG, Medizinischer Dienst der Krankenkassen, staatliche Gewerbeaufsicht (Amt für Arbeitsschutz und Sicherheitstechnik), Fachmoderatoren der Innungen bzw. der Kreishandwerkerschaften, ggf. externe Berater.

Leitung:
    Präsident und Vizepräsidenten der Kammer im Wechsel und Fachmoderatoren der Innungen.

Koordinationskreis:
: Moderatoren der Innungen

Aufgaben:
- Interdisziplinäres Expertenteam zur betrieblichen Intervention bei branchen- und betriebsnahen Problemlösungen im Arbeitsumweltschutz und bei Maßnahmen zur betrieblichen Gesundheitsförderung.
- Der betriebliche Einsatz dieser Experten erfolgt erst, nachdem der Fachmoderator der Innung eine erste Problemanalyse über Gespräche im Betrieb erstellt hat, um gezielt den Einsatz der Experten vorzubereiten, wenn er mit eigenen Mitteln nicht weiter kommt.
- Vermittlung externer Experten (Toxikologen, Psychologen, Sozialwissenschaftler aus Region) an die Innungen.
- Erarbeitung eines Aktionsplans im Kammerbezirk unter Mitwirkung der Kreishandwerkerschaften, mit Zeitschiene und Schwerpunktsetzung, bei dem die Beteiligung von Arbeitnehmer-Gruppen eine zentrale Rolle erhält.
- Erprobung und Entwicklung eines Modells zum koordinierten Zusammenwirken von Maßnahmen zur Gefahrenverhütung in Unternehmen in denen mehrere Firmen tätig sind.
- Fachkundige Unterstützung von Innovationszirkeln bei den Innungen/Kreishandwerkerschaften und Ausbildung von Fachmoderatoren für die Zirkel des Handwerkszweiges.
- Organisation der Kommunikation nach innen und außen.

2.3.3. Gründung von Innovationszirkeln bei den Handwerksinnungen oder den Kreishandwerkerschaften

Zusammensetzung:
: Interessierte Inhaber, Meister, Gesellen und Mitarbeiter aus Handwerksbetrieben, Fachmoderatoren.

Leitung:
: Fachmoderator/Innungsmeister/Kreishandwerksmeister

Aufgabe:
- Prozessbezogene Qualitätssicherung im Innungsbereich. Erprobung, Entwicklung und Verbreitung von Problemlösungstechniken, Problemlösungen, Verbesserungsvorschlägen für im Folgenden beispielhaft aufgeführte Bereiche:
   -Überbetriebliches Sicherheitsmanagement, Organisation des Gesundheitsschutzes in der Arbeitsumwelt der verschiedenen Innungen. Gefahrenverhütung und sozialer Dialog im Betrieb.
   -Betrieblicher Arbeitsumweltschutz und Gesundheitsförderung in Kleinbetrieben ausgehend von konkreten betrieblichen Sozialordnungen und Handlungssystemen.
   -Beurteilung von Gefahren für Gesundheit und Sicherheit der Arbeitnehmer. Auswahl von Arbeitsmitteln, chemischen Stoffen, der Zubereitungen und Gestaltung der Arbeitsplätze.
   -Planung und Einführung neuer Technik und Arbeitsverfahren - Erfahrungsaustausch, Folgenabschätzung.
   -Suchtberatung und Suchtprävention im Betrieb.
   -Branchen-Gesundheitsbericht, Krankheitsarten, -zeiten, neue Erkenntnisse arbeitsbedingter Erkrankungen.
- Hinzuziehung von Experten der RAGAH nach Bedarf.
- Entwicklung von zielbezogenen und zeitlich begrenzten Projekten mit eigener Schwerpunktsetzung und Erfolgskontrolle.
- Einrichtung eines Jugend-Innovations-Zirkels auf Innungsebene ("Wilde Gesellen") in Zusammenarbeit mit den Berufsschulen (Handwerksbindung der Jugend).
- Förderung der Kooperation einzelner Betriebe der Innung bei der Lösung neuer/bestehender Probleme (Problemlösungsworkshops, Netzwerk betrieblicher Gesundheitsförderung), Erfolgskontrolle.
- Verarbeitung dieser Erfahrungen in Aus- und Weiterbildungskonzepten und bei der Gründer-Beratung von Handwerksbetrieben.

Wenn es zu den Aufgaben der Innungen gehört, das "handwerkliche Können der Meister und Gesellen zu fördern" und sie "zwecks Erhöhung der Wirtschaftlichkeit der Betriebe ihrer Mitglieder Einrichtungen zur Verbesserung der Arbeitsweise und der Betriebsführung schaffen und fördern" soll (Handwerksordnung HWO, S. 54), würde sich die Gründung der vorgeschlagenen Innovationszirkel durchaus im Rahmen der HWO bewegen.

2.3.4. Trägerschaft möglicher neuer überbetrieblicher Strukturen

Grundsätzlich sind verschiedene Trägermodelle für die regionale Arbeitsgemeinschaft Gesundheitsförderung und Arbeitsumweltschutz im Handwerk (RAGAH) möglich.

Geplant werden sollte ein koordiniertes Zusammenwirken, weil jede einzelne Organisation im Arbeitumwelt- und Gesundheitsschutz mit dieser Aufgabe finanziell, personell und inhaltlich überfordert wäre.

Öffentlich-rechtliche Lösungen:

- bei der Handwerkskammer,
- bei der Berufsgenossenschaft als spezifische Sektion Handwerk und Klein- und Mittelbetriebe in Zusammenarbeit mit den Krankenkassen und Gewerbeaufsicht,
- bei der Gewerbeaufsicht/Staatl. Ämter für Arbeitsschutz und Sicherheitstechnik (Hessen).

Vereinsrechtliche Lösung:

- Gründung eines Trägervereins der Mitglieder (BG, MD der Krankenkassen, Gewerbeaufsicht, Handwerkskammer und Innungen).

Private Lösung:

- Gründung einer Unternehmensberatungs-Firma "Arbeitsumweltschutz und Gesundheitsförderung im Handwerk und KMU",
- Umstrukturierung der Produktionskonzepte in Großbetrieben und Annäherungen an die Werkstattproduktion.

2.4. Partizipative Verknüpfung von technik- und mitarbeiterzentrierter Innovation

Wie schon an anderer Stelle angedeutet, haben die Handwerksbetriebe die größten Probleme mit einem standardisierten Arbeitsschutz, die selbst eine schlanke Organisationsstruktur und wenig standardisierte Tätigkeiten ausführen.

Aus der Arbeitswissenschaft liegen Hinweise vor, das spezielle Gestaltungskonzepte im Zusammenhang mit neuen Technologien erforderlich scheinen.

In der Reihenfolge der Nennungen durch Fachvertreter der Arbeitswissenschaft:

"Gefordert werden:
- partizipative Gestaltungskonzepte (z.b. Strategien partnerschaftlicher Einbeziehung von Benutzern bei der Softwaregestaltung; Konzepte partizipativer Arbeits- und Organisationsplanung);
- ganzheitliche Gestaltungsstrategien (ausgehend von einer umfassenderen Problembetrachtung muß die Gestaltung auch das Gesamtsystem "umfassen (i.S. einer soziotechnologischen Systemgestaltung beziehungsweise einer erweiterten Systemergonomie))
- Strategien zur Neustrukturierung der Arbeit (z.B. ganzheitlich orientierte Organisationsentwicklungsansätze);
- gezielte Qualifizierungsstrategien (z.B. Lernen als kooperative Problembewältigung vor Ort) " (Ritter, A., 92, S.343).

Die Antworten der Organisationsentwicklung der Großbetriebe, abgeleitet aus ihren betriebswirtschaftlichen Zielgrößen heißen:

-Problemlösungsworkshops   -Vorschlagsgruppen
-Projektgruppen   -Lernstatt
-Qualitätszirkel   -teilautonome Arbeitsgruppen

Der Gedanke, die Arbeitsgestaltung nicht nur den Experten zu überlassen, sondern die Betroffenen mit einzubeziehen, ist nicht neu. Im Lehrbuch Arbeitswissenschaft von 1932 forderte der Arbeitswissenschaftler Lippmann," daß dem Arbeiter die Gestaltung seiner Arbeit, die Wahl seiner Arbeitsmittel und Arbeitsmethoden in möglichst hohem Grade überlassen bleiben soll und daß dieses Prinzip nur auf Grund streng begründeter wirtschaftlicher Erwägungen durchbrochen werden soll" (Duell, W., S.89).

Heute machen gerade wirtschaftliche Überlegungen in Großbetrieben die Beteiligung von Arbeitern (Gruppe) erforderlich. Individuelle Beteiligungsansätze werden mittlerweile als ein zu enger Bezugspunkt, beispielsweise im Vorschlagswesen, gesehen (Blume, A., S. 16). Erste Hinweise auf die Verbindung von Gruppenfaktor und Leistungssteigerungen ergaben die Hawthorne-Studien in den USA 1924 (Breisig, S.56).

Vor dem Hintergrund einer partizipativen Verknüpfung von technik- und mitarbeiterzentrierter Innovation, erhofft sich das Management eine nötige dezentralisierte Flexibilität der Betriebsorganisation, eine höhere Motivation und Leistungsbereitschaft der Mitarbeiter, die Nutzung ihres Problemlösungswissens, ein gestiegenes Qualitätsbewußtsein, weniger Reibungsverluste durch verbesserte Kommunikation bei der Einführung neuer Verfahren und Produkte, eine bessere Technikakzeptanz und nicht zuletzt, Kosteneinsparungen und Produktivitätssteigerungen. (Imai,K.; Breisig, T.; Bungard, W.)

Ein Hoffnungskatalog, der auch aus einem Handwerksbetrieb kommen könnte?

2.5. Schlanke Produktion in Kleinbetrieben nichts Neues -aber ungelöste Probleme im Arbeitsschutz werden deutlicher

Gesellen und Meister aus kleinen Handwerksbetrieben werden nun sagen, dies läuft bei uns schon immer, ist aber bisher nie besonders herausgestellt worden (Gesamtbetrieb als Qualitätszirkel, Hilbert, J., Sperling, H.J., S.189). Im Prinzip haben wir den Vorteil, daß wir unsere Produktionsmethoden (spezialisierte Fertigung etc.)

nicht umzustellen brauchen. Wir haben also in dieser Situation einen strukturellen Vorteil, der sich zudem noch auf eigene kulturelle Arbeitstraditionen im Handwerk stützen kann. (Sperling, H.J., S.56 f)

Dies ist im Prinzip richtig, allerdings bestehen zugleich in den Kleinbetrieben auch innovations-hemmende Strukturen, die die Nutzung dieses "Vorsprungs" verhindern.

Zu untersuchen wäre die Frage, inwieweit beispielsweise autoritäre Führungsstrukturen, es dem Handwerk schwermachen, seine "neuen" strukturellen Vorteile gegenüber den Großunternehmen bei der Arbeitsorganisation zu nutzen. Bisher scheint es so zu sein, daß die Forschungsergebnisse der "Human Relations" in der Arbeitswelt (Bernsdorf, W., S.431ff) und insbesondere die Ergebnisse der Kleingruppenforschung, sich weder auf das Handwerk selbst, noch auf die Organisation von Arbeitssicherheitsmaßnahmen im Handwerk ausgewirkt haben.

Kotthoff und Reindl verdichten ihre empirischen Einzelfälle zu einer Typologie von Sozialordnungen (vgl. zum Begriff, Reindl, J., Kotthoff, H. 1987 S.32 f; Crozier, M., Friedberg, E., S.177ff) in mittelständischen Unternehmen, in denen die unterschiedlichen Formen der Betriebs- bzw. Mitarbeiterführung herausgearbeitet werden.

Je nachdem ob es sich beispielsweise, wie beim Typ II: um Imperien und Patriarchate handelt: "Der Chef will, daß alle nach seiner Pfeife tanzen. Ein Unmensch ist er nicht", oder um den Typ IV/1 handelt, integrative Bürgergesellschaften im Facharbeiterbetrieb: "Der Betrieb, das ist das Miteinander hier" (Kotthoff, H., Reindl, J., S.189f), haben die Betriebe einen recht unterschiedlichen Handlungsbedarf, wenn sie ihre Wirtschaftlichkeit durch menschenzentrierte Innovationsstrategien und/oder durch Verbesserung des Gesundheitsschutzes in der Arbeitsumwelt sichern wollen.

Vor dem Hintergrund der teilweisen Wiederannäherung der Arbeitsorganisation in Groß- und Kleinbetrieben, die sich um die Stichworte Werkstattproduktion und Gruppenarbeit umschreiben lassen, müssen meiner Meinung nach vier wichtige Fragen beantwortet werden:

- Welche Auswirkungen haben die Zielsetzungen der neuen/- alten Produktions- und Führungskonzepte auf die Organisation des betrieblichen Arbeitsumweltschutzes?
- Wo liegen die vorhandenen Ansatzpunkte im Arbeitsumweltschutz bzw. bei der Gesundheitsförderung, um den neuen/alten Anforderungen gerecht zu werden?
- Wie könnten die Organisationsmodelle im Arbeitsumweltschutz aussehen, die Kleingruppenkonzepte im Arbeitsprozeß gerecht werden?
- Welche neuen Organisationsformen für den Gesundheitsschutz und der Sicherheit am Arbeitsplatz können auf dem Hintergrund unterschiedlicher Sozialordnungen, Handlungsstrukturen und Arbeitstypen in KMU entstehen, ohne beispielsweise an den Mindestnormen des EG-Rechts Abstriche zu machen?

Die Beantwortung dieser Fragen bedarf einer längeren Diskussion. Wir wollen im Folgenden aber den Versuch einer unvollständigen "Beantwortung" wagen, um zur Auslotung der Probleme einen Beitrag zu liefern.

2.5.1. Grenzen und Möglichkeiten der Partizipation der Beschäftigten an pragmatischen Problemlösungen in kleinen und mittleren Unternehmen - Andeutungen

Es spricht vieles dafür, daß es bei der Mehrzahl der kleinen Handwerksbetriebe nie etwas anderes als quasi projektbezogene Gruppenarbeit gegeben hat, die sich organisatorisch nicht zu festen Abteilungen gliedern konnte. Je nach Auftrag, Person und ihrem Arbeitsvermögen wurde die Gruppe immer wieder anders vom Inhaber zusammengestellt. (Sperling, H.J., S.58)

Die Beteiligungsmöglichkeiten der Beschäftigten in Kleinbetrieben beruhen auf nichtformalisierten, aber gelebten Regeln. Sie widerspiegeln aber ihre Abhängigkeit von den jeweiligen betrieblichen Sozialordnungen (Reindl, J., Kotthof, H. 1987, S.32), sind aber nicht ohne weiteres aus der Betriebsgröße abzuleiten (Blume, A., S.45).

Den Beteiligungsmöglichkeiten liegt zum einen ein wechselseitiges Abhängigkeitsverhältnis, zum anderen ein Einverständnis- und Vertrauensmechanismus zwischen Beschäftigten und Inhabern zugrunde (Sperling, H.J., S. 58). Von daher haben Betriebsinhaber auf allgemeiner Ebene kaum etwas gegen Mitarbeiterbeteiligung bei der Einführung neuer Technik einzuwenden. Sie sind durchweg der Meinung, daß ohne die Beteiligung der Mitarbeiter die Einführung neuer Technik nicht möglich ist (vgl. Befragungsergebnisse).

Unsere Inhaberbefragung im Handwerk läßt bezüglich der Beteiligung unterschiedlicher Gruppen im Betrieb auf konkreter Ebene keine eindeutigen Schlüsse zu, weil zwischen 10 und 60% der Befragten eine Beantwortung dieser Frage vermieden haben.

Thomas Manz stellt eher ernüchternd fest, daß sich bei der Einführung neuer Technik (CAD, CNC) die Beteiligung der Beschäftigten auf wenige zentrale Akteure beschränkt, insbesondere in der Planungsphase. Für die Einführungsphase weisen seine Untersuchungsbefunde auf einen deutlichen "Raumgewinn" für die Arbeitnehmer hin. (Manz, T., S.143)

Die Beschäftigten werden umso mehr ernstgenommen, als Fachleute und Produzenten angesprochen, je kleiner der Betrieb ist. Der Beitrag des Einzelnen am betrieblichen Endergebnis ist nachvollziehbar. Je mehr die Arbeit auf Werkstattgrundlage organisiert ist, "umso mehr kommen produktzentrierte Momente des Produzentenseins hinzu." (Kotthoff,H., Reindl, J. S. 365f)

Ein betriebszentriertes Moment des Produzentenbewußtseins würde auf betriebliche Mitbestimmung, bzw. an vorhandene Strukturen der Verantwortung der Beschäftigten für "ihren" Kleinbetrieb zielen.

Im produktzentrierten Moment könnten Ansatzpunkte für einen partizipativen Arbeitsumweltschutz in Kleinbetrieben liegen. Es könnte beispielsweise für eine Gruppe von Malern, die als Fachmänner angesprochen werden, von Interesse sein, wenn sie über die Wirkungsunterschiede und Gesundheitsgefährdungen, die mit verschiedenen Farbtypen und Anstrichstoffen verbunden sind, aufgeklärt und informiert werden. Wenn sie dann zugleich über Schutzmaßnahmen sowie produkt- prozeßorientierte Substitutionskonzepte Informationen erhalten, wäre dies ein erster Schritt in Richtung eines betrieblichen Sicherheitsmanagements in KMU. In näheren Zusammenhang geht es dabei um die Vermittlung von gruppenbezogenen "Profi-Wissen und -Verhalten" mit Qualifikationsaspekten, das Schrittweise in praktische betriebliche Erfahrungen münden kann, wenn die Rahmenbedingungen stimmen.

Die Prozesse der Problembewältigung im Kleinbetrieb zeichnen sich durch ihre direkte Weise aus. "Das heißt es muß direkt auf der Stelle und unkompliziert (ohne hierarchische und bürokratische Umwege) nur mit dem Blick auf die immanente Logik des Problems gehandelt werden." (ebd. S.367) Kommt der Fachmann nicht weiter, wird das Problem mit Unterstützung des Meisters oder des Chefs "auf der Stelle durch gemeinsames Anpacken behoben". (ebd. S.368, ähnlich, Kotthoff, H., Reindl, J. 1990, S.86)

Dieser "technische Pragmatismus" der Arbeitswelt greift allerdings nicht im Gesundheitsschutz der Arbeitsumwelt, wenn allen betrieblichen Akteuren das notwendige professionelle Fachwissen fehlt, beispielsweise über die Giftigkeit bestimmter Arbeitsstoffe (vgl. Handwerksbefragung). Er kommt aber einer Unfallverhütung mit technischen Mitteln entgegen. Beim Gesundheitsschutz in der Arbeitsumwelt muß das notwendige Wissen erst theoretisch und praktisch angeeignet werden, um mögliche Alternativen pragmatisch-situativ anwenden zu können. Nicht ohne Grund bevorzugen die Inhaber in Handwerksbetrieben betriebsnahe Strategien, wie Aufklärung und Information am Arbeitsplatz sowie "Betriebsvereinbarungen", wenn es die Verbesserung von des Arbeitsschutzes geht (vgl. Handwerksbefragung).

In Kleinbetrieben könnte u.U. schon ein notwendiger Telefonanruf ein "bürokratisches Hindernis" sein, weil betriebsintern kein Fachmann/Frau greifbar ist. Beim nächsten Besuch des Betriebsarztes, (die notwendigen toxikologischen Fachkenntnisse vorausgesetzt) stehen schon wieder andere Probleme im Vordergrund.

Soll Fachberatung für den Gesundheitsschutz in der Arbeitsumwelt für KMU vor diesem Hintergrund wirksam sein, so müßte sie:

- schnell unbürokratisch lokal verfügbar sein,
- keine zusätzlichen finanziellen Ressourcen beanspruchen,
- über Kenntnisse konkreter betrieblicher Handlungssysteme und Sozialordnungen in Klein- und Mittelbetrieben verfügen,
- über produktzentrierte Momente verfügen, die den Fachmann oder die Fachfrau professionell ansprechen,
- Gruppenbezogen als praxisnahe Problembewältigung angelegt sein,
- zu mindest Teillösungen an Ort und Stelle bewirken/anstreben,
- sollte als ein Baustein zur "bedarfsorientierten Qualifizierung von Mitarbeitern in kleineren Unternehmen" (Ritter A., S.325) einschließlich ihrer Inhaber gesehen werden.

Nur über verbesserte Einhaltungskontrollen der Vorschriften und Regeln der BG/GWA, ist meiner Meinung nach keine Effektivierung des Arbeitsschutzes zu erreichen.

2.5.2. Arbeitsschutz zwischen Kontrolle und Beratung - Abschied vom "optimalen Organisationsmodell"

Die Berufsgenossenschaften haben damit begonnen die Gefährdungspotentiale für ihre Gewerbezweige zu ermitteln, um Aufgabenkataloge zur Minimierung dieser Potentiale zu erstellen (Perlebach, E., S.26). Wenn die Auflistung der Gefährdungspotentiale nach Gewerbezweig bei den Kammern, Innungen und Betrieben vorliegen, könnten sie eine gute Grundlage zur Entwicklung für einen betrieblichen Arbeitsumweltschutz in KMU bieten.

Ziel neuerer Vorstellungen ist es u.a., von der Einhaltungskontrolle zu mehr Beratung zu kommen, um auch in Klein- und Mittelbetrieben ein Sicherheitsmanagement einzuführen. Der innerbetriebliche Sicherheitsingenieur sollte nach entsprechender Qualifikation "neue Entscheidungsstrukturen prozeßbegleitend einführen und steuern können" (Remus, Ch. S,133).

Kleinbetriebe sind bei diesem Modell benachteiligt, weil ihnen in der Regel kein Sicherheitsingenieur zur Verfügung steht. Zudem fehlt den Ingenieuren die "soziologische/soziale Dimension" um Innovationshindernisse bei der Einführung neuer Entscheidungsstrukturen in KMU überhaupt aufzudecken.

Das allgemeine Ressourcenproblem bei den KMU von hochqualifiziertem Personal auf der dispositiven Ebene (Techniker, Ingenieure) schlägt auch im Arbeitsschutz durch. Dies sowohl zahlenbezogen als auch qualifikations- und zeitbezogen. Für Manz ist dies eine entscheidende Innovationsbarriere (Manz, T., Innovation ... S.132).

Ich plädiere für eine personelle und zeitliche Trennung von Kontrolle (Revision) und Beratung bei der Gewerbeaufsicht (Pröll, U., S.120) und bei den Berufsgenossenschaften. Die RAGAH bietet dazu die erprobende Möglichkeit, weil sie ausschließlich der Beratung dient und ein kostensparendes und abgestimmtes Zusammenwirken in einem Wirtschaftsbereich fördert, indem die Mehrheit der Betriebe bisher keine Unterstützung bekamen aber auch kaum kontrolliert worden sind.

Das "Unternehmermodell"(Bieneck, Rückert, BMA), als Befreiungsmöglichkeit von der Regelbetreuung (Angestellte Fachkraft oder überbetrieblicher Dienste mit fester Sockeleinsatzzeit) für Kleinbetriebe bis 20 Beschäftigte (BG Chemie), wenn der Inhaber einen maximal zweiwöchigen Weiterbildung teilnimmt, und einen sicherheitstechnischen Berater (Aufgaben nach § 6 ASiG, VBG 122) bei "konkreten Bedarf" in Anspruch nimmt, wirft u.a. folgende Probleme auf:

- Klassische Sicherheitsorientierung, kein Arbeitsumweltschutz wie die EG es fordert,
- Ignoriert die "Planungsstrukturen" in Kleinbetrieben",
- Entscheidungsberatung für den Inhaber nicht für Mitarbeiter,
- Liefert keinen Beitrag zum partizipativen Sicherheits- und Gesundheitsmanagement in Kleinbetrieben,
- Verzichtet auf Revision bzw. vermischt diese mit Beratung (Chemie BG),

- Fördert nicht formelle und informelle Kooperationsbeziehungen der Kleinbetriebe in den Bereichen Gesundheitsschutz, Gesundheitsförderung und Ökologie in der Region,
- Ist mit zusätzlichen Kosten für den Kleinbetrieb verbunden.

Überlegungen von Berufsgenossenschaften und Ausbildungsleitern hinsichtlich der Seminare für Unternehmer aus Kleinbetrieben (Kutscher, D., S. 240f) ignorieren standhaft neuere Beteiligungskonzepte etc. (Zink, Ritter) im Arbeits- und Gesundheitsschutz.

Es ist zu befürchten, daß die Kleinbetriebe über das Unternehmermodell ganz legal ihren Arbeitsumweltschutz 2. Klasse festschreiben und die Berufsgenossenschaften sich von einer effizienten flächendeckenden Betreuung ab dem ersten Beschäftigten verabschieden.

Allein die Einbeziehung der KMU in ein flächendeckendes arbeitsmedizinisches Betreuungsmodell "aller Betriebe - gleichgültig welcher Branche und welcher Größe" (Perlebach, E.) erfordert wahrscheinlich den Abschied von einem "optimalen" Organisationsmodell im Arbeitsschutz, zugunsten technologischer, arbeitsspezifischer und sozialordnungsspezifischer Variablen. Es erscheint dann durchaus möglich und notwendig, zu mehreren "optimalen" bzw. angepaßten Lösungen im Arbeitsschutz der KMU zu gelangen (Crozier, M., Friedberg, E., S. 81ff).
Zu kontrollieren bleibt Erreichung der Ziele sowie die Einhaltung von Mindestvorschriften. Sollten diese nicht erreicht sein, helfen Fachberater bei der prozeßbezogenen Suche nach anderen Wegen.

2.6. Mögliche Konsequenzen und Probleme für Betriebe im Handwerk

2.6.1 Wandlungsprozesse fördern

Crozier und Friedberg sehen Wandel als Lernprozeß neuer Formen kollektiven Handelns. "Es geht nicht darum, sich zu einer neuen Struktur, zu einer neuen Technik, zu einem neuen Verfahren zu entschließen, sondern darum, einen Wandlungsprozeß (hervh. der

Verf.) einzuleiten, der Aktionen und Reaktionen, Verhandlungen und Zusammenarbeit voraussetzt und beinhaltet. Es handelt sich dabei um ein Vorhaben, das nicht den Willen eines einzelnen ins Spiel bringt, sondern die Fähigkeit der verschiedenen, an einem komplexen System beteiligten Gruppen, ihre für ihre gemeinsamen Tätigkeiten notwendige Zusammenarbeit anders zu gestalten." (Crozier, M, Friedberg, E. S.246)

Die Förderung dieses Wandlungsprozesses in der Arbeitssicherheit und im Arbeitsumweltschutz des Handwerks, der durch den Gedanken der Gesundheitsförderung (WHO Weltgesundheitsorganisation) und des EG-Rechts nach Artikel 118a eingeleitet ist, ist der Hintergrund für die von uns vorgeschlagene Form des RAGAH (Regionale Arbeitsgemeinschaft Gesundheitsförderung und Arbeitsumweltschutz im Handwerk).

Bisher dominieren in den KMU und im Handwerk immer noch die individuell-verhaltensbezogenen Arbeitsschutzkonzepte der Berufsgenossenschaften. Sie sind aus der tayloristischen Form der Arbeitsorganisation bei Massenproduktion hervorgegangen und haben eigentlich nur bedingt den traditionellen Handwerksstrukturen entsprochen.

Es scheint bisher nicht gelungen zu sein, ein differenziertes Arbeitssicherheits - "System" zu entwickeln, das sich nach Arbeitstypus, Arbeitssystem und Sozialordnung (Kotthoff, H., Reindl, J. 1990) differenziert, unterschiedlichen Betriebsgrößen und Branchen berücksichtigt, ohne Abstriche bei den Zielen und Mindeststandards zu machen. Zu einem guten Teil, kann dieser maßgerechte Arbeitsumweltschutz, der notwendiger Weise auch die "Typologien von Sozialordnungen" in KMU sowie ihre konkreten Handlungssysteme (Crozier, M., Friedberg, E., S.184) mit einbezieht, wegen seiner Komplexität, nur aus den Betrieben heraus entwickelt werden.

Pilotprojekte helfen nicht viel weiter, wenn sie nicht zum Ziel haben, Fundamente für neue Handlungsstrukturen für die KMU auf dem Gebiet Gesundheitsschutz und Arbeitssicherheit zu legen.

Angepaßte Lösungen für die KMU, wie sie von den EG-Richtlinien gefordert werden, die weder der Gründung und Entwicklung von KMU entgegenstehen, noch zur Benachteiligung (mindere Schutzstandards) von Arbeitnehmern in KMU führen dürfen (Amtsblatt der Europäischen Gemeinschaft 16.12.92), können nicht von oben entwickelt werden, sondern müssen in den KMU im Rahmen einer aktiven Mittelstandspolitik selbst entwickelt werden.

Geschieht dies nicht, dann wachsen die Umsetzungsprobleme der Arbeitgeber und von Personen, denen im Betrieb Zuständigkeiten bzw. Aufgaben im Bereich der Arbeitssicherheit und des Gesundheitsschutzes zugewiesen werden, aber in ihrem Kleinbetrieb, mit seiner spezifisch gewachsenen Sozialordnung, sich selbst überlassen sind.

2.6.2. Lernprozesse initiieren

Im Rahmen der Qualifikationsanpassung in Kleinbetrieben plädiert Mendius für "ein inhaltlich und organisatorisch flexibleres Angebot", daß u.a. in der Lage ist, " die Vorteile des 'Lernorts Betrieb'" nutzen zu können (Mendius, S. 184). Dazu fehlt es aber bisher an den überbetrieblich-organisatorischen Voraussetzungen. Als Lösungsansatz schlägt Mendius eine "zwischenbetriebliche Weiterbildungskooperation" benachbarter Betriebe vor, die möglichst über einen gemeinsamen Träger entwickelt werden könnte (ebd., S. 184ff). Ein solcher Kooperationsansatz wäre auch im Rahmen betrieblicher Gesundheitsförderung denkbar

Das Erlernen von sicherheitsgerechten Arbeitsweisen und die Erreichung gesundheitsfördernder Arbeits- und Sozialqualifikation im Rahmen von werkstattnaher Gruppenarbeit, war bisher weder Gegenstand von Diskussionen im Handwerk, noch der Gewerbeaufsicht, der Berufsgenossenschaften oder der Krankenkassen.

Die Arbeitsweise einer sozialen Gruppe, sozialgeprägter Verhaltensmuster und betriebliche Sozialordnungen, wurden von den verantwortlichen Akteuren nur als Widerstände gewertet.

Die Kleinbetriebe im Arbeitsumweltschutz dort "abzuholen" wo sie sich zur Zeit befinden, sowie anschließend Entwicklungsprozesse zu initiieren und zu begleiten, hat bisher noch nicht stattgefunden. Ausgangspunkt eines strategischen Ansatzes müßten die konkreten Erlebnisse und Erfahrungen der Akteure sein, um von daher die betrieblich relevanten System-Merkmale zu entdecken, mit dem Ziel, die Zwänge und Irrationalitäten im Gesundheitsverhalten der Akteure erklären zu können (Grozier, M., Friedberg, E. S.3). Kollektive Handlungsweisen im Kleinbetrieb sollten nicht als logisch vorbestimmte Folge objektiver Strukturen betrachtet werden. Sie sind eher als spezifische Lösungen zu betrachten, "die relativ autonome Akteure mit ihren jeweiligen Ressourcen und Fähigkeiten geschaffen , erfunden und eingesetzt haben." zur Erreichung gemeinsamer Ziele trotz widersprüchlicher Interessenlagen. (ebd. S.7).

Um auf das Erlernen von gesundheitsfördernden Arbeitsweisen in Gruppenstrukturen zurückzukommen, so halten wir zwar individuelle Anstrengungen für notwendig, aber sehen sie nicht als den einzig möglichen Weg an.

Es wird von uns eher die Ansicht geteilt, daß "der eigentliche Lernfortschritt dauerhaft nur durch kollektives Lernen und anwendendes Handeln in Gruppen erzielt" wird (W.Fricke S. 327). Er vermittelt sich über neue unmittelbare Erfahrungen.

In dieser Lernform sehen wir einen der entscheidenen Ansatzpunkte für ein dezentralisiertes betriebliches Sicherheitsmanagement, das die individuelle Sozialordnung der Betriebe mit einfließen läßt, und dadurch eine nachhaltige Wirkung auf betriebliche Standards bzw. Praktiken in KMU ausübt.

Es dürfte unstrittig sein, daß dieser Prozeß sich nicht von allein in den Betrieben in Gang setzt. Dazu bedarf es Anstöße von außen (eines Projekts, z.B. eines RAGAH), entsprechender Rahmenbedingungen, d.h. Offenheit und Handlungsbereitschaft bei den Innungsobermeistern, Kammerpräsidenten und Inhabern, sowie notwendiger Information und Entscheidungshilfen (Hinzuziehung von Experten) für die betrieblichen Akteure.

Das Erlernen sicherheitsgerechter und gesundheitsfördernder Arbeitsweisen, Produktionskonzepte und Führungsstile ist eine Querschnittsaufgabe für alle Beteiligten. Dafür müssen aber in den Kleinbetrieben entsprechende Informations-, Verhaltens- und Beteiligungsgewohnheiten entwickelt und unterstützt werden, damit es zu einer Leistungsverbesserung des betrieblichen Sicherheits- und Gesundheitsmanagements im Zusammenhang mit neuen Produktionskonzepten bzw. alten Arbeitsstrukturen in Kleinbetrieben kommt.

Von den hier vorgestellten ist Zukunftsvorstellungen der Organisation der Arbeitsumweltschutzes in KMU sind die, zwischen dem BMA und dem Hauptverband der gewerblichen Berufsgenossenschaften abgestimmten, Eckpunkte des Unternehmermodells weit entfernt (Bieneck, Rückert).

Wie viele Projekte eines partizipativen Sicherheitsmanagements auch im Rahmen betrieblicher Gesundheitsheitsförderung zeigen (vgl. Glossar; Härtig, S.; IKK-Forum 92; Ritter, A., Zink, J.,92), bleibt das angestrebte Ziel der Verbesserung des Arbeitsumweltschutzes und der Gesundheit der Beschäftigten nicht bei Kosteneinsparungen im Sozialbereich stehen. Soziale Innovationen sind aber auch mit Investitionen verbunden (Zeit, Ideen), also nicht zum Nulltarif zu haben. Wer einsparen will, muß auch investieren. Mittelfristig aber zielt der Prozeß auf eine Verbesserung der Innovationskraft und der Leistungsfähigkeit des Gesamtbetriebs, die weit über den Arbeitsumweltschutz hinausgeht.

Eine Nichtbefassung mit der Thematik vergibt die Chance zu Einsparungen betrieblicher Sozialkosten und verzichtet auf die Möglichkeit soziale Innovationen in seinem Betrieb einzuführen, die sich direkt mit den Interessen der Mitarbeiter verknüpfen lassen. Mit anderen Worten, hier besteht die Chance, das zwei Gewinner das Spielfeld "gesund" verlassen.

Literatur:

Amtsblatt der Europäischen Gemeinschaften: Nr. C332/27 vom 16.12.92 Stellungnahme zum Thema "KMU und Handwerksbetriebe" (92/C 332/13), Wirtschafts- und Sozialausschuß

Bieneck, H.J., Rückert, Dr. A., 1992: Das Unternehmermodell, Bundesarbeitsblatt 9/92, S. 18-20

Bergmann, J., 1991: Bemerkungen zum Begriff der "betrieblichen Sozialordnung", in: Hilderbrandt, E. (Hrsg.) 1991: Betriebliche Sozialverfassung unter Veränderungsdruck, Berlin, S. 49 - 54

Bernsdorf, W., 1969: Wörterbuch der Soiologie, Stuttgart

Blume, A., 1989: Mitbestimmung am Arbeitsplatz bei der Einführung von CAD-Systemen in Klein- und Mittelbetrieben, Werkstattbericht Nr. 58, Mensch und technik, Ministerium für Arbeit, Gesundheit und Soziales des Landes Nordrhein-Westfalen

Breisig, T., 1990: It's Team Time: Kleingruppen in Unternehmen. HBS-Praxis, Bd. 1, Köln

Bundesvereinigung für Gesundheitserziehung e.V. (Hrsg.), 1991: Empfehlungen zur Gesundheitsförderung im Betrieb, Bonn

Bungard, W., (Hrsg.) 1992: Qualitätszirkel in der Arbeitswelt. Ziele, Erfahrungen, Probleme. Beiträge zur Organisationspsychologie 7, Göttingen, Stuttgart

Crozier, M., Friedberg, E., 1979: Macht und Organisation. die Zwänge kollektiven Handelns, Königstein/Ts.

Dabrowski, H., 1987: Unternehmerisches Selbstverständnis und Sozialordnung in Klein- und Mittelbetrieben (Thesen), in Rudolph, W., Wassermann, W., (Hrsg.) 1987: Entdeken die Gewerkschaften die Klein- und Mittelbetriebe? Ergebnisse einer Fachtagung zum Thema "Probleme und Perspektiven der Mitbestimmung in Klein- und Mittelbetrieben, Fulda 1986, Düsseldorf 1987

Deutscher Gewerkschaftsbund, Bundesvorstand Abt. Handwerk / Klein- und Mittelbetriebe. Bundeshandwerkstagung 29./30. November 91 in Kassel, Protokoll

Duell, W., 1983: Partizipative Arbeitsgestaltung: Bedingungen erfolgreicher Intervention, in: psyhosozial 20, Präventive Intervention im Betrieb, S. 71 - 90, Reinbeck bei Hamburg

Fricke, W. o.J.: Humanisierung der Arbeit - Eine Chance selbstbestimmter Gestaltung der Arbeit durch die Arbeitenden. Gewerkschaftliche Politik: Reform aus Solidarität, Sonderdruck, Bund-Verlag

Glossar Gesundheitsförderung, 1990: Conrad, G., Schmidt, W., Bearbeitung. Nachdruck einer broschüre vorbereitet für: Gesundheitsförderung - Eine Investion für die Zukunft; Internationale Konferenz, Bonn, 17.-18. Dezember 1990

Handwerksbefragung: Rudolph, W., Rosenhövel, K.-H., 1992: Strukturwandel und Mitbestimmung im Handwerk, Projektbericht, Büro für Sozialforschung Kassel

Handwerksordnung, 1991: Gesetz zur Ordnung des Handwerks (Handwerskordnung) und ergänzende Vorschriften. Bearbeitung Franz Klein, Düsseldorf

Härtig, S., 1993: Dokumentation von betrieblichen Projekten aus dem Bereich des gesundheitsbezogenen Handelns von Beschäftigten, HBS Manuskripte 103

Hauß, F., 1992: Gesundheitsförderung im Handwerk. Schriftenreihe der Bundesanstalt für Arbeitsschutz - Forschung - Fb 656, Dortmund

Hauß, F., Schräder, W. F., Witt, K., 1991: Betrieblicher Gesundheitsbericht - Die Verwendbarkeit von Daten der gesetzlichen Krankenversicherung für die Herstellung betrieblicher Gesundheitsberichte-. Schriftenreihe der Bundesanstalt für Arbeitsschutz - Forschung - Fb 628, Dortmund

Hilpert, J., Sperling, H. J., 1990: Die kleine Fabrik: Beschäftigung, Technik und Arbeitsbeziehungen. Schriftenreihe Industrielle Beziehungen (Hrsg. Müller-Jentsch, W.), München und Mehring

Remus, Chr.,: Arbeitskreis 3, Moderation und Bericht, Modelle der partizipativen Sicherheitsarbeit - Soll der Arbeitsschuß entprofessionalisiert werden? in: Hoyos, Graf, C., (Hrsg.) 1990: Psychologie in der Arbeitssicherheit, 5.Workshop 1989, Heidelberg, S. 129 - 133

Ikk Bundesvorstand (Hrs.): Ikk-Forum: Gesundheitsförderung im Handwerk, Köln 15./16. Juni 1992

Imai, M., 1992: Kaizen. Der Schlüssel zumErfolg der Japaner im Wettbewerb, München

Kommission der europäischen Gemeinschaften in Brüssel (Hrsg.) 1992: Protokoll der ersten Europäischen Handwerkskonferenz. Handwerksbetriebe und kleine Untenehmen in der Gemeinschaft, Avignon, den 12. und 13. Oktober 1990

Kotthoff, H., Reindl, J., 1990: Die soziale Welt kleiner Betriebe. Wirtschaften, Arbeiten und Leben im mittelständischen Industriebetrieb, Göttingen

Kutscher, Dr. J., Rieder, D., Siebrecht, W., 1992: Sicherheitsfachliche Beratung von Kleinbetrieben, Unternehmerseminare Ja - aber wie? in: Die BG, April 92, S. 240-241

Laville, J.-L., 1991: Partizipation und Modernisierung in kleinen und mittleren Unternehmen in Europa, in Manz, T., (Hrsg.) 1991, a.a.O. S. 82 - 101

Manz, T., (Hrsg.) 1991: Klein- und Mittelbetriebe im Prozeß der industriellen Modernisierung . Forschungsergebnisse aus Europa, Bonn

Manz, T.,1991: innovation in Klein- und Mittelbetrieben: Chancen für eine Kopplung von technischer und sozialer Modernisierung? in: Manz, T., (Hrsg.) 1991, a.a.O., S. 127 - 146

Manz, T., 1993: Schöne neue Kleinbetriebswelt? Perspektiven kleiner und mittlerer Betriebe im industriellen Wandel, Berlin

Mendius, H.G., 1991: Weiterbildungskooperation bei kleinen Zuliefererbetrieben, in Manz, T., (Hrsg.) 1991: a.a.O. S. 178-192

Perlebach, E., 1992: Prävention und Gesundheitsschutz im Betrieb, Abt. Arbeitsmedizin des Hauptverbandes der Gewerblichen Berufgenossenschaften, Einleitungsreferat im Forum II, in: Fachkonferenz der Arbeitsgemeinschaft der Sozialdemokraten im Gesundheitswesen "Für ein modernes Arbeitsschutzrecht in Deutschland und in Europa" am 23. Oktober 1992 in Saarbrücken-Dudenweiler, Hrsg. SPD Parteivorstand, Bonn, dokumentation

Pröll, U., 1988: Problemverschiebungen im Arbeitsschutz und Handlungsbedingungen der Staatlichen Gewerbeaufsicht, in: Peter, G., (Hrsg.): Arbeitsschutz, Gesundheit und neue Technologien, Opladen 1988, S. 112-123

Reindl, J., Kotthoff, H., 1987: Arbeit und Sozialordnung in Klein- und Mittelbetrieben. Vorstellung eines Forschungsvorhabens, in: Rudolph, W., Wassermann, W., (Hrsg.) 1987: a.a.O.

Ritter, A., 1992: Relevanz neuer Technologien für die Arbeitswissenschaft, Pfaffenweiler

Ritter, A., !990: Partizipatives Sicherheitsmanagement, in: Hoyos, Graf, C., a.a.O., S. 147-155

Ritter, A., Zink, K.J., (Hrsg.) 1992: Gruppenorientierte Ansätze zur Förderung der Arbeitssicherheit, Berlin 1992

Schmalen, H., Pechtl, H., 1989: Technologien im Handwerk. Ergebnisse einer empirischen Untersuchung zum Einsatz elektronischer Datenverarbeitung in Handwerksbetrieben. in: Passauer Hefte für Unternehmensführung und Absatzwirtschaft Nr. 2, Passau

Schulz, F.,1992: Arbeitnehmenerbeteiligung am Arbeitsplatz. Eine empirische Untersuchung zur Arbeitnehmerbeteiligung in Qualitätszirkeln bei der Volkswagen AG. Europäische Hochschulschriften, Reihe VI, Bd. 356, Frankfurt am Main, Bern, New York, Paris

Sieben, G., 1986: Möglichkeiten technischer Lösungen für Humanisierungsprobleme im Handwerk unter besonderer berücksichtigung der Wirkung neuer Technologien sowohl als Verursacher, als auch Lösungsmöglichkeiten solcher Probleme. Werkstattbericht Nr. 18, Mensch und Technik. Ministerium für Arbeit, Gesundheit und Soziales des Landes Nordrhein-Westfalen

Sperling, H.J., 1992: Schlanke Produktion - für Kleinbetriebe so neu nicht, in: Die Mitbestimmung, 4/92, S. 56 - 58

Sperling, H.J., Hilbert, J. 1991: Soziale Innovation in Kleinbetrieben und Großbetrieben - eine dynamische Wechselbeziehung, in: Müller-Jentsch, Walter (Hrsg.) 1991, Konfliktpartnerschaft: Akteure und Institutionen der industriellen Beziehungen, München und Mehring

Steinbruchs-Berufgenossenschaft: Auswertung von Arbeitsunfällen und Berufskrankheiten 1990 nach Betriebsgrößen, Manuskript

Wassermann, W., 1988: Arbeit, Gesundheitund neue Technik in Klein- und Mittelbetrieben, in: Berger, J., Domeyer, V.; Funder, M., (Hrsg.): Kleinbetriebe im wirtschaftlichen Wandel,Frankfurt / New York, S. 217 - 237

Wassermann, W., 1993: Sind Kleinbetriebe fit für Europa? Die Mitbestimmung 4/93, S. 65 -66

Wibbelhof, H., o.Jg.: Arbeitssicherheit und Gesundheitsschutz in Kleinunternehmen, Sonderdruck: Die Industrie der steine und Erden, Mitteilungsblatt der Steinbruchs-Berufgenossenschaft

Zink, K., 1992: Der erweiterte Qualitätsbegriff, in: Bungard, W., (Hrsg.): 1992, a.a.O., S. 25 - 36

Herbert Klemisch
3. Auswertung der Diskussion und Ansätze der Weiterarbeit

Gewerkschaftlicher Zugang und Beschäftigung mit Umweltinformationssystemen

In den ursprünglichen Entwürfen der "Verordnung (EWG) Nr. 1836/93 des Rates vom 29.6.1993 über die freiwillige Beteiligung gewerblicher Unternehmen an einem Gemeinschaftsysteme für das Umweltmanagement und die Umweltbetriebsprüfung" waren etliche Aspekte der betrieblichen Mitbestimmung angesprochen und sogar eine Beteiligung der Betriebsräte am Verfahren vorgesehen. Nach ersten wissenschaftlichen Erkenntnissen spielen Gewerkschaften aber bei der Mitgestaltung betrieblichen Umweltschutzes über Umweltinformationssysteme (UIS) keine Rolle. Dies gilt sowohl für die Bundesrepublik als auch für die übrigen Mitgliedsstaaten der Europäischen Union. Die Umsetzung der EG-Richtlinie in nationale Normen bietet allerdings die Möglichkeit dies schrittweise zu ändern.

Nachdem sich die Gewerkschaften einen Zugang zu den NAGUS-Ausschüssen (Normen-Ausschuß Grundlagen des Umweltschutzes) gesichert haben und auch an der Arbeit der Enquete-Kommission "Schutz des Menschen und der Umwelt - Bewertungskriterien und Perspektiven für umweltverträgliche Stoffkreisläufe in der Industriegesellschaft" beteiligt sind, geht es darum, nicht nur formale Beteiligung einzuklagen, sondern diese mit eigenen inhaltlichen Vorstellungen auszugestalten.

Methode

Ein zentrales Manko aller UIS ist darin zu sehen, daß bisher keine verbindliche Konvention über Methode, Durchführung sowie zu Form und Inhalt der Veröffentlichung vorliegt. Eine Schwäche der von den Betrieben angewendeten Konzepte liegt darin, daß sie entweder zu wenig vergleichbare Kriterien aufweisen und sich damit dem Vorwurf der Beliebigkeit aussetzen müssen oder aber unkritisch nur die positiven Umweltaspekte des Unternehmens bilanzieren, ohne das tatsächliche Ausmaß von Belastungen oder Schädigungen korrekt darzustellen.

Demgegenüber kranken die wissenschaftlichen Konzepte an zu vielen Indikatoren und einer zu weitreichenden Analysetiefe, die eine praktische Ausführung in der betrieblichen Praxis erschwert und aufgrund der entstehenden Kosten bei den Unternehmen wenig Akzeptanz findet. Der Aufbau des Öko-Controlling Systems bei Wilkhahn war z.B. nur durch die Übernahme der Kosten (400.000,-DM) durch das Land Niedersachsen möglich. Einen pragmatischeren Weg geht hier die Firma Kunert, deren methodisches Vorgehen zwar nicht den höchsten theoretischen Perfektionsansprüchen genügt, aber auf andere Firmen übertragbar ist. Das Prinzip ist der Aufbau eines UIS in eigener Regie, wodurch die Kosten für externe Sachverständige schnell überflüssig gemacht werden. Die jährlichen Kosten für den Umweltschutz werden von Kunert mit 420.000,-DM von Wilkhahn mit 300.000,-DM pro Jahr beziffert. Darin sind keine Umweltschutzinvestitionen enthalten, sondern die Kosten für Umweltkommunikation.

Alle Unternehmen haben Schwierigkeiten mit der Bilanzierungsgrenze am eigenen Werkstor. Vor allem Produktökobilanzen, wie sie bei Kunert und Wilkhahn erstellt wurden, habe hier ihre Grenzen. Die Qualität der zugelieferten Waren, Vorprodukte und Rohstoffe ist von entscheidender Bedeutung. Wilkhahn hat zu diesem Zweck Fragenkataloge zu den Inhalts-, Hilfs- und Betriebsstoffen sowie zur Art der Vorverarbeitung entwickelt.

Zu überprüfen wäre, ob sich in diesem Zusammenhang kein branchenbezogenen Vorgehen anbietet, das Doppelarbeit der Betriebe verhindert und andererseits Transparenz und Vergleichbarkeit ermöglicht. Dies gilt für den Aufbau und Durchführung von UIS insgesamt. Ein positives Beispiel für eine solche Arbeit ist der vom Institut für ökologische Wirtschaftsforschung (IÖW) mit finanzieller Unterstützung des Landes Niedersachsen und in Kooperation mit der Firma Wilkhahn entwickelte Leitfaden zum Umweltcontrolling in der Möbelindustrie.

Organisation

Das Zustandekommen von partizipativen Formen der betrieblichen Arbeit im Umweltschutz ist von vielen Faktoren abhängig. Von zentraler Bedeutung ist die Aufgeschlossenheit der Unternehmensleitung und der Managementebene. Der Grad der Aufgeschlossenheit ermöglicht auch Informations- und Mitbestimmungsmöglichkeiten für die Beschäftigten unterhalb der Ebene vertraglicher Regelungen. Andererseits müssen aber selbst vertraglich geregelte Umweltzugänge für Beschäftigte und Betriebsräte nicht unbedingt deren aktive Wahrnehmung zur Folge haben (Schmidt 1993). Wichtig scheint nach ersten wissenschaftlichen Erkenntnissen auf jeden Fall das Verhältnis von Beschäftigten und Betriebsrat zu den freiwillig oder gesetzlich vorgeschriebenen betrieblichen Umweltschutzbeauftragten. Die dokumentierten Praxisbeispiele (Dr. Oetker, Wilkhahn) weisen in die Richtung, daß viele Entwicklungen eines präventiven betrieblichen Umweltschutzes - hierzu zählt auch die Etablierung und Umsetzung betrieblicher UIS - von diesen personellen Konstellationen abhängig sind. Eine weitere Mindestvoraussetzung besteht in der Etablierung bestimmter umweltbezogener Arbeitsstrukturen im Betrieb. Dies kann in der Form von Umweltausschüssen, Umweltarbeitskreisen etc. geregelt sein. In den hier dokumentierten Praxisbeispielen existiert z.B. ein Zugang des Betriebsrates zu diesen Gremien. Wie intensiv und aktiv er genutzt wird, wo Erweiterungsmöglichkeiten bestehen oder Konfliktlinien verlaufen und wie die Beteiligungsmöglichten der Beschäftigten aussehen und aussehen könnten, bedarf einer genaueren wissenschaftlichen Analyse.

Beteiligung von Beschäftigten und Betriebräten

Die Firmenbeispiele weisen darauf hin (Wilkhahn, Kunert, Oetker), daß sich die Betriebsräte darauf beschränken, ein aktives Umweltmanagement zu unterstützen und kaum eigene Positionen entwikkeln. Die Frage, was ohne die Beteiligung der Betriebsräte anders gelaufen wäre, konnte kaum schlüssig beantwortet werden. Ihre Haltung ist eher die des abwartenden Beobachters. Symptomatisch für diese Einstellung ist die Stellungnahme des VW Betriebrates Wolfsburg. Obwohl bereits in einigen Organisationseinheiten bei

VW Öko-Audits durchgeführt wurden, heißt es in seiner Stellungnahme: "Wenn ausreichende Erfahrungen in der Durchführung von Umwelt-Audits vorliegen, werden wir über eine operative Beteiligung des Betriebsrates entscheiden." Modellprojekte, in denen die Beteiligung der betrieblichen Interessenvertretung selbst zum Thema gemacht wird, existieren bislang nicht.

Auch über Fälle einer generellen Beteiligung der Arbeitnehmer in den Betrieben liegen keine Informationen vor. Wenn überhaupt, werden die betrieblichen Funktionsspezialisten benannt, d.h. die Sicherheits- und Umweltbeauftragten, Mitglieder des betrieblichen Umwelt-Ausschusses etc., die i.d.R. kaum in den Gewerkschaften organisiert sind. Auch in den hier vorgestellten Modellprojekten findet zwar eine intensive Informations- und Kommunikationspolitik statt, die von der Managementebene ausgeht, aber eine Einbeziehung von Mitarbeitern speziell an der Erarbeitung von UIS findet nicht statt. Eine Erklärung für diesen Sachverhalt wurde im Rahmen des Workshops geliefert:

"Das zentrale Problem ist, eine Sprache zu finden, die jeder verstehen kann... Als das IÖW im Betrieb war und die Untersuchung vorgestellt hat über zwei Produkte, habe ich zwei Stunden dabei gesessen und nichts verstanden. Dann haben wir darüber geredet und gesagt, wenn ihr das jetzt nicht verdeutlicht, können wir aufhören damit, das bringt nichts mehr. Da ist nämlich genau das Verständigungsproblem eingetreten."

So treffsicher beschreibt Horst Knigge, Betriebsratsvorsitzender bei Wilkhahn die Notwendigkeit einer Sprachregelung als Grundvoraussetzung für die Transparenz und Partizpation bei der Einführung von betrieblichen UIS.

Resümee

Momentan bleibt festzustellen, daß es weder einen Königsweg der Methode (produkt- oder betriebsbezogene UIS) noch einen Königsweg für die betriebliche Organisation des Umweltschutzes gibt. Es gibt einen begründeten Verdacht, daß sich ein branchenspezifisches Vorgehen anbietet.

Strittig blieb in der Diskussion, ob Mitbestimmung im Umweltbereich gesetzlich verankert werden muß, d.h. ob das BetrVG oder das Personalvertretungsgesetz Erweiterungen für den Umweltschutz erfahren müssen oder ob die Beteiligung an betrieblichen UIS über Tarifverträge oder Betriebsvereinbarungen festgeschrieben werden soll. Die andere Position war, nicht auf gesetzliche Rahmenbedingungen zu warten, sondern Beteiligung durch Praxis auszulösen, d.h. Beteiligung zur betrieblichen Normalität werden zu lassen.

Unabhägig davon sollten die Informationsrechte /-pflichten von Beschäftigten, Betriebsrat und externen Sachverständigen überprüft werden. Hier steht die EG-Richtlinie über den freien Zugang zu Umweltinformationen auf der einen und Vorgaben zu Betriebsgeheimnis und Datenschutz auf der anderen Seite. Für den Umgang von Beschäftigten, Betriebsräten, Beratern mit Daten und auch für den Informationssanspruch der Öffentlichkeit ist diese Fragestellung von zentraler, bisher wenig geklärter Bedeutung.

Weiterhin unbeantwortet bleibt die zentrale Fragestellung, ob und unter welchen Bedingungen Umweltinformationssysteme ein Demokratieinstrument im Betrieb sein können. Hier besteht nicht nur gewerkschaftlicher Diskussionsbedarf, sondern auch ein entsprechender Forschungsbedarf.

Die Entwicklung eines Beteiligungsmodells im Spannungsfeld von Zeitbudget, Betriebshierarchie, Verständlichkeit der Informationen, Qualifikationsanforderungen für Beschäftigte und Betriebsrat und der Einbeziehung externer Berater könnte hier eine sinnvolle Hilfestellung geben.

Ein solches Beteiligungsmodell kann Endprodukt eines praxisnahen Forschungsprojektes (Begleitforschung) sein, das die derzeitigen betrieblichen Erfahrungen auswertet und für die gewerkschaftliche Praxis dokumentiert.

Einige Vorteile der Partizipation im betrieblichen Umweltschutz lassen sich heute schon benennen:

- Wenn die Unternehmen ihre UIS innerbetrieblich transparent machen, kann einerseits in der Belegschaft die Akzeptanz von Umweltschutzmaßnahmen gefördert werden.
- Andererseits kann die Motivation der MitarbeiterInnen, sich persönlich für den betrieblichen Umweltschutz einzusetzen, erhöht werden.
- Voraussetzung für dieses persönliche Engagement ist jedoch, daß den Beschäftigten mehr Kompetenzen und Beteiligungrechte zugestanden werden.
- Diese können wiederum Kreativität zur Verbesserung des eigenen Arbeitsplatzes freisetzen oder sogar zur Mitgestaltung von ökologischen Produkt- und Produktionsinnovationen führen.

Darüberhinaus zeigen betriebliche Umweltinformationsysseme natürlich Gefährdungen am Arbeitsplatz auf und bieten somit die Möglichkeit, ihn umweltverträglicher zu gestalten.

Handlungsbedarf entsteht zumindest in der Umsetzungsphase einer betrieblichen Ökobilanzierung, wenn es beispielsweise darum geht, entweder umweltgefährdende Arbeitsplätze abzubauen oder sie zu verändern. Betriebliche UIS ermöglichen also eine langfristige unternehmerische Planung, die letztlich zur Wettbewerbsfähigkeit des Unternehmens und damit zur Sicherung von Arbeitsplätzen beitragen kann.

Konsens herrschte darüber, daß Weiterbildungs- und Qualifizierungsmaßnahmen ein Handlungsfeld der Gewerkschaften im Umweltschutz und damit auch in Sachen betriebliche UIS sein sollte. Die Gewerkschaften könnten selber Träger von förderungswürdigen Fortbildungsmaßnahmen für Beschäftigte, Betriebsräte, aber auch Umweltbeauftragte und andere mit der Durchführung der Audits befaßte Personen werden und müßten hierfür u.a. entsprechende Arbeitsmaterialien zu entwickeln.

Dies erscheint insofern konsequent, als die EG-Verordnung zum Öko-Audit die Schulung und Weiterbildung der Beschäftigten im Umweltschutz ausdrücklich vorsieht. Auch hier bietet sich ein branchenbezogenes Vorgehen an, das von den Einzelgewerkschaften aufgegriffen werden sollte.

Teil D Das Umwelt-Audit in den europäischen Nationen

Herbert Klemisch / Eckart Hildebrandt

1. Die Umsetzung der EG-Verordnung: Eine zusammenfassende kommentierende Auswertung

1.1. Einleitung

Diesen Blick über die nationalen Grenzen hinweg verdanken wir dem Forschernetzwerk IRENE. Dieses internationale Forschernetzwerk ist hervorgegangen aus dem Forschungsprojekt "Industrial Relations and Environmental Policy in the European Community", das 1990 als gemeinsames Vorhaben der Europäischen Stiftung zur Verbesserung der Lebens- und Arbeitsbedingungen (Dublin) und der Hans-Böckler-Stiftung (Düsseldorf) begonnen wurde. Die Ergebnisse dieses Projekts liegen mittlerweile in Buchform vor (Hildebrandt, Eckart / Schmidt, Eberhard; Arbeitsbeziehungen und Umweltpolitik in den Ländern der Europäischen Gemeinschaft, Berlin 1994).

Als Anschlußprojekt wurden von den IRENE-Forschern Länderberichte zur Umsetzung der EG-Öko-Audit Verordnung verfaßt.
Eingeleitet wird das Kapitel II. durch eine zusammenfassende Analyse aller Länderberichte. In Form von Länderberichten wurden Dänemark, Großbritannien, Dänemark, Italien, Belgien und die Bundesrepublik Deutschland bearbeitet. Darüberhinaus wurde ein sogenannter EG-Statusbericht, der die Entwicklung auf europäischer Ebene analysiert, verfaßt.

Drei Länderberichte werden hier nun in deutscher Sprache veröffentlicht. Ausgewählt zur Publikation in diesem Band wurden die Länder Großbritannien, Niederlande und Dänemark, die markante, aber recht unterschiedliche Wege beschritten haben. Großbritannien ist mit den Niederlanden der europäische Vorreiter der Einführung des Umwelt-Audit als betriebliches Managementsystem. Man spricht in diesem Zusammenhang gar von einer Prägekraft der Briten, wobei in Großbritannien auch die Gewerkschaften zu einem recht frühen Zeitpunkt ihre Position zu diesem Themenkreis artikuliert haben.

Die Niederlande verfolgten den systematischsten Zugang zu dem neuen Instrument. Deshalb haben wir es in den Niederlanden, im Gegensatz zur Bundesrepublik und den meisten Mitgliedsstaaten der Europäischen Union, mit einer nahzu abgeschlossenen Entwicklung zu tun. Die Gewerkschaften leisteten hier zu keinem Zeitpunkt einen entscheidenden Diskussionsbeitrag. Dänemark spielt in der europäischen Diskussion im Gegensatz zu Großbritannien und den Niederlanden keine Rolle, hat aber mitterlweile einen eigenen Zugang zur Umsetzung des Instruments auch durch Modellprojekte mit gewerkschaftlicher Beteiligung geschaffen.

Insgesamt setzt dieses Forschungsprojekt zu einem sehr frühen Zeitpunkt, d.h. vor der endgültigen Verabschiedung der EG-Verordnung zum Öko-Audit ein und dokumentiert vor allem die Ungleichzeitigkeit der Entwicklung. In den meisten Ländern findet die gesellschaftliche Debatte um die Umsetzung der EG-Verordnung in nationale Normen und Zertifizierungsmuster erst gegenwärtig statt und ist noch nicht abgeschlossen. Leider spielen die Gewerkschaften in diesem Zusammenhang - dies gilt für alle Mitgliedstaaten der europäischen Union - nur eine marginale Rolle. Dies dokumentieren sowohl die hier ausgewählten Länderberichte, als auch die zusammenfassende Auswertung.

Die Berichte zeichnen sich durch ein unterschiedliches Herangehen an die Fragestellung aus. Dieser Sachverhalt erklärt sich aus dem jeweiligen Zugang der Wissenschaftler zur Thematik, deren spezifischer Erfahrung, Qualifikation und Arbeitszusammenhängen. Sie ist aber auch verursacht durch die stark voneinander abweichende gesellschaftliche und betriebliche Praxis des Öko-Audits. Die unterschiedliche Datenlage in den Berichtsländern ist ein weiteres Erklärungsmotiv. Während in den Niederlanden z.B. auf ergiebige Begleitforschung zur Einführung von Audits in Unternehmen zurückgegriffen werden konnte, mußte in Italien das Forschungsfeld durch Expertengespräche erst erschlossen werden.

1.2. Historische Entwicklung in den einzelnen Ländern - Wer ist Träger? Woher kommen die Ideen?

Unternehmens-, Umweltverbände, Consultings, Gewerkschaften?

In allen europäischen Nationen ist das Öko-Audit ein relativ neues Instrument. In der Regel bewirkte erst der Ausgestaltungprozeß der EG-Verordnung vom Entwurf bis zur Verabschiedung auch einen nationalen Diskussionsprozeß. Die Verabschiedung der EG-Verordnung führte dann einerseits zur forcierten Anwendung des Instrumentariums und löste andererseits rege nationale Umsetzungaktivitäten aus. Diese nationalen Umsetzungsmaßnahmen, die 21 Monate nach Versbschiedung der Verordnung abgeschlossen sein müssen, umfassen u.a.:

- Mitarbeit am internationalen Normungsprozeß,
- Einrichtung eines Zulassungssystem für unabhängige betriebliche Umweltprüfer,
- Die Benennung einer national zuständigen unabhängigen Aufsichtsstelle,
- Festlegung eines Gebührensystems,
- Förderprogramme für klein- und mittelständische Unternehmen (KMU),
- Regelungen für den nicht gewerblichen Sektor,
- Information der Öffentlichkeit.

In den Niederlanden wurde bis 1988 das Instrument überhaupt nicht angewendet, 1990/91 hatten aber schon mindestens 300 Unternehmen ein Audit durchgeführt.

In Italien setzt ebenfalls Anfang der 90er Jahre diese Entwicklung ein und auch in Dänemark wurde die ersten systematischen Audits 1989/90 durchgeführt und spielen aber in den Umweltaktionsprogrammen erst ab 1993 eine Rolle.

In der BRD existiert seit Mitte der 80er Jahre eine Diskussion über Methoden der Ökobilanzierung, wobei eine Parallelität von betriebs- und produktbezogenen Ansätzen festgestellt werden kann, die wenig Verknüpfungen aufweist. Die ersten praxisbezogenen Pilotprojekte werden Ende der 80er Jahre durchgeführt. Der Beginn der 90er Jahre ist von zunehmender Anwendung der Instrumente mit einer parallel stattfindenden Normierungdebatte geprägt.

Auch in Großbritannien, das mit dem BS 7750 zum Trendsetter bei der Normung im europäischen Raum wurde, wird das Audit noch im März 1991 als "newish management tool" bezeichnet (Oates, 4). Gleichwohl kann bezogen auf das Instrument Öko-Audit als Management-Methode im EG-Zusammenhang von einer **Prägekraft der Briten** gesprochen werden. Der Britisch Standard 7750 (BS 7750) enthält " eine Spezifikation für ein Umweltmanagementsystem zur Gewährleistung und Erfüllung der dargelegten Umweltpolitk und Zielsetzungen. Desweiteren bietet es eine Richtlinie hinsichtlich der Spezifikation und ihrer Verwirklichung innerhalb des allgemeinen Managementsystems einer Organisation. Durch diese Norm soll es jeder Organisation möglich sein, ein wirkungsvolles Managementsystem zu erstellen, das als Grundlage für eine haltbare Qualitätsleistung und Beteiligung an umwelttechnischen Prüfprogrammen dienen soll" (BS 7750, 2).

Charakteristisch für den BS 7750 ist, daß in ihm selber keine umweltpolitischen Ziele formuliert, sondern die Einhaltung gesetzlicher Vorgaben überprüft und dokumentiert werden sollen. Die Übereinstimmung mit der EG-Verordnung ist groß. Großbritannien ist das einzige Mitglied der Europäischen Union (EU), das vor der Verabschiedung der Verordnung zum Öko-Audit über eine Norm zur Einführung eines Umweltmanagementsystems verfügt. In allen anderen Nationen wird der nationale Normungsprozeß erst durch die Vorgaben der EG-Verordnung ausgelöst.

Wichtige Importeure der Verfahren und damit maßgeblich an der Standardsetzung beteiligt, sind große amerikanische **Consulting-Büros** und multinationale Konzerne. In den Niederlanden ist es z.B. Mc Kinsey über seinen Direktor und späteren Umweltminister Winsemius (Le Blansch), in Italien Arthur d. Little (Giuliesi,6).

Die **multinationalen Konzerne**, meist amerikanischen Ursprungs spielen ebenfalls eine bedeutende Rolle als Importeure der Eco-Audit-Verfahren (Giuliesi, 9). Dies korrespondiert auch mit dem Ergebnis der Begleitforschung zum EG-Öko-Audit, daß zwei Tochterfirmen von US-Konzernen den höchsten Umweltmanagement-Standard attestiert (PA Consulting, 31). Als Beipiele für solche multinationalen Unternehmen werden Exxon Chemicals, AKZO und SHELL in den Niederlanden, Fiat, IBM und ENICHEM in Italien und die drei Chemiemultis BAYER, BASF und Hoechst in der Bundesrepublik genannt. Dieser Sachverhalt läßt zumindest auf eine Großunternehmens-Bezogenheit des Instruments schließen.

1.3. Gibt es einen gesellschaftlichen Dialog? Wer sind die Hauptakteure des Dialogs?

Sofern nationale Diskussionen schon vor der Einführung des Audit-Instruments auf EG-Ebene stattgefunden haben (in Italien ist dies beispielsweise nicht der Fall), spielen die jeweiligen Unternehmensverbände und die Internationale Industrie und Handelskammer (ICC) eine zentrale Rolle.

a) Unternehmensverbände

Die Unternehmensverbände treten mit eigenen Konzepten und Forderungen auf und betreiben einen intensiven Dialog mit Staat und Behörden. Dabei wird meist das Positionspapier des ICC als zentrale Diskussionsgrundlage benutzt. Der freiwillige Charakter des Audits wird herausgestellt und eine Beteiligung der Gewerkschaften abgelehnt. Weitergehende Methoden wie die Einführung einer betriebliche Ökobilanzierung oder eines vergleichenden Umweltrechnungswesens werden dagegen abgelehnt.

Dies gilt für die Niederlande, die Bundesrepublik und Großbritannien. In Dänemark bestand eine Vereinbarung zwischen Industrieverband und Metallgewerkschaft. In der Bundesrepublik übernahm der Bundesverband der deutschen Industrie (BDI) in enger Verzahnung mit dem Wirtschaftsministerium lange Zeit eine Bremserrolle, dokumentiert durch die Ablehnung der EG-Verordnung. Mittlerweile ist der BDI aber -wie alle anderen nationalen Unternehmensverbände - intensiv an der Diskussion um die konkrete nationale Ausgestaltung beteiligt.

b) Beratungsbüros

Consultants spielen, wie oben angedeutet, nicht nur als Importeure der Methoden und Verfahren eine wichtige Rolle, sondern sind auch entscheidend an der Erarbeitung der Qualitätsstandards der Instrumente beteiligt.

Für die dänische Umweltbehörde wurde ein Umweltmanagement-Leitfaden von zwei Consultants erarbeitet (Lorentzen). Beim niederländischen Standard für betriebliche Umweltschutzsysteme, sind die Ergebnisse der Begleitforschung eingeflossen (Le Blansch 9). Ähnlich werden in der Bundesrepublik über das UBA-Handbuch "Öko-Controlling" unter Beteiligung von IÖW, Berger etc. die methodischen Standards für die betriebliche Umsetzung maßgeblich bestimmt. Lediglich Italien hinkt mit einer eigenständigen Entwicklung im Bereich der Methoden hinterher. Allerdings hat sich mittlerweile ein Zusammenschluß von kleinen italienischen Consultant-Firmen gebildet, der, in Abgrenzung zu den etablierten multinationalen Anbietern, Einfluß auf den italienischen Normungsprozeß und damit Zugang zu diesem neuen Beratungsmarkt gewinnnen will.

c) Umweltverbände

Die Umweltverbände nehmen in der Diskussion keine prägende, sondern eher eine kritisch begleitende Position ein. Inhaltlich haben die Umweltverbände, soweit bekannt, durchweg ein ambivalentes Verhältnis zu diesem neuen Instrumentarium. Einerseits wird begrüßt, daß es erstmals ermöglicht wird, umweltbezogene Unternehmensdaten zu erheben, zu bewerten und Verbesserungmaßnahmen einzuleiten. Andererseits werden die festgelegten Normen und Standards natürlich als zu schwach angesehen und es wird befürchtet, daß die Unternehmen den Öko-Check nur zur Außendarstellung nutzen, ohne eine vernünftige Kontrolle der Umsetzung zu ermöglichen und die Öffentlichkeit darin einzubeziehen. Dies gilt zumindest für die Niederlande, die Bundesrepublik und für den europäischen Diskussionszusammenhang.

d) Gewerkschaften

Die nationalen Gewerkschaftsbünde der EG-Mitgliedstaaten und der Europäische Gewerkschaftsbund haben im Prozeß der Instrumentenentwicklung und der Ausformulierung der Verordnung zum europäischen Öko-Audit keine sichtbare Rolle gespielt. Es lagen zwar einige interessierte Stellungnahmen und Forderungen vor, im Ergebnis ist eine Beteiligung der Gewerkschaften bzw. der Arbeitnehmer am Verfahren aber praktisch nicht vorgesehen worden.

Der 7. Kongreß des Europäischen Gewerkschaftsbundes (EGB) im Mai 1991 hatte sich dafür ausgesprochen, im Rahmen des Sozialen Dialogs über die Zusammenarbeit von Arbeitgebern und Gewerkschaften in Umweltfragen zu diskutieren und diese in einer Rahmenvereinbarungen bzw. EG-Richtlinie festzuhalten (Vgl. Arbeitsgruppe Umwelt des EGB, Dok ENV 9305/2 vom 3.5.1993). Das Diskussionspapier zur Konferenz des Internationalen Bundes Freier Gewerkschaften (IBFG) "Von Rio zum Arbeitsplatz" 1993 in Manchester hat sich ausführlich und programmatisch zur frühzeitigen und freiwilligen Einbeziehung aller Arbeitnehmer durch Information, Schulung und konkrete Beteiligung am Audit-Verfahren ausgesprochen. Insbesondere die britischen Gewerkschaften hatten sich um ein Konzept für eine gewerkschaftliche Beteiligung bemüht (Vgl. TUC, Environmental Audits - a Checklist for Trade Unions, April 1992).

Diese Initiativen markieren aber die wenigen Ausnahmen von der Regel, daß die Gewerkschaften und die betrieblichen Interessenvertretungen sich überhaupt nicht oder nur sehr reaktiv-defensiv auf dieses Thema eingelassen haben. Die Ursache dafür dürfte eine dreifache sein:

- Das Umwelt-Audit gehört zum Bereich des betrieblichen Controlling, das traditionell als Management-Instrument gegen die Interessen der Beschäftigten verstanden wird (Kosten-Controlling, Personal-Controlling) und in dem keine Mitwirkung angestrebt wird, sondern die Minderung der sozialen Folgen.
- Die umweltpolitische Regulierung zwischen Staat und Unternehmen wurde bisher von den Gewerkschaften nicht

als Themenfeld verstanden, das in den Kernbereich industrieller Beziehungen fällt.
- Eine Beteiligung der Arbeitnehmer und ihrer Organisationen an der Ausgestaltung und Durchführung von Umweltinformationssystemen wird von den entscheidenden Institutionen nicht vorgesehen und von den Unternehmensverbänden grundsätzlich abgelehnt.

Diese Konstellation kann an der Audit-Verordnung der EU kurz illustriert werden. Der ursprüngliche Vorschlag der Kommission enthielt in Art. 3 "die geeignete Beteiligung der Arbeitnehmer und ihrer Vertreter" an der Entwicklung und Umsetzung eines Umweltschutzinstrumentariums, in Art. 7 eine Beteiligung u.a. der Gewerkschaften an der Einführung und Leitung der Zulassungssysteme für Umweltprüfer. Konkretere Aussagen über die Rolle der Beschäftigten finden sich im Anhang I, in dem als ein Element "guter Managementpraktiken" die Förderung des Verantwortungsbewußtseins der Arbeitnehmer für die Umwelt auf allen Ebenen eingefordert wird. Im Rahmen des Audits ist die "Information, Ausbildung und Beteiligung des Personals in Bezug auf ökologische Fragestellungen " zu berücksichtigen (Vgl. KOM (91) 459 endg. v. 5.3.1992). Der EGB hatte dann in seiner Stellungnahme die weitergehende Beteiligung "der Arbeitnehmer und der Gewerkschaften an allen Stadien des Managementssystems und des Umwelt-Audits" gefordert (s.o. Pkt. 41); der Wirtschafts- und Sozialausschuß erklärte in seiner Stellungnahme die Beteiligung der Arbeitnehmer und ihrer Organisationen zu einem "besonders wichtigen Element des Öko-Audit-Systems" (vgl. Dok 92/C332/15 v. 19.12.1991, Abs. 3.2.2.); das Europäische Parlament hatte in seiner Stellungnahme ebenfalls auf eine Verbesserung der Beteiligung gedrängt. Im Gegensatz zu dieser verbreiteten Position, die sich auch auf die Appelle des 5. Umweltaktionsprogramms stützen konnte, sind in der endgültig verabschiedeten Fassung beide explizite Bezüge auf die Gewerkschaften und die Arbeitnehmer in der ursprünglichen Fassung der Verordnung getilgt worden (vgl. Verordnung Nr.1836/93 des Rates, Dok. 6865/93 v. 7.6.93). Die Beteiligung der Sozialpartner ist damit zwar nicht vorgesehen, aber auch nicht bewußt ausgeschlossen worden.

1.4. Verbreitung, Zahl der Audit-Unternehmen

Verteilung nach Größenklassen / Branchen

Die Berichte enthalten nur spärliche und vor allem wenig vergleichbare Aussagen zum Stand der Anwendung des Audits in den Unternehmen. Erste empirische Befunde weisen darauf hin, daß durch die Verabschiedung der EG-Verordnung mit einem starken Anstieg gerechnet werden kann.

Im Report der Bundesrepublik werden zwölf Firmen benannt, die betriebliche Ökobilanzen eingeführt haben (Teichert 6). Dem stehen 200 Risikoanalysen gegenüber, die allein ein Consulting-Unternehmen, nämlich Gerling-Consulting durchgeführt hat (Teichert 19).

In Italien wird die Zahl der Unternehmen, die ein Öko-Audit durchführen, auf ca. 150 geschätzt (Giuliesi, 6). Das Niveau soll allerdings meist unter dem des durch die EG-Verordnung festgelegten Standards liegen.

Für die Niederlande und Großbritannien liegen aufgrund detaillierter Begleitforschung zur Einführung des Audits differenziertere Ergebnisse vor. In den Niederlanden ergab eine Untersuchung, daß 33% von 1177 im Zeitraum 1990/91 befragten Unternehmen ein Audit durchgeführt hatten. Ein Vergleich des Einrichtungsstands von Umweltinstrumenten in den Niederlanden zeigt eine rasante Zunahme von auditierten Betriebe. Waren es im Januar 1991 noch 32%, so betrug deren Zahl im September 1992 schon 48% der befragten Unternehmen (Le Blansch). Das Audit stand danach an zweiter Stelle der eingeführten betrieblichen Umweltmaßnahmen. Bis auf den erwarteten Schwerpunkt bei großen Chemieunternehmen, gab es keine nennenswerten Unterschiede zwischen großen, mittleren und kleinen Unternehmen und den Branchen. Eine leichte Überrepräsentation bei mittleren Unternehmensgrößen wird mit mangelndem internen Sachverstand erklärt (Le Blansch).

Für Großbritannien variiert die Häufigkeit der durchgeführten Audits zwischen 14% (1990) und 25% (1992) der befragten Unternehmen, Tendenz steigend. Weniger als die Hälfte von diesen führten ihre Audits allerdings nach britischem oder EG-Standard durch. Mittlerweile sind jedoch 230 Firmen aus 45 Industriesektoren an der Implementierung des BS 7750 beteiligt (Oates).

1.4.1. Beteiligung der ArbeitnehmerInnen und der Öffentlichkeit

Zur Frage der Beteiligung von ArbeitnehmerInnen und Betriebräten liegen ebensowenig systematische Informationen vor wie zur Öffentlichkeitsbeteiligung. Auch die Art der Beteiligung am betrieblichen Entscheidungsprozeß bleibt offen.

Nach britischen Untersuchungen lag die Beteiligung von Gewerkschaften und Betriebsräten bei der Durchführung von Audits zwischen 7% und 12%. Die Ergebnisse bleiben meist dem Top-Management vorbehalten. Lediglich 18% der befragten britischen Unternehmen nutzen das Audit zur Information der Öffentlichkeit (Oates). Für Italien wird festgestellt, daß ArbeiternehmerInnen in KMU nicht beteiligt, teilweise gar nicht informiert sind (Giulesi 10).

Die gleiche Problematik bezogen auf KMU wird im belgischen Report ausgeführt. KMU prägen die belgische Unternehmensstruktur. 96% aller belgischen Unternehmen beschäftigen weniger als 50 ArbeitnehmerInnen, bei 90% sind es sogar weniger als 20, bei 67% weniger als 5 Beschäftigte (de Greef/de Cracker).
Der Ausschuß für Sicherheit, Hygiene und Verschönerung der Arbeitsplätze, in dem nach dem belgischen Arbeitsschutzgesetz der Arbeitgeber eine Informationspflicht gegenüber Betriebsrat und MitarbeiterInnen hat, ist gesetzlich nur in Unternehmen mit mehr als 50 Beschäftigten vorgeschrieben. Von daher ist es verständlich, daß auch der belgische Bericht keine Beispiele für eine praktische Beteiligung von Gewerkschaften oder betrieblichen Interessenvertretern bei der Einführung von Umweltmanagementsystemen enthält.

In einigen deutschen Unternehmen, die bereits eine Ökobilanz durchgeführt haben, ist der Betriebsrat im Umweltarbeitskreis vertreten, der das organisatorische Rückrat einer betrieblichen Umweltpüfung darstellt. In den Betriebsvereinbarungen der chemischen Industrie tauchen Elemente des Audits auf, in den Eckpunkten der IG Metall zum Umweltschutz in Unternehmen sind Ökobilanz und Öko-Controlling explizit als Verhandlungsgegenstand des Wirtschaftsauschusses benannt.

Insgesamt folgt aus den Länderberichten, daß in den nationalen Debatten die Gewerkschaften nicht als wichtige oder notwendige Teilnehmer verstanden werden und sich auch nicht als solche ins Spiel bringen (Ausnahme Großbritannien). Von daher gibt es auch keine Debatte über Art und Ausmaß der gewerkschaftlichen Beteiligung. Die Politik von staatlichen Verwaltungen und Unternehmensverbänden in bezug auf das System industrieller Beziehungen besteht wenn überhaupt darin, diese Exklusion aufrecht zu erhalten. Betriebliche Umweltpolitik ist die Domäne unternehmerischer und wissenschaftlicher Innovatoren.

1.4.2. Motive und Ziele bei der Durchführung von Audits

Über die zentrale Motive der Unternehmen bei der Durchführung geben der niederländische, der britische und der italienische Bericht Auskunft. Bei den niederländischen Betrieben stehen die Risikoreduzierung (75%) sowie erwartete Marktvorteile (46%) im Vordergrund (Le Blansch).

In Italien waren die zentralen Motive:

- Der Abgleich der Firmenaktivitäten mit allen relevanten, gesetzlichen Regelungen (Compliance-Audit),
- Riskoabschätzung im Vorfeld von Verkaufsaktivitäten
- Anpassung an die gesetzlichen Regelungen und als Grundlage für Versicherungsabschlüsse,
- Erfassung der Standortbedingungen (Giulesi, 8).

Dies entspricht auch den britischen Erfahrungen. Hier stehen im Vordergrund der Motive:

- der Abgleich mit gesetzlichen Regelungen (91%),
- Sicherheitsabschätzung (82%),
- Einführung eines Managementssystem (63%),
- die Ausbildung der Beschäftigten (56%).

Mit den dargestellten nationalen Ausprägungen kann also festgestellt werden, daß folgende Motive bei der Einführung von Audits für die Unternehmen vorrangig sind :

- der Aufbau einer Informationsbasis für eine Managementpolitik die Umweltschutzaspekte beinhaltet,
- der Schutz der Unternehmen vor Zukunftsrisiken durch neue oder strengere Gesetze (Risko-Management) und
- um der Verbrauchernachfrage nach umweltverträglichen Produkten nachzukommen (Öko-Marketing).

1.4.3. Gibt es Vorreiterbranchen?

Aus der historischen Entwicklung des Instruments als Beitrag zur betrieblichen Risikominimierung ist es naheliegend, daß besonders umweltbelastende Branchen eine Vorreiterrolle einnehmen. Dies wird im großen und ganzen durch die vorliegenden Länderstudien bestätigt.

In Italien sind die Unternehmen der Chemiebranche (Giulesi, 8) ähnlich wie in den Niederlanden (Le Blansch), in Belgien und in der Bundesrepublik mit den Betriebsvereinbarungen zum Umweltschutz (Teichert, 30f) wichtige Akteure. Dort, wo der Handlungsdruck durch das schlechte Image der Branche in der Öffentlichkeit und die Anforderungen aus der Versicherungsbranche am größten ist, wird also auch zuerst agiert. Die von der internationalen Chemieindustrie entwickelten Prinzipien des "Responsible Care", die u.a. zu einer Bewertung der Umweltwirkungen von Produkten und Verfahren der beteiligten Unternehmen verpflichten und damit die Durchführung einer Art Audit nahelegen, werden von den meisten nationalen Industrieverbänden und den Chemiegewerkschaften unterstützt.

Bei den ersten durchführenden Firmen handelt es sich häufig um Tochterfirmen amerikanischer Konzerne, in Italien waren dies sogar 50% der durchführenden Firmen (Giulesi, 9). Der Druck kommt also hier von der Konzernleitung und wird auf viele exportorientierte Unternehmen durchschlagen.

1.5. Welche nationalen gesetzlichen Standards /Regelungen gelten? - Relation zur EG-Richtlinie

Die EG-Verordnung zum Öko-Audit trifft auf keine konkurrierenden nationalen gesetzlichen Regelungen. Vielmehr entstand erst im direkten Wirkungsfeld der Diskussion und Verabschiedung der EG-Verordnung ein mehr oder weniger reger nationaler Ausgestaltungsprozeß.

Nicht nur im technischen Bereich, sondern auch für bestimmte Verfahren und Prozesse werden Gesetze und Verordnungen in Normen umgesetzt. Dies ist auch bei der Öko-Audit-Verordnung der Fall. Diese Normungsprozesse vollziehen sich im Austausch von nationalen ("Deutsches Institut für Normung" (DIN)), europäischen ("Europäisches Kommittee für Normung" (CEN)) und internationalen ("International Organization for Standardization" (ISO)) Gremien.

Für die Umsetzung der EG-Verordnung zum Öko-Audit spielt die Vorgabe der britischen Norm (BS 7750) als Umweltmanagementsystem eine entscheidende Rolle und darüberhinaus die Frage, welches Verhältnis diese neue Norm zu den bereits bestehenden Qualitätssicherungsnormen (DIN ISO 9000 ff) hat.

Zur nationalen Umsetzung dieses Normungsprozesses geben die Länderberichte kaum Auskünfte, da sich dieser Prozeß erst parallel zur Verabschiedung der Verordnung entwickelte, die Berichte aber größtenteils im Vorfeld der Verabschiedung der endgültigen Fassung abgeschlossen wurden. Die nationalen Aktivitäten sind Teil eines internationalen Normungsprozesses. Nach dem "Wiener Abkommen" von 1991 zwischen dem "Europäischen Kommittee für Normung" (CEN) und der "International Organization for Standardization" (ISO) sollen Normungsangelegenheiten, die bereits von ISO behandelt werden, nicht weiter im Rahmen von CEN behandelt werden. Dies bedeutet, daß auch für den Umweltschutz die ISO-Normung immer wichtiger wird. Von der ISO wurde 1991 eine "Strategic Advisory Group on Environment" (SAGE) eingerichtet und im Juni 1993 in das "Technical Committee Nr. 207 ""Umweltmanagement" der ISO überführt.

Aufgabenbereiche des NAGUS
(Peglau/Schulz 1993, 30)

Übersicht 1

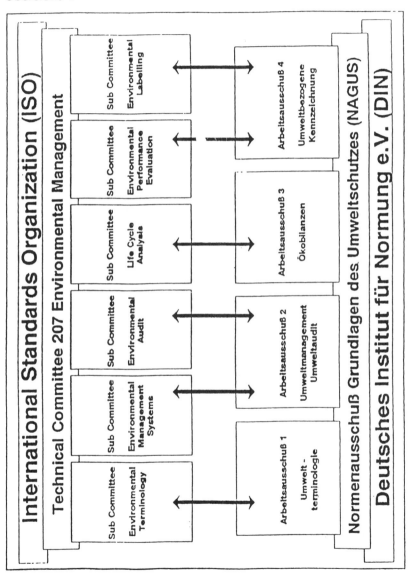

Dort wurden Unterausschüsse eingerichtet, die den zeitlich in etwa parallel eingerichteten nationalen Auschüssen in der Bundesrepublik entsprechen und deren Aufgabe von den nationalen Normungsgremien als sehr bedeutsam eingeschätzt wird.

Zur Diskussion um die internationale Normsetzung für Umweltmanagementsysteme liegen neben dem British Standard Entwürfe aus Irland, Frankreich, der Bundesrepublik, Südafrika und Kanada vor. Die Verzahnung zwischen nationalen und internationalen Normungsgremien sowie die inhaltlichen Arbeitsschwerpunkte verdeutlicht Übersicht 1.

In Großbritannien bestehen zwar keine gesetzlichen Regelungen, allerdings liegt mit dem BS 7750 der erste Normentwurf eines europäischen Landes für die Einrichtung von betrieblichen Umweltmanagementsystemen vor. Die britische Norm, die im März 1992 in Kraft trat, befindet sich in einer Überprüfungsphase, an der sich 140 Unternehmen aus 25 Branchen beteiligt haben. Das Element der Freiwilligkeit ist kennzeichnend. Das Instrument ist so flexibel gestaltet, daß es nach Aussage von Chris Sheldon vom British Standards Institute (BSI) "sowohl von fish-and chips shops als auch von Industriekonzernen angewendet werden können" (Peglau/Schulz 1993, 31f). Es existiert ein entsprechender Standard des Umweltberaterverbandes und seit August 1992 werden Umweltbetriebsprüfer auch registriert. Dabei handelt es sich um ein öffentliches, aber noch nicht offizielles Register, in das sich Einzelpersonen mit entsprechender Qualifikation, Ausbildung in Auditverfahren und praktischer Erfahrung aufnehmen lassen können. Im Juni 1993 waren von diesem Gremium (Environmental Auditors Registration Association) bereits 361 Anträge zur Registrierung genehmigt. Daraus können erhebliche Marktvorteile im Rahmen einer neuen Dienstleistungsbranche entstehen.

In den Niederlanden existiert ein sehr systematischer Zugang zu Umweltaudits. 1990 wurde ein Fünfjahresplan verabschiedet, der vorsieht, daß 10.000 Betriebe mit ernsthaften ökologischen Auswirkungen bis 1995 ein Umweltschutzsystem einführen und 250.000 weitere Betriebe Teile eines solchen Systems. Geregelt wird die Einführung von Umweltinformationssystemen durch eine Vereinbarung zum Standard für betriebliche Umweltschutzsysteme, der im wesentlichen auf Entwürfen des Verbandes der niederländischen Industrie (VNO) und des niederländischen Christlichen Arbeitgeberverbandes (NCW) beruht.

In der Bundesrepublik bestehen bisher nur auf Produktebene (Umweltzeichen) Regelungen. Die Umsetzungsaktivitäten in Sachen Normierung des Audits, Zertifizierungsbehörde sowie Zulassungsstandards für Umweltpüfer sind Reaktionen auf die EG-Verordnung. Es existiert auch noch keine Zertifizierungs- und Zulassungsstelle. Die Diskussion um die Trägerschaft ist allerdings entbrannt.

Auch in Italien sind nur nachgeordnete Aktivitäten zur Umsetzung der EG-Verordnung festellbar.

In Dänemark gab es bisher keinen systematischen Zugang zu einer Entwicklung des Öko-Audit-Instruments. Im Rahmen des Cleaner Technology Programms (1990-1992) des Umweltministeriums wurden einzelne Projekte, z.B. ein Handbuch für Umwelt-Auditing entwickelt. Ein systematischer Zugang soll in dem neu aufgelegten Cleaner Technology Programm (1993-1997) geschaffen werden.

1.6. Welche Hilfsmittel z.B. Datenbanken existieren?

Gibt es Überschneidungen und Berührungen mit der Arbeits- und Gesundheitsschutzthematik?

Daten zu Arbeits- und Gesundheitsschutz haben oft keinen Bezug zu Umweltinformationssystemen. Interessante Ansatzpunkte für Datenbanken, die auch teilweise Überschneidungen zu Arbeitsschutzfragen haben, lassen sich aber aus einigen Länderberichten entnehmen.

Für Dänemark werden beschrieben:

- Das Produkt - Register (PROBAS) ist eine Datenbank, die seit 1980 alle Informationen bezüglich Substanzen, Materialien und Produkten aufbereitet hat, die in Dänemark verwendet werden. Mittlerweile sind 61.289 Produkte und 132.139 Chemikalien erfaßt.

- (SUBTEC) ist ein seit 1992 existierendes Datenprogramm zur Substitution von Substanzen. Es enthält technische, umweltrelevante und Arbeitsschutz-Informationen zu 800 Substanzen.
- Das vom dänischen Umweltbundesamt eingerichtete Informationssystem für saubere Technologien, wurde entwickelt als Informationssystem für den externen Umweltschutz, enthält aber auch wichtige Informationen bezüglich des betrieblichen Umweltschutzes. Zu den möglichen Anwendern gehören Unternehmen genauso wie Beratungsbüros oder Behörden (Lorentzen).

In der BRD existieren eine Vielzahl von EDV-gesteuerten Gefahrstoffinformationssystemen, die auch in betriebliche Umweltinformationsysteme einbezogen werden können. Das bekannteste ist die von Asea-Brown-Boveri (ABB) entwickelte "Arbeits- und umweltbezogene Gefahrstoff-Erfassung (AUGE)". Neben diesen betriebsbezogenen Informationssystemen werden mit den Berufsgenossenschaften derzeit branchenbezogene Gefahrstoffinformationssysteme aufgebaut (Beispiel GISBAU) (Teichert, 20).

In Großbritannien wurden im Rahmen der Umsetzung einer Verordnung zur Kontrolle gesundheitsgefährdender Stoffe von 1988 arbeitsplatzbezogene Informationssysteme eingeführt, die auch Bezüge zum Audit aufweisen und zu denen die Arbeitssicherheitsvertreter der Gewerkschaften Zugang haben (Oates).

Gibt es Anpassungsleistungen an die Bedürfnisse klein- und mittelständischer Unternehmen (KMU)?

Das methodische Instrumentarium zur Durchführung betrieblicher Öko-Audits ist relativ komplex und zeitaufwendig für das durchführende Consulting-Büro und/oder die Mitarbeiter des Unternehmens, die gezielt die notwendigen Informationen zusammenstellen und auswerten müssen. Von daher sind sowohl aus Kostengründen als auch aus betriebsorganisatorischen Gründen Anpassungsleistungen für den Bedarf von KMU erforderlich. Solche Weiterentwicklungen werden im Rahmen eines EG-Programms gefördert. Aus Dänemark und der Bundesrepublik sind Beispiele solcher Bemühungen in Kooperation zwischen Consulting-Büros und Unternehmen bekannt. In Belgien bieten die drei Regionalverwaltungen Brüssel, Flamen und Wallonien verschiedene Anreize zur Förderung der Einführung von Umweltmanagementsystemen oder zur Durchführung von Umwelt-Audits durch externe Sachverständige an. Problem ist dabei, wie in allen Ländern, daß die Förderprogramme weitgehend unbekannt sind. Eine Umfrage bei flämischen KMU ergab darüberhinaus, daß nur 25% der Unternehmer Interesse an Umweltfragen haben.

1.7. Welche Positionen und Konzepte zum Auditing haben die nationalen Gewerkschaften?

Zur Unterscheidung der Ebenen ist, je nach nationalen System der industriellen Beziehungen, zwischen Arbeitnehmern, betrieblichen Interessenvertretungen und Gewerkschaften zu differenzieren. Der Schwerpunkt des Engagements liegt, wenn überhaupt, bei den gewerkschaftlichen Dachverbänden. Sie reagieren auf die Diskussion um die EG-Verordnung und versuchen, eine eigene Position zu bestimmen. Betriebliche Interessenvertretungen kommen eigentlich nur dann ins Spiel, wenn betriebliche Audits durchgeführt werden und wenn die Interessenvertretungen, wie in Modellprojekten, explizit beteiligt werden. Hierüber sind aber kaum Informationen erhoben, weshalb hier ein zukünftiger Forschungsbedarf besteht.

Einzelne Firmenbeispiele aus Deutschland weisen darauf hin (Wilkhahn, Kunert, Oetker), daß sich die Betriebsräte darauf beschränken, ein aktives Umweltmanagement zu unterstützen und kaum eigene Positionen entwickeln. Modellprojekte, in denen die Beteiligung der betrieblichen Interessenvertretung selbst zum Thema gemacht wird, sind uns nicht bekannt.

Auch über Fälle einer generellen Beteiligung der Arbeitnehmer in den Betrieben liegen keine Informationen vor. Wenn überhaupt werden die betrieblichen Funktionsspezialisten benannt, d.h. die Sicherheits- und Umweltbeauftragten, Mitglieder des betrieblichen Umwelt-Ausschusses etc., die i.d.R. kaum in den Gewerkschaften organisiert sind. Auch in den Modellprojekten findet eine breite Information und Einbeziehung von Mitarbeitern nicht statt.

Die Grundposition der europäischen Gewerkschaften zum Auditing läßt sich am besten durch die Ausführungen des 7. EGB-Kongresses und der IBFG-Konferenz "Von Rio zum Arbeitsplatz" verdeutlichen. "Im Rahmen des Sozialen Dialogs sollte über die Zusammenarbeit von Arbeitgebern/Gewerkschaften bei Umweltfragen, insbesondere hinsichtlich einer "Umweltbilanz", diskutiert werden und eine Rahmenvereinbarung oder notfalls eine EG-Richtlinie erzielt werden" (nach EGB-Arbeitsgruppe Umwelt, Dok ENV 9305/2 v. 3.5.1993, S.7). Diese Forderung wird in Teil VII des IBFG-Diskussionspapiers konkretisiert. Der IBFG sieht in dem alltäglichen Beobachten, Berichterstatten und Tätigwerden der Arbeitnehmer im Bereich der Arbeitsumwelt eine gute Grundlage für die Beteiligung der Arbeitnehmer. Er sieht in diesem Bereich ein gemeinsames Interesse von Arbeitgeber und Arbeitnehmer und damit gute Voraussetzungen für ein kooperatives Vorgehen; "Ein guter Arbeitgeber wird die Beschäftigten und ihre Gewerkschaften in den Prüfprozeß von Anfang an einbeziehen, ihnen erklären, was geplant ist und ihnen Gelegenheit zur Konsultation anbieten" (IBFG 1993, 31). Um diese Beteiligung zu konsolidieren und zu verallgemeinern, schlägt der IBFG (in Anlehnung an das Konzept der MSF im Großbritannien) betriebliche Umweltabkommen vor, in denen der Informationszugang, Schulung und die konkrete Beteiligung an den Audits geregelt ist.

Die gewerkschaftlichen Dachverbände und die Einzelgewerkschaften haben bezogen auf das Öko-Audit weitestgehend analoge Positionen entwickelt.

Das Audit wird von den nationalen Gewerkschaften als ein wichtiges Instrument zur Einführung des betrieblichen Umweltschutz gesehen. Allerdings wird die gewerkschaftliche Nichtbeteiligung am Verfahren ebenso bemängelt wie die Nichterfassung von einigen wesentlichen Bereichen:

- Gesundheitsschutz und Arbeitssicherheit,
- betriebliche Arbeitsbedingungen und
- die Nichtbeteiligung der Arbeitnehmer am Prozeß.

Die meisten europäischen Gewerkschaften sprechen sich (soweit bekannt) für eine Integration dieser Aspekte in das Instrumentarium

Öko-Audit aus. Daneben wollen alle Gewerkschaften an der Zulassung der "Verifier" beteiligt werden. Die angemessene betriebliche Ausbildung zum Umweltschutz wird eingeklagt und auch als gewerkschaftliche Aufgabe erkannt. Kontrovers bleibt dabei, wie hoch der Sachverstand der ArbeitnehmerInnen bei den Verfahren sein muß.

Es handelt sich also um globale Forderungen, die vorwiegend auf den prozeduralen Aspekt, also die Beteiligung am Verfahren selbst beschränkt bleiben, die aber kaum eigene inhaltliche Gestaltungsvorschläge enthalten. Obwohl programmatische Positionen (Produktmitbestimmung etc.) entwickelt sind, ist der Stellenwert des Umweltschutzes in den gewerkschaftlichen Diskussionen relativ gering und das Verhältnis zum Umweltschutz als gewerkschaftliche Aufgabe ist ambivalent. Darin dürften die Hauptgründe für die Zurückhaltung der Gewerkschaften in diesem Themenkontext liegen.

Die britischen Gewerkschaften haben mit einigen Aktivitäten in diesem Bereich u.a. der Beteiligung von TUC am nationalen Standardisierungsprozeß um BS 7750 oder der Checkliste für Gewerkschaften zu Umweltschutz- Audits die entwickeltste Position (Vgl. genauer Oates). Neben dem Dachverband gibt es auch etliche Aktivitäten der Einzelgewerkschaften, die mit einigen Schattierungen im wesentlichen mit den Positionen von TUC übereinstimmen (Oates).

In Dänemark sind die Handlungsträger der Ausgestaltung des Audits die Umweltbehörden und die Consultingfirmen, während gewerkschaftliche Positionen und Aktivitäten nahezu vollständig fehlen (Lorentzen).

Auch in Italien gibt es keine offiziellen Positionen der drei Richtungsgewerkschaften (CGL, CISL, UIL) zum Thema Öko-Audit und speziell zur EG-Verordnung (Giuliesi, 19ff). Ein erster organisatorischer Schritt aus dieser defensiven Haltung ist die Schaffung eines gemeinsamen Umweltreferats der drei Strömungsgewerkschaften, der u.a. darauf zurückzuführen ist, daß der Umweltschutz als wichtiger werdendes Politikfeld erkannt worden ist.

In der Bundesrepublik findet derzeit eher der gegenläufige Prozeß statt. Nachdem die Gewerkschaften sich eine Beteiligung an den nationalen Normungssauschüssen im Umweltbereich erkämpft haben, steht zu befürchten, daß im Zuge eines umfassenden Spar- und Reduzierungspakets des DGB dem Umweltschutz an Stellenwert verliert. Für eine eigenständige Umweltpolitik des DGB hätte dies bedenkliche Folgen, zumal die Umweltexperten im Handlungsfeld der industriellen Beziehungen ohnehin meistens auf der Arbeitgeberseite sitzen.

1.8. Fazit

Während der letzten Jahre lassen sich wachsende Aktivitäten in der Entwicklung und Einrichtung von Umweltinformationssystemen auf betrieblicher Ebene beobachten. Sie orientieren sich vor allem an dem Instrument Öko-Audit. Hierfür ist die Verabschiedung der EG-Verordnung ein zentrales Erklärungsmotiv, auf das einige Unternehmen schnell reagiert haben, obwohl die Beteiligung an der EG-Verordnung für die Unternehmen freiwillig ist.

Diese Entwicklung findet in weiten Teilen ohne gewerkschaftliche Beteiligung statt. Auf der Ebene der nationalen gewerkschaftlichen Dachverbände und der Einzelgewerkschaften wurden oft Umweltschutzkompetenzen organisatorisch verankert und es liegen auch Stellungnahmen zum Öko-Audit als Instrument vor (Hildebrandt/-Schmidt 1994, 195f). Allerdings geschieht dies, ohne daß die Gewerkschaften mit Eigeninitiative in den Prozeß der nationalen Ausgestaltung dieser Instrumente involviert wären (Ausnahme teilweise Bundesrepublik und Großbritannien).

Auf betrieblicher Ebene, also bei der praktischen Einführung und Umsetzung des Instruments, findet bisher so gut wie keine Beteiligung von ArbeitnehmerInnen statt. Es existiert kein systematischer oder konzeptionell begründeter Zugang, Ausnahmen bestätigen hier die Regel.

Insgesamt läßt sich die Entwicklung zum Öko-Audit auf europäischer Ebene also folgendermaßen charakterisieren :

- Die Konzeptentwicklung zum Öko-Audit und anderen betrieblichen Umweltinformationssystemen vollzieht sich weitgehend ohne Einbeziehung und aktive Beteiligung der Gewerkschaften oder ArbeitnehmervertreterInnen.
- Die Ziele der einzelnen Audit-Projekte werden selektiv festgelegt und sind bestimmt von den Interessen der Unternehmen, um ihre Produkte zu legitimieren. Konsequenterweise dienen diese Konzepte mehr der Selbstdarstellung, der Risikominimierung und des systematischen Vollzugs von Umweltanpassungsleistungen der Unternehmen als einem systematischen und substanziellen Vergleich von unterschiedlichen Produkten und Produktionsverfahren mit dem Anliegen des Umweltschutzes.
- Das Öko-Audit-Konzept ist auf wenige ausgewählte Umweltaspekte begrenzt. Aspekte, die sich mit Arbeits- oder Nachbarschaftsinteressen befassen, sind nicht enthalten. Die Chance der Verbindung von Umweltschutz mit Gesundheits- und Arbeitsschutz-Anliegen und der Organisation des Arbeitspolitik sind immer noch unterrepräsentiert. Das Instrument Öko-Audit nach der EG-Verordnung etabliert sich von seiner Konzeption und seiner Ausgestaltung weitgehend neben dem Wahrnehmungsbereich der industriellen Beziehungen.
- Folglich spielen ArbeitnehmerInnen und Betriebsräte auch in der bisherigen betrieblichen Praxis keine Rolle bei der Bestandsaufnahme von Umweltinformationen, der Auswertung der Daten, der Entscheidungsfindung über die Maßnahmen und ihre Umsetzung im Betrieb.

Zusammenfassend kann man die aktuelle Entwicklung als Entwicklung eines eindimensionalen auf den Umweltschutz und das einzelne Unternehmen bezogenen Instruments ohne Einbeziehung regionaler Aspekte auf der einen Seite und Arbeitnehmerinteressen auf der anderen Seite charakterisieren. Das führt zu einer spezialisierten, zentralisierten, unternehmensbezogenen Struktur des Instruments mit der Gefahr, daß dies im Prinzip ineffektiv und undemokratisch angelegt ist.

1.9. Perspektiven

Die Wiederaufnahme der Diskussion durch die Notwendigkeit der länderspezifischen Umsetzung der EG-Verordnung sollte in den Ländern, in denen eine gesellschaftliche Debatte entstanden ist, - hierzu gehört die Bundesrepublik - als Chance für die Gewerkschaften begriffen werden, noch einmal den Zusammenhang zwischen Arbeits- und Umweltschutzbedigungen zu thematisieren.

Um die bisherige reaktive Verhaltensweise zu überwinden, die lediglich auf einer Sicherung des Informationszugangs beruht, wäre es im Rahmen einer offensiven Strategie erforderlich, handhabbare und praktizierbare Standards in betrieblichen Modellprojekten zu entwickeln.

Dabei können nicht nur die Betriebsräte Träger und Ausgangspunkt für Aktivitäten sein. Vielmehr sollte versucht werden die ArbeitnehmerInnen soweit möglich selbst in den Gestaltungs- und Entscheidungsprozeß einzubeziehen. Dies ist ohne eine kompetente Qualifizierung der Beschäftigten, die ja in der EG-Verordnung vorgesehen ist, nicht möglich. In diesem Zusammenhang wäre eine externe Beteiligung von Wissenschaft und Umweltberatung wünschenswert, um bei der Umsetzung von neuen Methoden im Betrieb Hilfestellung, Beratung und Qualifizierung zu leisten. Dies ist auch insofern erforderlich, da sich Qualitäts- und Beteiligungsstandards beim Öko-Audit u.a. aus sogenannten "guten betrieblichen Beispielen" entwickeln werden. Dies gilt für alle EG-Mitgliedsstaaten.

Literatur:

BSI: Specification for Environmental management systems - BS 7750, London 1992

Giuliesi, Maria Ersilia: Eco-Audit in Italy, o.O. 1993

de Greef, Marc / de Cracker, Willy: Eco-Audits: Apercu de la situation en belgique, Brüssel 1993

Hildebrandt, Eckart / Schmidt, Eberhard: Umweltschutz und Arbeitsbeziehungen in Europa. Eine vergleichende Zehn-Länder-Studie, Berlin 1994

Internationaler Bund freier Gewerkschaften (IBFG): Von Rio zum Arbeitsplatz, Brüssel 1993

Klemisch, Herbert: Statusbericht zur Öko-Audit-Verordnung der EG, Köln 1993

Le Blansch, C.G.: Eco-auditing and Industrial Relations in the Netherlands, Utrecht 1993

Lorentzen, Borge: Eco-Auditing in Denmark, o.O. 1993

Oates, Andrea: United Kingdom Report, London 1993

PA Consulting Group: Pilot exercise of Environmental Auditing, Final Report, Royston 1993

Peglau, Reinhard/ Schulz, Werner: Umweltaudits: Sachstand und Perspektiven, Teil 2: Ein Blick nach vorn, o.O. 1993

Teichert, Volker: Betriebliche Umweltinfomationssysteme und Gewerkschaften, Heidelberg 1993

2. Ausgewählte Länderberichte

Andrea Oates
2.1. Labour Research Department

2.1.1. Einleitung

Das Konzept der Öko-Audits wurde aus den USA nach Großbritannien importiert. In den Vereinigten Staaten hatten Unternehmen mit hohem Umweltrisiko insbesondere aus den Reihen der chemischen Industrie Mitte der 70er Jahre nach einer Flut schwerer Umweltzwischenfälle mit der Durchführung von Öko-Audits begonnen.[1]

In Großbritannien versteht man unter Öko-Audits (häufig wird auch synonym der Begriff "green audit" verwendet) Prüfungen der Umweltauswirkungen eines Betriebs, seines Umweltverhaltens und der Möglichkeiten für Verbesserungen.

Die amerikanischen Unternehmen haben solche Umweltbetriebsprüfungen als Erweiterung der wirtschaftlichen Betriebsprüfung eingesetzt, um die Einhaltung der Umweltschutzvorschriften und die Übereinstimmung mit den betriebsinternen Risikomanagementsystemen zu überwachen. Ein weiteres Motiv lag darin, den Aktionären Informationen über diese Fragen zur Verfügung stellen zu können.

Auch in Großbritannien wurden Öko-Audits bis vor kurzem hauptsächlich von großen multinationalen Unternehmen mit hohen Umweltrisiken zum Beispiel in der chemischen und Energieindustrie durchgeführt.

Die Motive dieser Unternehmen für die Prüfung ihrer Aktivitäten unter Umweltgesichtspunkten lagen hauptsächlich in dem Wunsch, die Funktionstüchtigkeit ihrer Risikomanagmentsysteme zu gewährleisten, um "Umweltskandale" zu vermeiden und in der Öffentlichkeit ein gutes Bild als progressives, um die Umwelt besorgtes Unternehmen abzugeben.

Inzwischen setzen auch andere Arten von Unternehmen dieses Instrument ein, und zwar nicht nur in Sorge um die Einhaltung einschlägiger Vorschriften, sondern auch aufgrund des Drucks von Verbrauchern und Investoren, die auf Informationen über das Umweltverhalten von Unternehmen drängen. Viele Fertigungsbetriebe stehen unter dem Druck, nachweisen zu müssen, daß ihre Produkte und Produktionsmethoden umweltfreundlich sind, oder zumindest umweltfreundlicher als die ihrer Mitbewerber.

Nach Angaben des britischen Gewerkschaftsdachverbandes TUC (Trade Union Council) zeichnen sich die heute durchgeführten Öko-Audits in der Regel durch folgende Merkmale aus sie sind freiwillig, standortbezogen, haben die Einhaltung einschlägiger Umweltschutzvorschriften zum Ziel, decken Managementsysteme und die betriebliche Praxis ab, werden von betriebsinternen Prüfern oder externen Beratern vorgenommen, sind vertraulich und werden nicht beglaubigt oder verifiziert.[2]

Der Begriff "Öko-Audit" wird in Großbritannien als Sammelbegriff für eine Reihe unterschiedlicher Programme verwendet. Die wichtigsten unter diesen Begriff fallenden Prüfungen, die im Rahmen eines Öko-Audit einzeln oder in Kombination miteinander eine Rolle spielen, werden im folgenden kurz beschrieben

Umweltverträglichkeitsprüfung - Eine Umweltverträglichkeitsprüfung (UVP) ist seit Einführung der entsprechenden EG-Richtlinie für bestimmte Großprojekte zwingend vorgeschrieben. Im Rahmen einer UVP werden die möglichen Auswirkungen geplanter Bauvorhaben oder Projekte auf die Umwelt untersucht, und es muß eine öffentliche Anhörung erfolgen.

Betriebsstättenprüfung - In diesem Rahmen werden die Management- und Organisationssysteme geprüft, und von der Einhaltung der gesetzlichen Vorschriften bis hin zur praktischen Umsetzung werden sämtliche Aspekte einbezogen. Die Auswirkungen von Erzeugnissen nach Verlassen des Betriebsgeländes werden allerdings nicht berücksichtigt.

Produktlinienanalyse - Sie untersucht die Umweltverträglichkeit eines Produkts von der Fertigung bis zur Entsorgung einschließlich des Rohstoff- und Energieverbrauchs.

Prüfung auf Einhaltung der Vorschriften - In diesem Rahmen wird geprüft, ob das betreffende Unternehmen alle einschlägigen Umweltschutzbestimmungen einhält.

Übernahmeprüfung - Diese beinhaltet eine vollständige Umweltprüfung einer Betriebsstätte oder eines Unternehmens vor der Übernahme durch ein anderes Unternehmen.

Aktivitätenprüfung - In diesem Rahmen werden bestimmte betriebsstättenübergreifende Aktivitäten des gesamten Unternehmens geprüft.

Einzelpunktprüfung - Eine solche Prüfung untersucht, wie ein großes Unternehmen eine einzelne umweltrelevante Frage behandelt, zum Beispiel die Einschränkung des FCKW-Verbrauchs.

Partnerfirmenprüfung - Diese wird durchgeführt, wenn ein Unternehmen auf einer Umweltbetriebsprüfung bei einer Partnerfirma, zum Beispiel einem Zulieferer oder einer Handelsvertretung besteht.

Unternehmensprüfung - Im Rahmen einer Unternehmensprüfung wird versucht, ein möglichst umfassendes Bild sämtlicher Aktivitäten eines Unternehmens bezüglich ihrer Umweltauswirkungen zu zeichnen.[3]

Die Internationale Handelskammer (ICC) definiert Öko-Audits als "Managementwerkzeuge, die eine systematische, regelmäßige und objektive Bewertung der Frage beinhalten, wie effektiv die Umweltschutzmaßnahmen, das Umweltmanagement und die Umweltschutzanlagen des Unternehmens funktionieren."

Diese Betrachtungsweise des Öko-Audit als Managementinstrument wird in Großbritannien von den Arbeitgebern übernommen, die generell gegen die Einbeziehung von Gewerkschaften und die Einführung einer Umweltprüfungspflicht mit Veröffentlichung der Ergebnisse Stellung beziehen.

Die Angestelltengewerkschaft IPMS ("Institution of Professionals, Managers and Specialists") erklärt dazu "Während die Beteiligung der Arbeitnehmer in Arbeitsschutzfragen manchmal gefördert wird (wo es ohnehin eine klare Verpflichtung zur Konsultierung und Information der Gewerkschaftsvertreter gibt), werden Arbeitgeber nach wie vor häufig nervös, wenn es darum geht, mit den Gewerkschaften über andere Punkte im Rahmen einer Prüfung zu reden, vor allem in Bezug auf Managementaktivitäten."

Die Gewerkschaften bevorzugen die Defintion der Internationalen Arbeitsorganisation (ILO) von Öko-Audits als "effektivem Mittel zur Gestaltung des Arbeitsumfeldes im Rahmen einer dreiseitigen Zusammenarbeit".

Der Dachverband TUC, dem die meisten Gewerkschaften in Großbritannien angehören, sieht Öko-Audits als einen Schlüsselbereich an, in dem Gewerkschafter sich in Umweltfragen am Arbeitsplatz einmischen können, und sie befürwortet Pflichtprüfungen zumindest in einigen Industriezwigen.

Obwohl mehrere Vorschläge zur Einführung einer Öko-Audit-Pflicht im Rahmen der Ausarbeitung einer neuen Umweltschutzgesetzgebung auf dem Tisch lagen, wurden diese nicht angenommen. Die britische Regierung befürwortet Öko-Audits als freiwillige Initiative.

Dagegen plädiert die Labour Party für eine Pflichtprüfung unter öffentlicher Kontrolle in bestimmten Industriezwigen. Und Umweltgruppen wie zum Beispiel Greenpeace fordern nachdrücklich die Einführung von Öko-Audits und gesetzliche Bestimmungen, die den öffentlichen Zugang zu Informationen aus den Audits sowie die externe Verfizierung der Prüfungsergebnisse gewährleisten.

2.1.2. Aktuelle Entwicklungen

Für die meisten britischen Unternehmen sind Öko-Audits ein relativ neues Konzept. Noch im März 1991 wurden Öko-Audits in der Financial Times als "ziemlich neues Managementinstrument" beschrieben, obwohl in den letzten Jahren offenbar zunehmend Öko-Audits durchgeführt wurden.[4]

Berichte in der Presse legen die Vermutung nahe, daß Versicherungsgesellschaften und Banken, die sich mit Unternehmensfinanzierungen befassen, anfangen, auf Öko-Audits ihrer Kunden zu bestehen, wenn die Gefahr besteht, daß aus der betrieblichen Aktivität Umweltschäden oder Haftungsprobleme entstehen, zum Beispiel aufgrund von Altlasten.

Im Banken- und Versicherungsgewerbe tauchen Befürchtungen hinsichtlich einer Entwicklung wie in den USA auf, wo es Präzedenzfälle gibt, in denen Banken für fremdes Verschulden haftbar gemacht wurden und die von ihren Unternehmenskunden verursachten Umweltschäden beseitigen mußten.

Nach Angaben des Greenpeace Business Magazine "haben Versicherungsgesellschaften aus ihren Erfahrungen gelernt und stellen Betriebsstättenversicherungen nur noch dann aus, wenn vorher eine sorgfältige Umweltbetriebsprüfung vorgenommen wurde."[5]

Und eine Arbeitgeberorganisation namens "Business in the Environment" berichtet, daß Versicherungsgesellschaften inzwischen Öko-Audits verlangen, bevor sie Risiken in sensiblen Bereichen wie der chemischen und pharmazeutischen Industrie decken.[6]

Die National Westminster Bank war die erste Bank, die eine Umweltpolitik entwickelt und ein eigenes Ressort für Umweltfragen eingerichtet hat. Nach Informationen der Gewerkschaft Banking, Insurance and Finance Union (BIFU) bewertet die Bank die Kreditwürdigkeit eines Darlehensnehmers auch nach dessen Umweltverhalten.[7]

In den Umweltnachrichten der Bank heißt es "In Großbritannien gibt es ein wachsendes Bewußtsein über die Umweltauswirkungen von Geschäftsvorhaben und die Notwendigkeit, dies bei der Darlehensvergabe zu berücksichtigen."

Auch Unternehmen, die andere Unternehmen kaufen oder übernehmen, beauftragen Umweltconsultingfirmen mit der Durchführung von Öko-Audits, um eventuelle Haftungsprobleme für Umweltschäden ausfindig zu machen.

Die Zeitschrift Investors Chronicle berichtete im September 1991, daß große Finanzinstitutionen wie zum Beispiel die Versicherungsgesellschaft Commercial Union beschlossen haben, die Investitionspolitik ihrer Pensionsfonds nach Umweltgesichtsgesichtspunkten zu durchleuchten. Und auch Banken wie die TSB prüfen ihre Aktivitäten im Einzelkunden- und Investmentgeschäft durch frühzeitige Öko-Audits.[8]

Seit etwa einem Jahr (Stand 1993) ändert sich die Art der Unternehmen, die Öko-Audits durchführten. Nach Robert Coyte, Chefberater von Environmental Resources Limited, einer der renommiertesten Umweltconsultingfirmen, werden Öko-Audits nun von einer viel breiteren Palette von Unternehmen vorgenommen, die sich mit weniger umweltgefährdenden Tätigkeiten befassen und von daher nicht durch die Furcht vor der Haftung für Umweltschäden motiviert werden.

Der TUC stellte im August 1991 fest, daß "Öko-Audits hauptsächlich von großen Unternehmen im Fertigungssektor durchgeführt werden. Aber seit kurzem finden sie auch bei Mittelbetrieben Zustimmung, die in Bereichen wie dem Einzelhandel, dem Abfallmanagement, dem staatlichen Gesundheitsdienst oder der kommunalen Versorgungsbetriebe tätig sind."[9]

Laut Angaben der Gewerkschaftsgruppe für internationale Forschungen und Schulungen am Ruskin College "haben viele Kommunalbehörden die Herausforderung der Öko-Audits bereitwillig angenommen. Der Lancashire County Council hat 400.000 £ in das umfangreichste Öko-Audit des Landes investiert, und der Kirklees Metropolitan Council hat seine Politik hinsichtlich der Luft- und Wasserqualität, der Abfallentsorgung, des Lärmschutzes und der Energieverwendung sowie in den Bereichen Landwirtschaft und Tierschutz, Freiflächen, Landschafts- und Verkehrsplanung überprüft."[10]

Aus einem aktuelleren Papier über Öko-Audits in Großbritannien geht hervor, daß die erste Prüfung im Bereich der Kommunalverwaltungen 1989 durchgeführt wurde und 1992 bereits 59 % (das heißt 68 von 116) District Councils mit Öko-Audits befaßt waren.[11]

"Employment News", ein vom Arbeitsministerium herausgegebener Informationsdienst, berichtete im Februar 1991 von einem nicht vorhergesehenen Wachstum der Umweltconsultingfirmen, wobei Öko-Audits bei dieser wachsenden Nachfrage eine zentrale Rolle spielten. Ferner wurde in diesem Artikel berichtet, daß der Chemiemulti ICI eine umfassende Prüfung seiner Produktpalette eingeleitet habe und die Einzelhandelskette Co-op derzeit alle ihre Markenlieferanten unter Umweltaspekten prüfen würde.[12]

Andere Erhebungen über den Verbreitungsgrad von Öko-Audits über die bereits erwähnte Untersuchung im Bereich der Kommunalverwaltungen hinaus weisen unterschiedliche Ergebnisse aus.

Nach einer 1990 von der Cranfield School of Management vorgenommenen Erhebung hatten damals 14 % aller Fertigungsbetriebe Öko-Audits durchgeführt.[13] Und eine Erhebung des British Institute of Management ergab im Februar 1992, daß weniger als 25 % aller Unternehmen ein Öko-Audit durchgeführt hatten.

Die Auswertung von über 400 Antworten von Gewerkschaftsvertretern auf einen Fragebogen des Labour Research Department zeigte im Juli 1991 folgendes Ergebnis 17 % der Befragten gaben an, daß in ihrem Betrieb ein Öko-Audit durchgeführt wird, wobei nur 7 % der Arbeitgeber die Gewerkschaftsvertreter an der Prüfung beteiligten.[14]

Eine andere auf Antworten von fast 500 Betrieben aus 18 Branchen beruhende Erhebung (was einer Antwortrate von 35 % entsprach) wurde von Ruth Hillary für eine Magisterarbeit zum Thema "Motivation bei Öko-Audits" ausgewertet.[15] Ruth Hillary hat für die Generaldirektion 11 der Europäischen Kommission gearbeitet (Umwelt, Nuklearsicherheit und Zivilschutz) und war mit der Verordnung über die Umweltbetriebsprüfung befaßt.

In ihrer Erhebung über "betriebliches Umweltmanagement" fand sie heraus, daß 45 % der Befragten nach eigener Aussage Öko-Audits vornehmen. Nur 12 % gaben an, die Gewerkschaften an den Prüfungsverfahren zu beteiligen, obwohl 30 % der Unternehmen Arbeitnehmer einbeziehen, die nicht dem Management angehören.

Ein anderes Ergebnis der Erhebung war, daß fast alle Unternehmen der Argumentation der Internationalen Handelskammer folgen, nach der Öko-Audits ein internes Managementinstrument darstellen. Auch der britische Arbeitgeberverband Confederation of British Industry (CBI) plädiert dafür, Öko-Audits als freiwillig anzuwendendes Managementinstrument zu betrachten. Der Verband ist gegen die Einbeziehung der Gewerkschaften in betriebliche Umweltfragen.

Seiner Auffassung nach ist "die eigentliche Frage, der sich die Unternehmen in den kommenden Jahren stellen müssen, in welchem Umfang zugelassen werden soll, daß Umweltinformationen zu einer erkennbar neuen Rolle der Gewerkschaften im Entscheidungsprozeß führen. Es besteht wenig Zweifel daran, daß die Gewerkschaften, wenn sie diese neue Rolle erringen, ihr seit langem verfolgtes Ziel erreicht haben werden, die Tagesordnung von Tarifverhandlungen auszuweiten und sich an Investitionsentscheidungen der Unternehmen zu beteiligen."[16]

Der TUC ging 1991 davon aus, daß Öko-Audits in der Privatwirtschaft und im öffentlichen Sektor zukünftig eine immer größere Rolle spielen werden, und zwar aufgrund des zunehmenden öffentlichen Drucks im Sinne der Forderung nach Bereitstellung von Informationen über die Umweltauswirkungen von Betrieben.[17]

Auch die Umweltschutzgesetzgebung spielt eine große Rolle. Nach der Financial Times "ist der Trend in Richtung einer neuen Art von Umweltschutzgesetzgebung mindestens ebenso wichtig. Beispielhaft dafür steht das System der integrierten Emissionsbekämpfung im Rahmen des britischen Umweltschutzgesetzes. Von den Unternehmen wird immer stärker erwartet, ihre eigenen Pläne zur Verwirklichung von Umweltschutzzielen aufzustellen und besonderen Wert darauf zu legen, daß genaue und regelmäßig aktualisierte Daten über ihr eigenes Umweltverhalten zur Verfügung stehen.[18]

Das neue Umweltschutzgesetz, das seit April 1991 Zug um Zug umgesetzt wird, hat für bestimmte Betreiber von Industrieanlagen (mit hohem Umweltbelastungspotential) die Pflicht eingeführt, bei Anträgen auf die Genehmigung für den Betrieb von Anlagen eine Art Umweltgutachten beizufügen.

Die Unternehmen müssen gegenüber der Umweltschutzbehörde den Beweis erbringen, daß sie bei ihren Produktionsverfahren und Emmissionssenkungstechnologien die "besten zu vertretbaren Kosten verfügbaren Techniken" anwenden und daß für die Abfallentsorgung der am wenigsten die Umwelt belastende Weg gewählt wurde, also die "beste praktikable Umweltlösung".

Ruth Hillary hat in ihrer Erhebung über betriebliches Umweltmanagement die Frage nach den hauptsächlichen Beweggründen für die Durchführung von Öko-Audits untersucht und herausgefunden, daß an erster Stelle immer wieder die Einhaltung der britischen und europäischen Umweltvorschriften genannt wurde. Knapp die Hälfte dieser Betriebe haben die Vorgaben in den gesetzlichen Bestimmungen als Prüfungsnormen zugrundegelegt.

Eine Ausnahme bildeten die Unternehmen der energieerzeugenden und brennstofffördernden Industrie (Erdöl, Kohle, Gas). Sie gaben als Hauptgrund für die Durchführung von Öko-Audits ihre gesellschaftliche Verantwortung an. Insgesamt wurde dieser Grund am zweithäufigsten genannt, gefolgt von internen geschäftlichen Zwängen, zunehmendem öffentlichen Umweltbewußtsein und externen geschäftlichen Zwängen. In vielen von der Erhebung erfaßten Wirtschaftszweigen wurde das zunehmende öffentliche Umweltbewußtsein als geringfügiges Druckmittel betrachtet.

Quer durch alle Branchen wurde die Einhaltung der gesetzlichen Bestimmungen mit 91 % als wichtigster Verwendungszweck der Prüfungsergebnisse aus Öko-Audits genannt. Der Umweltschutz wurde von 82 % der befragten Unternehmen genannt, gefolgt von Steigerung des Umweltbewußtsein der Mitarbeiter (71 %), Umstellungen des Managementsystems (63 %), Schulung der Mitarbeiter (56 %), Verminderung des Haftungsrisikos (54 %), Umstellung der Notfallpläne (43 %) und Identifizierung von Kostensparpotentialen (38 %).

Offene Informationspolitik ist zwar ein immer wichtigeres Element betrieblicher Strategien, aber die Untersuchung hat ergeben, daß nur wenige Unternehmen die Ergebnisse ihrer Öko-Audits nutzen, um die Öffentlichkeit oder ihre Aktionäre mit gezielten Informationen zu versorgen. Nur 18 % setzten die Prüfungsergebnisse in ihrer Öffentlichkeitsarbeit ein und 15 % für ihre Aktionärsinformationen.

Während die meisten Unternehmen also keine Informationen in die Öffentlichkeit geben, wurden gleichwohl Bedenken hinsichtlich der Frage geäußert, daß es an Normen und Überprüfungsmöglichkeiten für den Wahrheitsgehalt der von den Betrieben bereitgestellten Informationen mangelt.

Laut der Zeitung "The Independant" gibt es Bedenken in Bezug auf die "Qualität und Wahrhaftigkeit" der Prüfungsergebnisse, die in die Öffentlichkeit gebracht werden. Nigel Haigh vom Institute for European Economic Policy stellt fest, daß der Begriff Öko-Audit (oder "Umweltbetriebsprüfung") sehr undifferenziert verwendet wird und die Gefahr besteht, "dem ganzen Verfahren durch die falsche sprachliche Analogie zu einer wirtschaftlichen Betriebsprüfung den Anstrich der Verbindlichkeit zu geben".[19]

Auch die mögliche Rolle von Umweltbetriebsprüfern war Gegenstand von Diskussionen. Der Independant veröffentlichte einen Artikel über einen Bericht des Institute of Chartered Accountants (Institut konzessionierter Wirtschaftsprüfer) unter dem Titel "Management, Prüfungen und Umwelt". In dem Artikel hieß es "Es gibt einen zunehmenden Druck dahingehend, Umweltschutzinformationen in Finanzberichte aufzunehmen und den Wirtschaftsprüfern bei der Zusammenstellung dieser Informationen eine wichtige Rolle zuzuweisen".[20]

Ein gutes Beispiel für die fehlenden Überprüfungsmöglichkeiten des Wahrheitsgehaltes von Audit-Ergebnissen war die Verwendung einer Produktlinienanalyse in dem Werbematerial von Proctor und Gamble.

Die Frauen-Umweltgruppe "Women's Environmental Network (WEN)" hat 1991 eine formelle Klage vor der Advertising Standards Authority (Behörde zur Kontrolle der Werbung) vorgebracht, und zwar gegen, so WEN, "irreführende Behauptungen" seitens Proctor und Gamble, des Herstellers der meistverkauften britischen Wegwerfwindeln ("Pampers").

Das Unternehmen hatte behauptet, daß es nur einen geringen Unterschied zwischen den Umweltauswirkungen von Baumwollwindeln und Pampers gebe und sich dabei auf seine Auslegung der Ergebnisse einer von Proctor und Gamble finanzierten Produktlinienanalyse beider Produkte gestützt.

Dagegen machte WEN geltend, das Hauptproblem einer Produktlinienanalyse sei die Interpretation der Ergebnisse, und gab seinerseits bei einer Ökoconsultingfirma eine Analyse derselben Rohdaten in Auftrag. Diese kam zu ganz anderen Schlußfolgerungen über die Umweltverträglichkeit der beiden unterschiedlichen Windeltypen.[21]

Neben dem Problem der Überprüfbarkeit von Ergebnissen besteht nach Aussage des Gewerkschaftsbundes TUC auch noch das Problem der mangelhaften Weiterverwendung dieser Ergebnisse, weil die Unternehmen nicht wissen, was sie mit den Ergebnissen von Öko-Audits sinnvollerweise anfangen sollen. Der TUC erklärt "Selbst wenn die Industrie nach Maßgabe der europäischen Gesetzgebung gezwungen wird, eine Umweltverträglichkeitsprüfung durchzuführen, werden die Ergebnisse häufig im luftleeren Raum beurteilt und nicht mit klaren umweltpolitischen Zielen oder Vorschriften für die zukünftige Ressourcennutzung verbunden. Darüber hinaus nehmen nur wenige Unternehmen Umweltverträglichkeitsprüfungen bezogen auf den gesamten Lebenszyklus von Produkten vor."[22]

Als Antwort auf das Fehlen von Normen, Verifizierungsmöglichkeiten und Leitlinien für die Verwendung von Prüfungsergebnissen aus Öko-Audits werden zur Zeit entsprechende Normen entwickelt. Überhaupt scheint der gesamte Prozeß von Öko-Audits in Großbritannien derzeit eine Normungsphase durchlaufen zu haben.

Die wichtigsten Entwicklungen in diesem Bereich werden durch zwei Ergebnisse verkörpert die im Januar 1994 eingeführte BSI-Norm BS-7750 zur Spezifizierung von Umweltmanagementsystemen und die europäische Verordnung über die freiwillige Beteiligung gewerblicher Unternehmen an einem Gemeinschaftssystem für das Umweltmanagement und die Umweltbetriebsprüfung, die im Juli 1993 beschlossen wurde.

Die BS-7750-Norm wurde so definiert, daß ihre Anforderungen mit denen der Verordnung über die Umwelbetriebsprüfung vereinbar sind. Vorbehaltlich der Anerkennung der Norm durch die Europäische Kommission soll die Zertifizierung einer Betriebsstätte nach BS-7750 als Nachweis für die Erfüllung der entsprechenden Anforderungen aus der Verordnung genügen.

Die Umweltbetriebsprüfung wird als ein Element eines solchen Umweltmanagementsystems wie folgt definiert "Eine systematische Prüfung, ob das Umweltmanagementsystem und das Umweltverhalten den geplanten Zielen entsprechen, ob das System effektiv eingeführt wurde und ob es geeignet ist, die Vorgaben des betrieblichen Umweltmanagementprogramms zu erfüllen."

Um das BS-7750-Zertifikat zu erhalten, muß ein Unternehmen ein Audit-Programm aufstellen und darin die zu prüfenden Bereiche (wie betriebliche Organisationstrukturen, administrative und operative Verfahren und Arbeitsbereiche, betriebliche Vorgänge und Prozesse), die Häufigkeit von Prüfungen und die Zuständigkeit für ihre Durchführung pro Aktivität oder Bereich definieren.

Ein Pilotprojekt zur Einführung der BSI-Norm 7750 in die Praxis wurde 1993 abgeschlossen. Am Ende des ersten Quartals 1992 waren nach Angaben des britischen Normungsinstituts BSI 140 Unternehmen aus 25 unterschiedlichen Branchen sowie 210 Beobachtergremien aus dem Kreis von Consultingfirmen und Wirtschaftsverbänden an diesem Modellversuch beteiligt. Bis Februar 1993 war die Gesamtzahl der Beteiligten auf 450 gestiegen, darunter 230 Unternehmen aus 45 unterschiedlichen Branchen.

Der TUC war an der Normungsarbeit beteiligt und in dem technischen Ausschuß vertreten, unter dessen Verantwortung der Vorschlag für die Norm ausgearbeitet wurde. Nach den Worten von Paul Hacket vom TUC-Wirtschaftsausschuß hat die Beteiligung des TUC dazu geführt, daß die Abschnitte zur Einbeziehung der Arbeitnehmer in Öko-Audits gegenüber dem ersten vorgelegten Entwurf deutlicher und für die Gewerkschaften günstiger formuliert wurden. Nun wird deutlicher Wert auf die Mitarbeiterbeteiligung gelegt.

Zwar wird in dem Text nicht explizit auf die Gewerkschaften Bezug genommen, aber der Wortlaut der betreffenden Abschnitte sollte den Gewerkschaften nach Auffassung des TUC genügend Ansätze für die Forderung nach Einbeziehung in das betriebliche Umweltschutzprogramm bieten.

Eine Anforderung der Norm betrifft die Einrichtung und Fortschreibung von Verfahren zur Bearbeitung und Dokumentation sämtlicher Anfragen von zuständiger interessierter Seite hinsichtlich des betrieblichen Umweltverhaltens und des Umweltschutzmanagements. Und in einem Anhang wird festgestellt, daß gute Managementpraktiken auch die Einrichtung und Fortschreibung von geeigneten beiderseitigen Konsultationsverfahren in Absprache mit der Arbeitnehmerseite sowie Fortbildungsmaßnahmen im Umweltbereich beinhalten.

Die Entwicklung der EG-Verordnung über die Umweltbetriebsprüfung wurde in Großbritannien mit Interesse verfolgt, obwohl diese Verordnung keine Pflicht zur Durchführung von Öko-Audits enthält. Es gab in Großbritannien Spekulationen darüber, ob diese Verordnung Zwangsprüfungen für einige Industriezweige einführen würde, wie der TUC dies gefordert hatte.

In Gewerkschaftskreisen herrschte reges Interesse an der Verordnung, da die Beteiligung der Arbeitnehmer und ihrer Gewerkschaften in den Vorschlägen ausdrücklich enthalten war. In dem im Juli 1993 angenommen endgültigen Wortlaut wurde diese Erwähnung der Gewerkschaften allerdings durch Bezugnahmen auf die Beteiligung und Konsultation der Beschäftigten ersetzt.

Nunmehr sind die Mitgliedstaaten aufgefordert, bis April 1995 Programme für die freiwillige Beteiligung gewerblicher Unternehmen an Umweltbetriebsprüfungen aufzustellen. Die Verordnung zielt darauf ab, wirksame Umweltmanagementsysteme für industrielle Betriebsstätten und die regelmäßige Unterrichtung der Öffentlichkeit über Umweltauswirkungen dieser Betriebe zu fördern.

Nach Aussage des britischen Umweltministers Michael Howard "geht die Regierung davon aus, die Industrie durch ihr Öko-Audit-

Programm zu einem Wettbewerb um die substantielle Verbesserung ihres Umweltverhaltens anzuspornen".

Auch Interessenverbände der mit Prüfungen befaßten Berufsgruppen haben sich um die Entwicklung von Normen bemüht. Die Association of Environmental Consultancies (AEC), ein Fachverband der Öko-Consultingfirmen, hat ein Regelwerk für die Durchführung von Öko-Audits veröffentlicht und für seine Mitglieder zwei Normen für Öko-Audits und Umweltverträglichkeitsprüfungen ausgearbeitet. Und das Institute of Environmental Assessment, das sich hauptsächlich mit Umweltverträglichkeitsprüfungen befaßt, war an der Ausarbeitung des Qualifizierungsprofils und der Zulassungsbedingungen für Umweltprüfer beteiligt.[23]

Wie in anderen Ländern auch, wird die Umweltbetriebsprüfung in Großbritannien als Instrument zur Selbstregulierung diskutiert. In einer Leitlinie für die Anwendung der Verordnung schrieb Ruth Hillary "Die nach Maßgabe dieser Verordnung eingetragenen Standorte unterliegen nach wie vor den gleichen Kontrollformalitäten durch die zuständigen Behörden... Ein die Anforderungen der Verordnung erfüllender Betrieb ist jedoch eher in der Lage, die effektive Einhaltung aller einschlägigen Vorschriften zu belegen und ein Vertrauensverhältnis zu den Behörden aufzubauen. Diesen wird dadurch wiederum die Last vieler Kontroll- und Zwangsmaßnahmen abgenommen, so daß sie sich stärker auf die in Umweltfragen eher nachlässigen Betriebe konzentrieren können."[24]

2.1.3. Bestehende Informationssysteme

Im Zusammenhang mit Öko-Audits drängen sich Parallelen zu "Social Audits" (Prüfungen des gesellschaftlichen Verhaltens) und Arbeitsschutzprüfungen auf. Social Audits wurden in den 70er Jahren erstmals eingeführt und zielten auf die Bewertung des Sozialverhaltens eines Unternehmens ab (im Unterschied zur klassischen Betriebsprüfung, die sich mit rein wirtschaftlichen Aspekten befaßt).

Etwa zur selben Zeit stellte die Gesamtvertrauenskörperleitung von Lucas Aerospace einen Plan für die Umstellung auf Alternativprodukte für den Fall vor, daß es zu weiteren Auftragseinbrüchen in der Luft- und Raumfahrtindustrie kommen sollte. Die Vorschläge liefen darauf hinaus, gesellschaftlich nützlichere Produkte zu entwickeln, die der gesamten Gemeinschaft zugute kommen sollten.[26]

Unter dem Namen "Social Audit" gründete sich eine Organisation, die sich mit der allgemeinen Empfänglichkeit von Unternehmen für Fragen von öffentlichem Interesse befaßte. Bereits 1978 veröffentlichte diese Organisation das "Social Audit Pollution Handbook", ein Handbuch, "in dem die Grundlagen für eine Prüfung der von einem Betrieb ausgehenden Umweltbelastung dargelegt werden".[26]

Die Organisation prüfte außerdem in den 70er und frühen 80er Jahren eine Reihe von Unternehmen unter gesellschaftlichen Kriterien. Das erste geprüfte Unternehmen war die Avon Rubber Company Ltd.. Im Rahmen dieser Prüfung wurden Kriterien entwickelt, die sich als Meßlatte für die Bewertung des Sozialverhaltens von Unternehmen eignen und die Grundlage für eine Beschreibung ihrer Aktivitäten unter gesellschaftlichen Aspekten liefern.

Seit dieser Zeit wurde der Gedanke der Social Audits von "Ethical-Investment-" und Verbraucherverbänden weiter entwickelt, obwohl man feststellen muß, daß die Gewerkschaften dieses Konzept in den letzten Jahren nicht in nennenswertem Umfang aufgegriffen haben.

Ethical-Investment- und Verbraucherverbände versorgen Verbraucher und Anleger mit Informationen zu rein geschäftlichen Fragen hinausgehende Verhaltensweisen von Unternehmen. In den letzten Jahren wurde dabei auch das Umweltverhalten zunehmend berücksichtigt.

Im April 1991 hat der Verband "New Consumer" ein Buch zu diesem Thema veröffentlicht "Changing corporate values - a guide to social and environmental policy and practice in Britain's top companies". Darin werden 128 Unternehmen und öffentliche Versorgungsbetriebe untersucht und die Ergebnisse zu folgenden Aspekten vorgelegt Beschäftigungspolitik und -praxis, Mitbestimmung, Diskriminierung und Chancengleichheit, soziales Engagement, Tätigkeit in Entwicklungsländern und Kontakte mit antidemokratischen Regimes, Respekt vor dem Leben (einschließlich Tierversuchen), Unterstützung politischer Gruppen und Parteien, Respekt vor dem Menschen, Waffengeschäfte und Umweltverhalten.

Auch mit den britischen Arbeitsschutzbestimmungen können Vergleiche gezogen werden. Nach Maßgabe einiger dieser Bestimmungen sind die Unternehmen verpflichtet, Arbeitsschutzprüfungen durchzuführen, sogenannte "Risikoermittlungen".

Das Gesetz über die Gesundheit und Sicherheit am Arbeitsplatz von 1974 schrieb explizit vor, daß die Arbeitgeber solche Prüfungen vornehmen lassen und die Gesundheit, die Sicherheit und das Wohlergehen der Arbeitnehmer durch entsprechende Arbeitsschutzsysteme gewährleisten müssen.

Weitaus größere Bedeutung erlangte dieses Konzept der Risikobewertung allerdings durch Einführung der auf europäische Richtlinien zurückgehenden Bestimmungen zur Bekämpfung gesundheitsgefährdender Stoffe ("Control of Substances Hazardous to Health" oder kurz "COSHH-Bestimmungen") 1988 und noch einmal 1992 durch sechs weitere Bestimmungen zur Umsetzung der EG-Richtlinie, darunter die neuen Managementbestimmungen im Arbeitsschutzbereich.

Die "COSHH-Bestimmungen" legen eine Risikoermittlungspflicht in allen Fällen fest, in denen gesundheitsgefährdende Stoffe verwendet werden. Die obengenannten Managementbestimmungen erweitern diese Prüfungspflicht auf praktisch alle Gesundheits- und Sicherheitsrisiken mit Ausnahme "geringfügiger" Risiken.

Die "COSHH-Bestimmungen" weisen teilweise offenkundige Parallelen mit dem Konzept von Öko-Audits auf, und sie haben dazu geführt, daß die Unternehmen Informationssysteme über gefährliche Stoffe am Arbeitsplatz einrichten, zu deren Daten die gewerkschaftlichen Arbeitsschutzbeauftragten Zugang haben.

Die Bestimmungen legen den Arbeitgebern die Pflicht zur Ermittlung aller Gesundheitsgefahren auf, die sich aus dem Kontakt mit gefährlichen Stoffen am Arbeitsplatz ergeben, und zwar für alle Betriebe mit mehr als vier Mitarbeitern. Im Anschluß an die Prüfung hat der Arbeitgeber dafür zu sorgen, daß die Gesundheitgefährdung am Arbeitsplatz eliminiert oder eingedämmt wird, und zwar durch eine Reihe gestaffelter Maßnahmen Abschaffung der gesundheitsgefährdenden Stoffe bzw., wo dies nicht möglich ist, Verwendung von Ersatzstoffen oder weniger gefährlichen Formen der gleichen Stoffe; Einbau örtlicher Absaugvorrichtungen oder andere Maßnahmen zur Gefahrenabwehr; falls keine andere Möglichkeit praktikabel ist, Bereitstellung geeigneter Schutzkleidung.

Datenblätter von Herstellern und Lieferanten über chemische und andere Stoffe enthalten die für eine solche Bewertung erforderlichen Informationen Zusammensetzung der fraglichen Stoffe, Expositionswege, auf denen gesundheitsgefährdende Substanzen in den Organismus gelangen können und Gefahren aus dem kurz- oder langfristigen Kontakt mit diesem Stoffen. Die NCU, die Gewerkschaft für Beschäftigte der Telekommunikationsindustrie, hat Vorschläge für entsprechende Bestimmungen zur Bekämpfung umweltgefährdender Stoffe vorgelegt.

Die Arbeitsschutzbeauftragten der Gewerkschaften haben gemäß den Safety Representatives and Safety Committees Regulations (Bestimmungen über Arbeitsschutzbeauftragte und Arbeitsschutzausschüsse) das Recht, an Risikoermittlungen beteiligt zu werden und Zugang zu den Ermittlungsergebnissen zu erhalten, was bei Öko-Audits nicht der Fall ist.

2.1.4. Gedanken und Konzepte der Gewerkschaften zum Thema Öko-Audits

Die britische Gewerkschaftsbewegung hat sich seit der in diesem Bericht beschriebenen Entwicklung in den 70er Jahren fast ausschließlich auf Umweltprüfungen konzentriert, statt auf Prüfungen des gesamten Sozialverhaltens von Unternehmen ("Social Audits"). Dies gilt auch für die Arbeitgeberseite, obwohl einige, wie zum Beispiel der Chemiemulti 3M, neben den Umweltauswirkungen ihrer Tätigkeit auch die Folgen für die örtliche Gemeinschaft untersuchen.

Der TUC versichert, daß "Gewerkschaften in der ersten Reihe stehen, wenn es darum geht, die Umweltfolgen der betrieblichen Aktivitäten zu prüfen, und außerdem über die organisatorischen Bedingungen, die Erfahrungen und das nötige Engagement verfügen, um die Probleme zu erkennen und praktikable Lösungen vorzuschlagen". Der TUC ist sich allerdings auch darüber im klaren, daß die Gewerkschaften "keine mit einem einzelnen Anliegen befaßte Bürgerinitiative sind und voll und ganz anerkennen, daß Verbesserungen am ehesten durch einen Prozeß der Partnerschaft, Zusammenarbeit und gemeinsamer Initiativen erzielt werden können".[27]

Öko-Audits werden vom TUC als zentraler Erfolgsfaktor für eine gemeinsame Umweltschutzpolitik aufgefaßt. Der Gewerkschaftsbund fordert Umweltschutzrechte der Arbeitnehmer ein, wozu er das Recht zählt, an der Formulierung der betrieblichen Umweltpolitik und an Öko-Audits beteiligt zu werden oder Öko-Audits zu initiieren. Seiner Auffassung nach ist die Beteiligung der Gewerkschaften an Umweltverträglichkeitsprüfungen wichtig, da durch solche Prüfungen zukünftige Planungs- und Investitionsentscheidungen vorgezeichnet werden können.

John Edmonds, der Generalsekretär einer der größten britischen Gewerkschaften, der GMB, und Vorsitzende der TUC Environmental Action Group, erklärte 1991 vor dem TUC-Gewerkschaftstag "Wenn der Arbeitgeber nicht bereit ist, die Arbeitnehmer in den Prüfungsprozeß einzubeziehen und die Ergebnisse mit den Gewerkschaftsvertretern zu diskutieren, wie kann man dann sicher sein, daß die ganze Sache nicht bloß ein Trick für die Öffentlichkeitsarbeit ist. Wie kann die Unternehmensleitung erwarten, das Vertrauen der Arbeitnehmer oder erst recht der Öffentlichkeit zu gewinnen, wenn die Prüfung als Geheimsache behandelt wird, wenn die Probleme und Vorschläge derjenigen nicht berücksichtigt werden, die der Praxis am nächsten stehen und wenn es keine gemeinsame Beratung darüber gibt, wie die Prüfungsergebnisse erzielt werden und welche Maßnahmen sich als Konsequenz daraus empfehlen."

Nach Auffassung des TUC sollten die Ergebnisse von Umweltverträglichkeitsprüfungen veröffentlicht werden, sofern keine Vertraulichkeit aufgrund sensibler Preisinformationen oder von Patentrechten geboten ist "Wenn ausschließlich die positiven Ergebnisse einer Prüfung isoliert für die Öffentlichkeitsarbeit benutzt werden, kann dies das öffentliche Mißtrauen gegenüber dem Verhalten von Unternehmen nur noch verschlimmern. Mit dieser "Geheimhaltungskultur" setzen sich die Unternehmen bloß dem Vorwurf aus, der Öffentlichkeit "grünen Sand in die Augen zu streuen" und damit leiten sie letztenendes Wasser auf die Mühlen militanter Umweltschützer, die häufig unsensibel für die praktischen Probleme des Umweltmanagements sind."[28]

Außerdem geht der TUC davon aus, daß die Informationspflicht im Umweltschutzbereich als Anreiz für die Einführung der ökologischen Buchhaltung wirkt. Dazu zitiert der TUC ein Papier eines Fachverbandes für das Rechnungswesen, der Chartered Association of Certified Accountants (CACA) mit dem Titel "Grünes Rechnungswesen". Dort heißt es, daß eine wirksame Kontrolle der Umweltbelastung seitens der Behörden ohne ein umfassendes "grünes Rechnungswesen" nur unter großen Schwierigkeiten zu verwirklichen wäre.

Der Gewerkschaftsbund hält fest, daß es im gemeinsamen Interesse der Arbeitgeber und der Gewerkschaften liegt, die ökologische Herausforderung anzunehmen, und er gibt folgende Gründe an, die für die Durchführung von Öko-Audits sprechen:

- Bewertung und Verbesserung des Umweltverhaltens,
- Einhaltung der gesetzlichen Bestimmungen und der Zielvorgaben der betrieblichen Umweltschutzpolitik,
- Identifizierung von Möglichkeiten zum sparsameren Umgang mit Energie und Ressourcen,
- Vergleichsmöglichkeiten und Informationsaustausch zwischen Betriebsstätten,
- Verbesserung des Umweltbewußtseins und der Beteiligung der Mitarbeiter,
- Identifizierung potentieller neuer Märkte,
- Ermittlung von Fortbildungsbedarf und Veränderungen des Berufsbildes,
- Verbesserung der Kommunikation und der Umweltmoral am Arbeitsplatz,

- Verbesserung der Unfallverhütung und der Arbeitsschutzmaßnahmen,
- Imageverbesserung und Vertrauensbildung in der Öffentlichkeit.[29]

Der TUC sieht außerdem für die Gewerkschaften Vorteile in ihrer Beteiligung an Öko-Audits "Die Beteiligung an Öko-Audits zieht normalerweise Diskussionen über eine Reihe damit zusammenhängender Fragen nach sich, zum Beispiel über Investitionsplanung und Managemententscheidungen. Die Aufnahme grüner Themen in diesem Sinne könnte der Gewerkschaft ein stärkeres Profil verleihen, ihr neue Mitglieder zuführen und die Funktion der gewerkschaftliche Arbeitsschutzbeauftragten stärken."

Folgende Gründe werden für die Beteiligung der Gewerkschaften an Umweltprüfungen vorgebracht

Öko-Audits sind ein praxisbezogener Vorgang, der das Vertrauen und die Mitarbeit der Arbeitnehmer erfordert.

Führungskräfte oder Consultingfirmen können unmöglich eine Prüfung durchführen, ohne sich mit den Arbeitnehmern zu beraten und die Praxis am Arbeitsplatz zu bewerten.

Die Gewerkschaftsmitglieder verfügen über viele Informationen und sind in hohem Maße für den Umweltschutz in der betrieblichen Alltagspraxis verantwortlich.

Die Gewerkschaften vertreten den Standpunkt ihrer Mitglieder (in ihrer doppelten Eigenschaft als Arbeitnehmer und betroffene Bürger) und können deren Wissen, Erfahrung und Engagement zum Tragen bringen.[30]

Die meisten britischen Gewerkschaften sind dem TUC angeschlossen, und ihre Meinung zu Öko-Audits kommt den TUC-Stellungnahmen sehr nahe, obwohl einige von ihnen eigene Gedanken zu diesem Thema entwickelt haben. Im folgenden sollen nun einige Ideen und Konzepte einzelner Gewerkschaften dargestellt werden.

Die Transport and General Workers Union (TGWU) hat eine Arbeitsgruppe zu Umweltfragen gebildet, die eine Umweltschutzcharta ausgearbeitet hat.[31] Dieses Dokument wurde 1991 auf der alle zwei Jahre stattfindenden Delegiertenkonferenz der Gewerkschaft vorgestellt.

Die Charta empfiehlt der Gewerkschaft eine Kampagne für die Einführung einer gesetzlichen Zwangsprüfung. Dadurch soll "jeder Arbeitgeber verpflichtet werden, alle zwei Jahre in seinem Unternehmen ein Öko-Audit durchzuführen (entweder intern oder durch Consultingfirmen), und zwar nach Maßgabe der gesetzlichen Vorschriften und durch kompetente Prüfer. Die Ergebnisse dieser Prüfungen sollen der interessierten Öffentlichkeit und den betroffenen Parteien zugänglich gemacht werden. Die Arbeitnehmervertreter sind zu Rate zu ziehen und an der Durchführung der Prüfung zu beteiligen."

In dem Papier wird ferner für die Einführung einer Pflicht zur Veröffentlichung eines jährlichen Umweltschutzberichtes plädiert, der den Aktionären und anderen interessierten Parteien zur Verfügung gestellt wird und unter anderem Einzelheiten aus den Öko-Audits aufnehmen soll.

Im Hinblick auf spezifische Branchen empfiehlt die Arbeitsgruppe eine nationale Bewertung und Prüfung der potentiellen Rolle der Kernenergie unter ökologischen Aspekten im Rahmen eines umfassenden nationalen Energieprogramms auf der Grundlage solider Umweltschutzprinzipien.

Ferner empfiehlt die Arbeitsgruppe die gewerkschaftliche Unterstützung für eine Arbeitnehmer- und Verbrauchercharta für den Umweltschutz, in der ein ganzheitlicher Ansatz im Sinne einer Produktlinienanalyse verfolgt wird. Dabei sollen die Hersteller den gesamten Lebenszyklus ihrer Produkte berücksichtigen; dazu gehören ökologische Normen für die Ausgangsmaterialien, verfahrenstechnische Kontrollen des Fertigungsprozesses, Recycling aller Bestandteile und Rückgabemöglichkeiten für Chemikalien.

Die Arbeitsgruppe schlägt außerdem die Einführung eines Umweltzeichens vor, wodurch dem Verbraucher Informationen über die

Umweltverträglichkeit von Produkten und Produktionsverfahren geliefert werden sollen.

Die bereits erwähnte GMB ist eine der aktivsten Gewerkschaften im Umweltschutzbereich. Im März 1991 startete sie die Kampagne für "grüne Fabriken", durch die "grüne Themen in das Herz der britischen Industrie getragen werden" sollten. Das Kernstück dieser Kampagne bildete eine Modell-Umweltschutzvereinbarung, die besonderen Wert darauf legte, daß die Unternehmen einen strategischen Umweltschutzansatz entwickeln müssen. Darin sollen Öko-Audits eine zentrale Rolle spielen.

Die Gewerkschaft hat gegenüber insgesamt 25 Unternehmen den Versuch unternommen, eine solche Vereinbarung abzuschließen, die noch andere Abschnitte zu den Themen Weiterbildung und Bereitstellung von Informationen betrifft. Die Gewerkschaft geht davon aus, daß die Gewerkschaftsvertreter geschult werden müssen, um wirksam in diesem Bereich arbeiten zu können, und daß sie Zugang zu den Informationen haben müssen, die sich aus Öko-Audits ergeben. Diese Informationen müßten nach Auffassung der Gewerkschaft auch der lokalen Öffentlichkeit zur Verfügung gestellt werden.

Die Manufacturing, Science and Finance Union (MSF), mit 600.000 Mitgliedern in Industrie- und Dienstleistungsbetrieben die fünftgrößte Gewerkschaft des Landes, hat einen Leitfaden für Öko-Audits erstellt (siehe Anlage 1). Dort heißt es, daß Öko-Audits keinen Selbstzweck darstellen, sondern sondern Bestandteil eines Prozesses sind, der alle Arbeitnehmer einbeziehen, erzieherischen Charakter haben, zu Veränderungen führen und mit der Zeit zu einem Bestandteil der normalen betrieblichen Leistungskontrolle werden sollte.

Unternehmen sollten nach der Argumentation dieses Leitfadens Öko-Audits durchführen, weil es ein Klima größeren Bewußtseins über die Umwelt und die umweltbelastenden Auswirkungen menschlicher Tätigkeit gibt. Ferner heißt es dort, die Unternehmen müßten "ihre betrieblichen Aktivitäten prüfen, in die Entwicklung neuer Produkte investieren, neue Märkte identifizieren, auf umweltschonende Verfahren umstellen und ihr Personal umschulen", wenn sie wettbewerbsfähig bleiben wollen.

Die Gewerkschaft kämpft für Vereinbarungen mit den Arbeitgebern über die Durchführung von Prüfungen, die sowohl die Produkte als auch die Produktionsverfahren einbeziehen. Nachdem eine Umfrage unter den Mitgliedern ergab, daß Firmen vor Ort keine Umweltschutzpolitik verfolgen, hat die MSF eine Kampagne für gemeinsame betriebliche Umweltprogramme mit Gewerkschaftsbeteiligung gestartet.

Die Gewerkschaft hat auch ein Papier über Abfallbilanzen erstellt, in dem es heißt, daß die Verantwortung für die Entsorgungspolitik eines Unternehmens zwar beim Management liege, die Informationen aber für die Arbeitnehmer und die lokale Öffentlichkeit zugänglich sein müßten (siehe Anlage 2).

Die National Communications Union (NCU), die etwa 135.000 Mitarbeiter der britischen Telekommunikationsindustrie vertritt, hat eine Konferenz für gewerkschaftliche Umweltaktivisten organisiert und ihr Konzept für Öko-Audits in einem Hintergrundpapier für die Delegierten umrissen.[32] Dort heißt es, daß Öko-Audits der Bilanzierung des betrieblichen Umweltverhaltens dienen und Bereiche identifizieren sollten, in denen das Unternehmen die Umwelt in erheblichem Maße belastet oder in hohem Maße zur Umweltverschmutzung beiträgt.

Nach Auffassung der Gewerkschaften sollten Ökits   von unabhängigen Prüfern durchgeführt werden, wobei die Arbeitnehmer an der Aufstellung einer Liste zu prüfender Fragen und Themenbereiche zu beteiligen sind. Außerdem heißt es in dem Papier, daß Öko-Audits lokal durchgeführt werden können und daß eine Zusammenarbeit zwischen Betriebsleitung und Gewerkschaften bei "Betriebsstätten- und Einzelpunktprüfungen", in denen spezifische Probleme untersucht werden, möglich ist. "Diese Prüfungen kleineren Umfangs dienen als Stichproben zu vor Ort identifizierten Problemen oder Fragen, in deren Rahmen das lokal vorhandene Fachwissen voll und ganz in einen dauerhaften Überwachungsprozeß eingebracht werden kann."

Gemeinsam mit anderen Gewerkschaften vertritt die NCU den Standpunkt, daß die Ergebnisse der jährlichen Öko-Audits veröffentlicht werden sollten, um den Arbeitnehmern und der breiteren Öffentlichkeit eine klare Vorstellung von den Umweltschutzzielen und dem Umweltverhalten eines Betriebes zu vermitteln.

Die gewerkschaftlichen Arbeitsschutzbeauftragten sollen die Gewerkschaft nach ihrer eigenen Meinung auch in betrieblichen Umweltschutzfragen vertreten. Nach Maßgabe der Arbeitsschutzbestimmungen von 1977 (Safety Representatives and Safety Committees Regulations) haben die Arbeitsschutzbeauftragten das Recht, potentielle Gefahrenquellen und gefährliche Zwischenfälle sowie arbeitsschutzrelevante Beschwerden ihrer Mitglieder zu untersuchen. Außerdem können sie offizielle Eingaben gegenüber den Arbeitgebern bezüglich dieser und allgemeiner Arbeitsschutzprobleme vorbringen und regelmäßig Inspektionen am Arbeitsplatz durchführen.

Die Arbeitsschutzbeauftragten haben außerdem Zugang zu bestimmten Informationen im Bereich der Gesundheit und Sicherheit am Arbeitsplatz. Dazu zählen auch technische Daten bezüglich Gefahrenquellen, Unfallstatistiken, Messungen, Bewertungen und Planungen, die sich auf den Arbeitsschutz auswirken können.

Die Gewerkschaft erklärt, daß ihre Arbeitsschutzbeauftragten aufgrund dieser Rechte am besten in der Lage sind, auch Umweltschutzfragen zu behandeln, da Gefahren für die Gesundheit und Sicherheit am Arbeitsplatz auch Umweltgefährdungen im weiteren Sinne darstellen und die Arbeitsschutzbeauftragten über Sachkenntnisse in diesem Problembereich verfügen. Ihre Kompetenz wird auch vom Management anerkannt, und sie sind außerdem gewohnt, über wichtige Probleme mit der Geschäftsleitung zu verhandeln. Ferner haben sie Zugang zu entscheidenden umweltschutzrelevanten Daten und sind fachlich in der Lage, diese Daten zu interpretieren.

Daher glaubt die NCU, daß die gewerkschaftlichen Arbeitsschutzbeauftragten Verantwortung für den betrieblichen Umweltschutz übernehmen sollten. Dazu gehört, daß sie Zugang zu allen betriebsbezogenen Informationen aus Öko-Audits und anderen Prüfungen erhalten, die notwendigen Schritte mit der Betriebsleitung diskutieren und die Umweltauswirkungen ihres Betriebes überwachen.

Von British Telecom hat die Gewerkschaft eine verbindliche Zusage verlangt, dringend ein Öko-Audit in Auftrag zu geben. Nach Forderung der NCU sind die Gewerkschaftsvertreter in die Formulierung der Aufgabenbeschreibung für die Prüfer voll einzubeziehen. Ferner soll der Prüfbericht veröffentlicht und regelmäßig durch jährliche Umweltschutzbereichte gegenüber der Öffentlichkeit Rechenschaft geleistet werden.

Die Angestelltengewerkschaft IPMS, die Spezialisten in Bereichen wie der Umweltschutzgesetzgebung vertritt, hat ihr Konzept für Öko-Audits in einem Dokument für die eigenen Mitglieder dargelegt.[33] Darin wird die Auffassung vertreten, daß

- interne und externe Prüfungen bestehender betrieblicher Aktivitäten und Umweltverträglichkeitsprüfungen geplanter neuer Aktivitäten ein wichtiges Werkzeug strategischer Planung darstellen,
- solche Untersuchungen sich kostendämpfend auswirken können und in manchen Fällen durch externe Prüfungen bestätigt werden sollten,
- Öko-Audits bewirken, daß Führungskräfte und Gewerkschaftsvertreter eine langfristigere Sichtweise betrieblicher Aktivitäten entwickeln, was zu verbessertem Umweltverhalten führt
- Öko-Audits für Beiträge der örtlichen Behörden, der lokalen Öffentlichkeit, von Umweltschutzgruppen und Aufsichtsbeamten offen sein sollten.

In dem Papier heißt es, die Gewerkschaften sollten an den Prüfungsverfahren beteiligt werden, und weiter "Die meisten Umweltschutzberater räumen ein, daß Öko-Audits das Vertrauen und die Mitarbeit der Arbeitnehmer erfordern."

Die Banking, Insurance and Finance Union (BIFU) hat im März ein Papier über Umweltschutz im Finanzsektor vorgestellt. Darin vertritt die Gewerkschaft folgende Auffassung "Vom gewerkschaftlichen Standpunkt aus ist es ein wichtiges Ziel, das Bewußtsein der

Arbeitgeber über ihre eigene Verantwortung zu verbessern und auszuweiten. Zumindest sollten Umweltfragen in gemeinsame Entscheidungsprozesse und Beratungen eingebracht und wenn möglich auf den Verhandlungstisch gebracht werden, und zwar zusammen mit bereits bestehenden Verhandlungsthemen, wie etwa der Arbeitsschutzproblematik."[34]

Dies kann nach Auffassung der Gewerkschaft dadurch erreicht werden, daß man die Unternehmen dazu drängt, eine betriebliche Umweltpolitik zu formulieren und einen Aktionsplan für die Verbesserung des Umweltverhaltens aufzustellen, der unter anderem Öko-Audits mit gewerkschaftlicher Beteiligung vorsieht.

Die BIFU glaubt, daß es "einige inhärente Widersprüche zwischen guter Umweltschutzpraxis und guter sozialpartnerschaftlicher Praxis gibt", daß andererseits aber mögliche Probleme der Arbeitsplatzsicherheit oder Konflikte mit Arbeitsschutzinteressen ein zusätzlicher Grund dafür seien, Umweltschutzfragen auf die Tagesordnung für Verhandlungen über von beiden Seiten gemeinsam getragene Lösungen zu setzen.

Die Bakers, Food and Allied Workers Union (BFAWU) gibt zu Bedenken, die Forderung des TUC nach Ausweitung der Rechte der Arbeitsschutzbeauftragten unter Einschluß der Berechtigung zur Durchführung von Öko-Audits sei zwar theoretisch ein logischer Schritt, müsse aber sorgfältig bezüglich der Frage überdacht werden, welche Unterstützung die Gewerkschaften dabei tatsächlich bieten können.[35]

Insbesondere weist die BFAWU darauf hin, daß es den Gewerkschaften derzeit nicht nur an den finanziellen Mitteln, sondern auch an dem erforderlichen Fachwissen fehlt, um Öko-Audits zu betreuen, und daß die aktiven Gewerkschafter Unterstützung, Ressourcen, Anleitung und Schulung brauchen, um sich effektiv an einem ausgesprochen komplexen Vorgang beteiligen zu können.

2.1.5. Die Rolle von Gewerkschaften und Arbeitnehmern in aktuellen Öko-Audit-Projekten

Es gab zwar eine Reihe gewerkschaftlicher Kampagnen für die stärkere Beteiligung der Gewerkschaften an Öko-Audits auf der Ebene einzelner Unternehmen, aber der einzige Bereich, in dem Gewerkschaften direkten Einfluß auf die Entwicklung betrieblicher Öko-Audit-Systeme auf nationaler Ebene hatten, war die Beteiligung des TUC an der Ausarbeitung der BS-7750-Norm.

Die meisten "Gewerkschaftsprojekte" bestanden hauptsächlich darin, den Mitgliedern Leitlinien an die Hand zu geben, in denen erklärt wird, was Öko-Audits sind und wie Gewerkschaften darin einbezogen werden können. Darüber hinaus haben der TUC und einige Einzelgewerkschaften Schulungsmaterial und Weiterbildungskurse für ihre Mitglieder entwickelt. Der TUC hat außerdem eine Checkliste für Öko-Audits herausgegeben (siehe Anlage 3).

Der TUC hat angefangen, kurze Umweltschutz-Einführungskurse für Gewerkschaftsfunktionäre anzubieten. Unter dem Titel "Greening the workplace" wurde ein Handbuch mit Anleitungen zur Arbeitnehmerbeteiligung an Öko-Audits veröffentlicht. Die NCU hat einen "Green Code" für Gewerkschaftsfunktionäre herausgegeben. Darin finden sich Vorschläge für die Einführung elementarer Öko-Audits als Teil der Arbeitssicherheitsinspektionen. Darüber hinaus haben einige Gewerkschaften, darunter die NALGO (öffentlicher Dienst) und die BIFU (Bankwesen) Öko-Audits in ihren eigenen Unternehmen vorgenommen, um ihr Engagement für den Umweltschutz zu demonstrieren.

Auch auf der Arbeitsplatzebene waren Gewerkschaften an einigen laufenden Öko-Audits beteiligt, aber in diesem Bereich wären noch weitere Untersuchungen erforderlich, um genaueres dazu sagen zu können.

Die vom Labour Research Department durchgeführte Untersuchung über Gewerkschaften und Umweltschutz, die im Juli 1991 in der Zeitschrift Bargaining Report veröffentlicht wurde, nennt eine Reihe von Beispielen, in denen Gewerkschaftsvertreter am Arbeitsplatz in gemeinschaftlich durchgeführte Öko-Audits einbezogen wurden.

Aber aus dem Bericht geht nicht hervor, welchen Umfang diese Prüfungen hatten, noch wie weit die Gewerkschaften einbezogen waren.

In folgenden Bereichen wurden Unternehmen und Betriebe des öffentlichen Dienstes genannt, in denen Arbeitgeber und Gewerkschaften gemeinsam an der Durchführung von Öko-Audits beteiligt waren Maschinenbau, Erziehungswesen, öffentlicher Dienst, Kommunalverwaltung, Gesundheitswesen, Papierherstellung, Telekommunikation, Chemie, Fertigung, Nahrungsmittel und Energieerzeugung.

In der privaten Wirtschaft war der Anteil der Betriebe mit Arbeitnehmerbeteiligung an Öko-Audits mit 14 % höher als im öffentlichen Sektor (nur 6 %).

Aus der Erhebung ergab sich außerdem, daß die Arbeitsschutzbeauftragten eher an Umweltschutzmaßnahmen beteiligt sind als andere Gewerkschaftsvertreter.

2.1.6. Schlußfolgerungen und Empfehlungen

Ursprünglich wurden Öko-Audits in Großbritannien von Unternehmen durchgeführt, die in Bereichen mit hohem Umweltrisiko arbeiten, insbesondere in der chemischen Industrie. Dabei ging es insbesondere darum, das Haftungsrisiko für Umweltschäden "in den Griff zu bekommen".

In den letzten Jahren fanden Öko-Audits auch in Unternehmen Verbreitung, die weniger mit Haftungsrisiken zu tun haben, wie zum Beispiel Kommunalverwaltungen. Allerdings scheinen Unternehmen in zunehmendem Maße unter Konkurrenzdruck hinsichtlich ihres Umweltverhaltens zu stehen.

Zum Beispiel fordern Banken und Versicherungen von potentiell die Umwelt gefährdenden Unternehmen immer häufiger die Durchführung von Öko-Audits, bevor sie Finanzierungen bereitstellen oder Versicherungsschutz übernehmen. Auch vor Unternehmenskäufen oder Übernahmen werden mehr und mehr Prüfungen vorgenommen, um mögliche Haftungsprobleme aufzudecken.

Nach wie vor werden Öko-Audits aber hauptsächlich unternehmensintern als Managementinstrument eingesetzt In Arbeitgeberkreisen herrscht weit verbreiteter Widerstand gegen die Einführung von Pflichtprüfungen, die Einbeziehungen von Gewerkschaften in die Prüfverfahren und die Veröffentlichung von Öko-Audit-Ergebnissen.

Gleichzeitig wächst der Druck in Richtung einer Verfizierung der Prüfungsergebnisse und einer breiteren Beteiligung an dem Prüfverfahren. Die Gewerkschaften haben Öko-Audits als Schlüsselbereich für die Beteiligung von Gewerkschaftsvertretern am betrieblichen Umweltschutz identifiziert, aber bisher werden nur sehr wenige Prüfungen mit Gewerkschaftsbeteiligung durchgeführt.

Die Gewerkschaften kämpfen für ein gesetzlich verankertes Recht ihrer Vertreter auf Beteiligung an betrieblichen Umweltschutzmaßnahmen, und es gab eine Reihe von Kampagnen für Modell-Umweltvereinbarungen, mit denen die Arbeitgeber zur gemeinsamen Durchführung von Prüfungen mit Gewerkschaftsbeteiligung verpflichtet werden sollten.

Ferner wurde bemängelt, daß die Ergebnisse von Öko-Audits nicht durch unabhängige Prüfer verfiziert werden und manche Unternehmen diese Ergebnisse in sehr selektiver Form für ihre Öffentlichkeitsarbeit genutzt haben. Nach Auffassung des TUC ist die Beteiligung von Gewerkschaftsvertretern erforderlich, um der Geheimhaltung vorzubeugen.

Beispiele für die Arbeit an Normen für Umweltmanagementsysteme und Öko-Audits sind BS-7750 und die europäische Verordnung über die Umweltbetriebsprüfung. Diese Normen führen möglicherweise zu größerer Offenheit und stärkerer Beteiligung von Gewerkschaften und Arbeitnehmern in diesem Bereich. Das einzige Beispiel für eine direkte Einflußnahme der Gewerkschaften auf die Entwicklung von Öko-Audit-Konzepten auf nationaler Ebene war die Beteiligung des TUC an der Ausarbeitung der BS-7750-Norm.

Die obengenannten normativen Grundlagen beruhen jedoch auf dem Prinzip der Freiwilligkeit. Zweifellos wäre eine gesetzliche Verpflichtung der Arbeitgeber zur Durchführung von Öko-Audits mit Unterrichtung der Öffentlichkeit und Beteiligung der Gewerkschaften und Arbeitnehmer erheblich effektiver als freiwillige Normen. Aus einer in diesem Bericht zitierten Erhebung ging hervor, daß 91 % der befragten Unternehmen die Einhaltung einschlägiger Umweltvorschriften als Hauptbeweggrund für die Durchführung von Prüfungen genannt haben.

Die Gewerkschaft von Beschäftigten der Nahrungsmittelindustrie BFAWU weist auf ein weiteres Problem hin die Gewerkschaften müssen gewährleisten, daß sie in der Lage sind, ihren Vertretern die notwendige Betreuung und fachliche Unterstützung anzubieten, damit diese einen effektiven Beitrag zu einem so komplexen Vorgang wie einer Umweltbetriebsprüfung leisten können.

Anmerkungen

[1] Paul Hackett, Environmental audits - a checklist for trade unions, TUC, April 1992.
[2] Paul Hackett (TUC-Umweltberater), Trade unions and the environment, 1991.
[3] Trade union international research and education group, Ruskin College, Environmental audits - trade union involvement.
[4] Environmental audits - an upsurge in interest, Financial times, 14. März 1991
[5] Lender liability UK banks under threat unless clients become "greener" - Greenpeace Business, August 1991
[6] Banking, Insurance and Finance Union, The environment and the banking sector, März 1991.
[7] Banking, Insurance and Finance Union, The environment and the banking sector, März 1991.
[8] Business and the environment survey - Investors Chronicle, 20. September 1991
[9] TUC
[10] Trade union international research and education group, Ruskin College, Environmental audits - trade union involvement.
[11] Environmental auditing in the United Kingdom. Adapting the EC eco-management and audit scheme for use by local government, Vortrag von Joian Bennett und Derek Taylor vor dem ersten internationalen Fachseminar des ICLEI über "Advanced Environmental Management Tools and Environmental budgeting at Local Level" in Freiburg, 14.-16. März 1994.
[12] Going green - but what about the workers?, Employment news, Februar 1991.
[13] The green audit, Industrial Society Magazine, Dezember 1990.
[14] Trade Unions and the environment, Bargaining Report, Juli 1991.
[15] Ruth Hillary, Corporate environmental management attitudes - a survey of British Business, November 1991
[16] CBI Employment Affairs Report, August 1991
[17] Paul Hackett, Environmental audits - a checklist for trade unions, TUC, April 1992.
[18] Environmental audits - an upsurge in interest, Financial times, 14. März 1991
[19] Pressure mounts for green audits, Independant, 10.9.91.
[20] New environment for company reports, Independant, 29.9.92.
[21] Proctor and Gamble exposed, The Women's Environmental Network Newsletter Nr. 12, Herbst 1991.
[22] Industry, jobs and the environmental challenge - a memorandum by the TUC to the National Economic Development Council, TUC Environmental Action Group.
[23] Auditing advice from all corners, Financial Times.
[24] Ruth Hillary, The eco management and audit scheme - a practical guide, 1994.

[25] Lucas stewards propose new products, Labour Research, März 1976.

[26] A word of warning - the quality of chemical suppliers' health and safety information, Maurice Frankel, Social Audit, 1981.

[27] Greening the workplace - a TUC guide to environmental policies, TUC publications, August 1991.

[28] Industry, jobs and the environmental challenge - a memorandum by the TUC to the National Economic Development Council, TUC Environmental Action Group.

[29] Greening the workplace - a TUC guide to environmental policies, TUC publications, August 1991.

[30] Greening the workplace - a TUC guide to environmental policies, TUC publications, August 1991.

[31] ENACT - Environmental Charter for the TGWU, Transport and General Workers Union, Report of the Working Group on Environmental Action, 7. Juni 1991.

[32] NCU and the environment, National Communications Union, 10. April 1991

[33] Greening the workplace negociator's guide. Institution of Professionals, Managers and Specialists, Mai 1992

[34] The environment and the finance sector, Banking, Insurance and Finance Union, März 1991.

[35] The environment challenges and opportunities for trade union policies, Bakers, Food and Allied Worker's Union.

Kees Le Blansch
2.2. Öko-Audit und industrielle Beziehungen in den Niederlanden

2.2.1. Einleitung

In diesem Bericht geht es um die Frage, in welcher Form das Instrumentarium der Öko-Audits in den Niederlanden mit den Beziehungen zwischen den Sozialpartnern verknüpft ist. Der Begriff "Öko-Audit" wird hier als Sammelbegriff für alle Arten ökologischer Bewertung von Unternehmen, Produktionsverfahren und in geringerem Maße auch von Produkten[1] verwendet (Baumgartner, 1992). Unter industriellen Beziehungen verstehen wir "die Beziehungen zwischen Arbeitgebern und Arbeitnehmern, zwischen ihren Interessenverbänden sowie zwischen diesen und der Regierung, sofern diese Beziehungen sich strukturierend auf die Stellung des Faktors Arbeit in Industrie und Gesellschaft auswirken" (Leisink, 1989, S. 5).

In den Niederlanden ist das Instrument der Öko-Audits so gut wie gar nicht mit dem System der industriellen Beziehungen verbunden. In der gesamten gesellschaftlichen Auseinandersetzung um die Rolle des Öko-Auditing haben die Gewerkschaften nur eine marginale Rolle gespielt. In der Praxis konzentrieren sich Öko-Audits hauptsächlich auf die technischen und prozeduralen Aspekte des Umweltmanagements. Sie werden meistens getrennt von Methoden zur Verbesserung der Arbeitsbedingungen angewandt und beziehen die Arbeitnehmer, Betriebsräte oder Gewerkschaften kaum ein.

Zum Verständnis der Funktion von Öko-Audits in den Niederlanden und ihrer Trennung vom Bereich der sozialpartnerschaftlichen Beziehungen müssen wir den historischen Hintergrund der nieder-

---

[1] Auf die ökologische Bewertung von Produkten wird in diesem Bericht nicht weiter eingegangen. Aus niederländischer Sicht gibt es zu diesem Thema unter dem Aspekt der industriellen Beziehungen kaum etwas zu sagen.

ländischen Umweltpolitik und die Rolle der Öko-Audits in diesem Zusammenhang beleuchten. Deshalb beginnt der Bericht mit einem historischen Überblick über das Auftauchen des Themas "Öko-Audits" in der öffentlichen Diskussion, die darauf folgende gesellschaftliche Auseinandersetzung, die sich daraus ergebende Regierungspolitik zum Öko-Auditing und schließlich die aktuellen Standpunkte von Arbeitgebern, Umweltschutzorganisationen und Gewerkschaften zu diesem Thema. Im folgenden Kapitel wird dann die Anwendung des Instruments Öko-Audit untersucht sowie die Einbeziehung der Sozialpartner und sozialpartnerschaftlicher Belange in die Öko-Auditpraxis der Niederlande behandelt. Der Bericht endet mit einer kurzen Zusammenfassung der wichtigsten Schlußfolgerungen und einigen allgemeinen Zukunftsaussichten.

2.2.2. Öko-Audits und industrielle Beziehungen in den Niederlanden

Einleitung

Zum Thema "Öko-Audits und industrielle Beziehungen in den Niederlanden" läßt sich viel über Öko-Audits und nur sehr wenig über industrielle Beziehungen ausführen. Genauer gesagt die Arbeitgeberseite hat das Thema Öko-Audits vollkommen für sich besetzt und bestimmt allein die Rolle, die Funktion und die Nutzung dieses Instruments. Zwischen der Stellung des "Faktors Arbeit" und der Praxis von Öko-Audits gibt es so gut wie keine Wechselwirkungen.

In diesem Kapitel wird der historische Hintergrund von Öko-Audits in den Niederlanden beschrieben, der zur absolut beherrschenden Rolle der Arbeitgeberseite auf diesem Feld und einer Außenseiterrolle der Gewerkschaften in der gesellschaftlichen Auseinandersetzung und der Anwendungspraxis geführt hat.

Die Einführung des Themas Öko-Audit in die Diskussion

Wie ausführlicher im niederländischen Länderbericht über Sozialpartnerschaft und Umweltschutz beschrieben (Le Blansch, 1991, S. 4 ff.), kam die niederländische Regierung in den 80er Jahren zu dem Schluß, daß sich mit gesetzlichen Vorschriften allein keine wirksame Umweltpolitik betreiben läßt. Daher suchte man nach anderen Konzepten und Möglichkeiten, um eine deutliche Änderung der niederländischen Produktions- und Konsummuster zu bewirken.

In diesem Zusammenhang wurden erstmals Öko-Audits als Mittel einer öffentlichen Umweltpolitik in die Diskussion gebracht, und zwar im Rahmen einer Debatte, die sich ursprünglich auf die Themen Stofferfassung[2], Stoffbilanzen[3] und ökologische Buchhaltung konzentrierte. Dafür können drei spezifische Gründe unterschieden werden (Open Universiteit, 1991, dl. 3, S. 31 ff).

Streben nach Kontrolle

Zu Beginn der 80er Jahre wurden einige Bodenkontaminierungsskandale und betrügerische Praktiken im Zusammenhang mit der Entsorgung von Chemiemüll aufgedeckt, die auch ein bezeichnendes Licht auf das Fehlen behördlicher Kontrolle warfen. Die Menge, Komplexität und Detailfreudigkeit der Umweltgesetzgebung hatte seinerzeit offensichtlich eine Situation geschaffen, in der die Regierung kaum noch in der Lage war, die Einhaltung der von ihr selbst gesetzten Normen zu überwachen und durchzusetzen.

Infolge eines spektakulären Zwischenfalls (der Uniser-Affäre) wurde ein Ad-hoc-Ausschuß eingesetzt (die *Comissie Hellinga*), der den administrativen Hintergrund der Affäre untersuchen sollte. Der Ausschuß kam zu dem Ergebnis, daß das Fehlen effektiver Überwachungs- und Kontrollinstrumente die Grundlage für den Skandal bildete Übertretungen der Umweltschutzbestimmungen waren stillschweigend toleriert worden, und die "vorsätzliche und böswil-

---

[2]

Mit "Stofferfassung" ist die systematische Erfassung aller in den Produktionsprozeß eingehenden Stoffe und Materialien gemeint, die dem Management und den Behörden eine umfassende Kontrolle und Bewertung der verarbeiteten Stoffe ermöglichen soll.

[3]

"Stoffbilanzen" betreffen die Registrierung aller in den Produktionsprozeß eingehenden und aus ihm hervorgehenden Stoffe und Materialien, um den gesamten Stoff- und Materialfluß kontrollieren und Sickerverluste vermeiden zu können.

lige" illegale Einleitung von Schadstoffen war mit den tatsächlich verfügbaren Kontrollmitteln schwer nachzuweisen. Daher plädierte der Ausschuß für die Einführung einer "Stoffregistrierungs- und Stoffbilanzierungspflicht" für Unternehmen, die mit Chemiemüll umgehen, und zwar unter der Kontrolle durch "Stoffbilanzprüfer" (TK 1982-1983, 17600, XI, S. 129). Mit diesem Vorschlag stellte der *Hellinga*-Ausschuß zum erstenmal eine Verbindung zwischen ökologischer Buchhaltung und der Kontrolle über die Einhaltung der Umweltschutzgesetzgebung her.

Streben nach Deregulierung

Das Konzept der "Ökologischen Buchhaltung" wurde in die niederländische Debatte erstmals von dem damaligen Direktor von McKinsey & Company in den Niederlanden eingebracht, dem späteren niederländischen Umweltminister P. Winsemius. Bezeichnenderweise wurde dieses Konzept zum erstenmal auf einem Kongreß des niederländischen Arbeitgeberverbandes *VNO* vorgestellt. Im Unterschied zum *Hellinga*-Auschuß wurde der Gedanke eines "Ökobilanzprüfers" in diesem Fall sehr stark vom amerikanischen Modell des Öko-Auditing auf freiwilliger Basis inspiriert. Die vorgeschlagene Rolle dieses Ökobilanzprüfers sollte darin bestehen, Serviceleistungen für (vor allem kleinere) Unternehmen zu erbringen und ihnen beim Umgang mit den Behörden und der Bewertung ihrer Umweltberichte und Genehmigungsanträge zu helfen.

Der Winsemius-Vorschlag beruhte deutlich auf der Prämisse von Deregulierung und Privatisierung als Lösung für die Probleme der Umweltschutzkontrolle, im Unterschied zu den Vorschlägen des *Hellinga*-Ausschusses, die im Gegenteil auf eine Intensivierung der behördlichen Kontrolle hinausliefen. Es fehlte ein klarer Einblick in das Wirkungspotential der vorgeschlagenen Instrumente.

Ein Blick auf die Wirkungsmöglichkeiten

Aus diesem Grund gab das Umweltministerium zwei Forschungsprojekte in Auftrag. Das erste Projekt untersuchte unter Federführung der Consultingfirma DHV die Wirkungspotentiale von drei Instrumenten Umweltberichte, Stoffbilanzierung und ökologische Buchhaltung. Dabei wurde zwischen "Internalisierung" auf der einen und "Kontrolle" auf der anderen Seite unterschieden. Der Internalisierung (die auf die freiwillige Verbesserung ihrer internen Umweltschutzstandards durch die Unternehmen selbst abzielt) wäre nach den Schlußfolgerungen des DHV-Berichts (Anzion et al., 1984) am besten durch einen frei gestalteten Umweltschutzbericht gedient, der von einem "internen Prüfer" gegengezeichnet wird. Unter diesem Gesichtspunkt ist die Stoffbilanzierung ein geeignetes Instrument für Unternehmen im Umgang mit Chemiemüll oder toxischen Substanzen. Für eine angemessene Kontrolle, heißt es in dem Bericht weiter, wäre ein unabhängiger "externer" Prüfer erforderlich, der eine Stellung zwischen den Unternehmen und den Behörden einnimmt. Damit er seine Aufgabe korrekt erfüllen kann, müssen Umweltschutzberichte und Stoffbilanzen von den Unternehmen zur Verfügung gestellt werden. Diese Konstruktion eignet sich für eine begrenzte Gruppe großer Unternehmen, die in erheblichem Maße die Umwelt belasten oder potentielle Gefahrenquellen darstellen.

Das Konzept des Öko-Auditing wurde erstmals in dem Bericht des anderen vom Umweltministerium in Auftrag gegebenen Forschungsprojekts explizit erwähnt. Dieses Projekt sollte durch die ausführliche Beschreibung der Öko-Audit-Erfahrungen aus den USA Hinweise auf die Wirkungsmöglichkeiten dieses Instruments liefern. Der Bericht zeigt auf, wie in den USA der Gedanke an gesetzlich vorgeschriebene Öko-Audits infolge massiven Widerstands der Unternehmen gegen diese Maßnahme frühzeitig fallengelassen wurde. Stattdessen konzentrierte sich die Aufmerksamkeit auf die Schaffung von Anreizen für die freiwillige Verpflichtung von Unternehmen auf Öko-Audit-Praktiken. Der Bericht kommt zu dem Schluß, daß Öko-Audits in der niederländischen Situation sehr wohl ein wichtiges Instrument zur Stärkung des Umweltschutzes innerhalb von Unternehmen darstellen können. Die bewußte Zusammenarbeit mit der Industrie wird als erforderlich erachtet, um die Chancen für eine erfolgreiche Einführung dieses Instruments zu verbessern (Vijverberg, 1984).

Alles in allem kann man daraus folgern, daß das Konzept "Öko-Audit" in einer Situation eingeführt wurde, in der die Regierung nach Auswegen aus einer regulatorischen Sackgasse suchte, und zwar entweder durch Intensivierung der Kontrolle oder durch Deregulierung bzw. in enger Zusammenarbeit mit der Industrie oder auf dem Zwangswege. In diesem Prozeß haben eine Reihe gesellschaftlicher Akteure explizit Stellung bezogen (die Industrie, Umweltschutzorganisationen und Berufsgruppen wie zum Beispiel Wirtschaftsprüfer und Umweltconsulting-Experten). Daraus ergab sich eine gesellschaftliche Auseinandersetzung über die Natur, die Funktion und die Anwendung von Öko-Audit-Praktiken.

Die gesellschaftliche Auseinandersetzung über Öko-Audits

Die Industrie
Die Industrie hat über die Arbeitgeberverbände VNO und NVW und deren gemeinsames Büro für Umweltfragen BMRO eine wichtige, wenn nicht entscheidende Rolle in der Diskussion gespielt. Es wurden ernste Zweifel hinsichtlich der Stofferfassung und Stoffbilanzierung angemeldet. Auch die Funktion eines externen "Ökobilanzprüfers" wurde in Frage gestellt. Die Einführung einer gesetzlich vorgeschriebenen ökologischen Buchhaltung wurde abgelehnt (VNO/NCW, 1985). Auf der anderen Seite plädierte die Industrie für freiwillige interne Öko-Audits, die von Mitarbeitern der Unternehmen mit direktem Zugang zum Vorstand durchgeführt werden sollen. Der Begriff des Öko-Audit wird in diesem Zusammenhang als Gegenbegriff zur ökologischen Buchhaltung benutzt. Unter Öko-Audits soll ein Managementinstrument zur Verbesserung der Unternehmensleistung im Umweltschutzbereich verstanden werden.

Umweltconsultingfirmen
Auf Grundlage der oben erwähnten Forschungsergebnisse beschäftigte sich die TRN-Consultinggruppe[4] insbesondere mit der systematischen Entwicklung von Öko-Audit-Praktiken. Molenkamp, der Chefberater der Firma, definierte "Öko-Auditing" als "systematische Untersuchung der Arbeitsmethoden und Verfahren eines Unternehmens oder seiner Teilbereiche durch unabhängige Experten, sofern diese Arbeitsmethoden und Verfahren für die Erfüllung

---

[4]

Die TRN Consultinggruppe war die niederländische Tochter der Touche Ross Consultingfirma. Inzwischen ist der Teil des Unternehmens, der sich mit Umweltaufgaben beschäftigt, an KPMG übergegangen und nennt sich *"KPMG-Milieu"*.

der Umweltschutzanforderungen relevant sind." (Molenkamp et al., 1985). Neben dem Begriff "Accountant" wurde auch der Begriff des "Auditors"[5] in den allgemeinen niederländischen Sprachgebrauch eingeführt. Umweltberichte, Stoffbilanzierung und ökologische Buchhaltung gerieten mehr und mehr in den Hintergrund.

Eine wichtige Gelegenheit ergab sich, als das Umweltministerium bei der TRN-Consultinggruppe ein Forschungsprojekt in Auftrag gab, nämlich durch zwei Pilotprüfungen das Wirkungspotential von Öko-Audits bei der Stärkung des Umweltschutzes innerhalb von Unternehmen zu testen. Dieses Forschungsprojekt führte zu einer Reihe wichtiger (und folgenschwerer) Schlußfolgerungen (*Ministerium für Wohnungsbau, Raumordnung und Umweltfragen VROM*, 1987).

- Durchführung und Ergebnisse eines Öko-Audits hängen in hohem Maße von der Existenz eines strukturierten Umweltschutzsystems innerhalb des Unternehmens ab. Wenn kein solches System existiert, beschränkt sich die Prüfung im wesentlichen auf eine Signalfunktion mit dem Schwergewicht auf technischen und Kontrollaspekten. Wenn ein System existiert, kann die Prüfung eine Hilfe bei der Beurteilung der Frage darstellen, in welchem Umfang dieses Umweltschutzsystem die angestrebten Standards erfüllt.
- Für zuverlässige Prüfungsergebnisse ist die Mitarbeit des Managements unverzichtbar. Daher wird der Vertraulichkeit der Prüfungsergebnisse entscheidende Bedeutung beigemessen.

Umweltschutzorganisationen
Im Laufe der Jahre 1987-88 fingen die Umweltschutzorganisationen an, das wachsende Interesse der Unternehmensführungen an Umweltschutzsystemen und Öko-Audits in Frage zu stellen. Ihrer Auffassung nach lag dieser Entwicklung eine bewußte Strategie

---

[5] Im Unterschied zu dem Begriff "Accountant", der im niederländischen mit klar festgelegter Bedeutung verwendet wird (Wirtschaftsprüfer), war "Auditor" bisher kein allgemein gebräuchliches niederländisches Wort.

der Industrie zugrunde, die darauf abzielte, dem wachsenden Druck der Regierung in Umweltschutzfragen nach dem Motto zu begegnen "Wir können selbst für eine Verbesserung sorgen, und die Behörden müssen lediglich kontrollieren, in welcher Form und wie gut unsere Selbstkontrolle funktioniert." Die beiden wichtigsten niederländischen Umweltschutzorganisationen *Stichting Natuur en Milieu* und *Vereniging Milieudefensie* bezogen deshalb explizit Stellung zu einigen Kernfragen der Auseinandersetzung (Berends und Mol, 1988; siehe auch Sprengers, 1989).

- Die Einführung von Umweltschutzsystemen auf Unternehmensebene wird als interne Managementangelegenheit betrachtet. *Öko-Audits können ein Teil dieses Systems sein* Der Auditbericht kann sich an das Unternehmensmanagement richten und sollte Einsichten in Engpässe und zukünftige Aktivitäten im Hinblick auf das Umweltverhalten des Unternehmens vermitteln.
- Darüber hinaus können drei weitere Elemente eine eigenständige und wichtige Rolle spielen ein (öffentlicher) Umweltschutzbericht, ein "Ökobilanzprüfer" (der *nicht* mit dem internen Prüfer des Unternehmens identisch ist), der den Bericht gegenzeichnet, und eine externe Pflichtprüfung (die in besonderen Fällen von den Behörden in Auftrag gegeben wird).

Wirtschaftsprüfer
Die Berufsverbände der Wirtschaftsprüfer haben eigene Kommentare abgegeben. Sie haben besonders darauf hingewiesen, daß "Accountant" in den Niederlanden einen geschützten Berufstitel darstellt, der direkt mit nachgewiesener Sachkenntnis und einem bestimmten gesellschaftlichen Status verbunden ist. Wenn man den "Accountants" über ihre angestammte Rolle der rein finanzrelevanten Bewertung von umweltschutzbedingten Forderungen und Haftpflichtfragen eine erweiterte Rolle im Umweltschutz zuschreibt, könnte dies Probleme durch einen Mangel an Fachwissen und unangemessene Verfahren aufwerfen. Eine Zusammenarbeit zwischen "Auditor" ("Ökoprüfer") und "Accountant" (Wirtschaftsprüfer) wurde dagegen als potentiell fruchtbar bewertet.

Noch einmal die Industrie
So entwickelte sich die Diskussion rund um Fragen wie Intensivierung der Kontrolle oder Deregulierung und Internalisierung, freiwillige oder Zwangsprüfung, interne oder externe Verwendung der Prüfungsergebnisse. In der Zwischenzeit gewannen Deregulierungstendenzen auf Regierungsebene an Stärke. Mehr noch, ein neuer Umweltminister, der oben erwähnte ehemalige McKinsey-Direktor Winsemius, machte sich auf die Suche nach innovativen und kooperativen Strategien für eine "grüne" Industrie in den Niederlanden.

Bei diesem Stand der Dinge übernahm das Umweltbüro der Arbeitgeberverbände (BMRO) entschlossen die Initiative (Doorewaard, 1990), und zwar durch den Vorschlag eines umweltorientierten Managementsystems, des sogenannten "betrieblichen Umweltschutzsystems". Dessen Zweck sollte darin bestehen, "besser zu gewährleisten, daß das Unternehmen (insgesamt oder in Teilbereichen) umweltgerecht arbeitet" und "als Mindeststandard die einschlägigen Gesetze und Vorschriften im Umweltbereich einhält" (VNO/NCW, 1986, S. 9). Das neue System wurde deutlich als Alternative zu "mehr staatlicher Intervention und somit mehr Regulierung in diesem Bereich" präsentiert (VNO/NVW, 1986, S. 5). Im Konzept für dieses System wurden verschiedene zur Diskussion stehende Instrumente so integriert und systematisch miteinander verknüpft, daß sie sich mit den gewohnten Managementpraktiken in präventiv Umweltschutz betreibenden Unternehmen vertrugen. Besonders interessant ist in diesem Bericht der Vorschlag zur Nutzung von Öko-Audits (als Teil eines der Systemelemente[6] "als betriebswirtschaftliches Managementinstrument" (VNO/NCW, 1986, S. 19).

---

[6]

Das vorgeschlagene System bestand aus den Elementen Integration des Umweltschutzes in den normalen Unternehmensbetrieb, Aufstellung eines Umweltprogramms und eines Meß- und Aufzeichnungsprogramms, Einführung eines internen Kontrollsystems, interne Informations- und Schulungsarbeit.

Die Regierungspolitik zum Thema Öko-Audits

In Abwägung einiger der obengenannten Argumente aus der Diskussion über Öko-Audits (zum Beispiel aus dem DHV-Bericht, der amerikanischen Erfahrung, den TRN-Empfehlungen und den Reaktionen der Arbeitgeberverbände) kam das Umweltministerium zu der Entscheidung, das von den Arbeitgeberverbänden vorgeschlagene betriebliche Umweltschutzsystem zu verabschieden.

Zunächst wurde ein Ausschuß eingesetzt, um die Frage zu untersuchen, wie die Beziehungen zwischen Behörden und Unternehmen nach Einführung dieses Systems nach Möglichkeit gestaltet werden sollten und nach welchen Kriterien gemessen werden kann, wie gut ein solches Umweltschutzsystem im Unternehmen funktioniert (*Commissie Bedrijfsinterne Milieuzorgsystemen*, 1988). Der aus Vertretern der Regierung und der Arbeitgeberseite bestehende Ausschuß entwickelte ein von ihm so genanntes "Standardsystem für den unternehmensinternen Umweltschutz". Dieses Standardsystem, das inzwischen in den Niederlanden einen unangefochtenen Status genießt, besteht aus acht Elementen :

- einer schriftlichen Erklärung zur Umweltpolitik des Unternehmens,
- der Integration des Umweltschutzes in den Betrieb des Unternehmens,
- einem Umweltprogramm,
- einem Meß- und Aufzeichnungsprogramm,
- einem internen Kontrollsystem,
- interner und externer Berichterstattung,
- internen Aufklärungs- und Schulungsmaßnahmen,
- einer regelmäßigen Prüfung des betrieblichen Umweltschutzsystems.

Was das letzte Element betrifft, so stellte der Ausschuß fest, daß Prüfungen zur Kontrolle der Umweltschutzmaßnahmen bis dato völlig fehlten.

Der Ausschuß empfahl der Regierung, die Entwicklung und Implementierung solcher Systeme zu fördern und bei der Entwicklung von Modellsystemen für bestimmte Gruppen vergleichbarer Unternehmen behilflich zu sein.

In dem Regierungsmemorandum "Betrieblicher Umweltschutz" (TK 1988-1989, 20633, Nr. 2 und 3) skizzierte der damalige Umweltminister Ed Nijpels seine Pläne zur Förderung und Internalisierung der Verantwortung für den Umweltschutz innerhalb von Unternehmen. In diesem Papier akzeptierte der Minister in vollem Umfang die vorher von den Arbeitgeberverbänden artikulierten Gedanken. Geplant war, daß alle großen Unternehmen mit mittlerer oder hoher Umweltbelastung oder einem besonders hohen Gefahrenpotential für die Umwelt bis 1995 ein internes Umweltschutzsystem eingeführt haben sollten. 10.000 bis 15.000 Unternehmen sind davon betroffen. Kleinere Unternehmen, die den Bestimmungen des Immissionsschutzgesetzes unterlegen - insgesamt etwa 250.000 -, sollten bis zu diesem Datum Schritte zur Einrichtung eines teilweisen Umweltschutzsystems unternommen haben. Um diese Ziele zu erreichen, würde die Regierung Subventionsanreize schaffen. Falls sich aus der geplanten Zwischenauswertung Ende 1992 ergeben sollte, daß der freiwillige betriebliche Umweltschutz nur unzureichende Fortschritte macht, behielt sich die Regierung gesetzliche Zwangsmittel vor.

In dem Memorandum wurden Öko-Audits als (wichtiges) Element eines betrieblichen Umweltschutzsystems betrachtet. Man sah darin ein Managementinstrument, das der Unternehmensführung Einblick in folgende Aspekte verschafft:

- die Gesamtfunktionstüchtigkeit des Systems,
- zur Verbesserung und Korrektur des Systems erforderliche Maßnahmen,
- Einhaltung der Genehmigungsanforderungen,
- potentielle Umweltgefährdungen und Probleme.

Auf Grundlage der derzeit geltenden Gesetze galt es im allgemeinen als unmöglich, die Unternehmen zu einem regelmäßigen Öko-Audit zu zwingen. Darüber hinaus war es die Absicht der Regierung, (experimentelle) Auditpraktiken auf freiwilliger Grundlage anzuregen. Die hauptsächlich aus den Reihen der Umweltschutzorganisationen kommende Empfehlung, eine "obligatorische externe Prüfung" einzuführen, wurde zur Behandlung in einer späteren Diskussion verschoben, wenn die Beibehaltung oder Änderung der Umweltschutzgesetzgebung auf der Tagesordnung stehen sollte. Nach Aussage des Umweltministers standen "externe Audits" bei den Gesprächen über unternehmensinterne Umweltschutzmaßnahmen nicht zur Diskussion (TK 1988-1989, 20633, Nr. 2 und 3, S. 31).

In dem Memorandum wurden keine weiteren Einzelheiten zum Thema ökologische Buchhaltung ausgeführt. Zum Thema Stoffbilanzen wurde auf ein in Auftrag gegebenes Forschungsprojekt verwiesen, das die Möglichkeiten für die Entwicklung von Stoffbilanzierungs- und Stofferfassungspraktiken untersuchen sollte.

Die Standpunkte der Arbeitgeberverbände, Umweltschutzorganisationen und Gewerkschaften zum Thema Öko-Audit

Mit der Veröffentlichung des Regierungsmemorandums kam die gesellschaftliche Auseinandersetzung vorerst mehr oder weniger zum Erliegen. Die Regierung hatte ihre Ziele für die nächsten vier bis sechs Jahre formuliert, und in dieser Zeit sollten Erfahrungen zur Bewertung betrieblicher Umweltschutzsysteme gesammelt werden. Das Ergebnis der Diskussion lief darauf hinaus, daß Instrumente wie Öko-Audits, ökologische Buchhaltung, Umweltberichtswesen, Stoffbilanzierung und Stofferfassung zunächst nicht einzeln für sich von der Regierung berücksichtigt werden sollten, sondern als Elemente von betrieblichen Umweltschutzsystemen und bezogen auf die Funktionstüchtigkeit dieser Systeme.

Arbeitgeber
Daraus kann gefolgert werden, daß die Industrie im wesentlichen ihre eigenen Wege ging. Dies wird auch aus der Lektüre der VNO- und NCW-Kommentare zu dem Memorandum deutlich (VNO/NCW, 1989). Die regierungsseitige Unterscheidung zwischen internen und externen Prüfungen wird ausdrücklich begrüßt und die Auffasung der internen Prüfung als Managementinstrument geteilt. Die Arbeitgeberseite bejaht den Ansatz, "externe Prüfungen" nicht in die Diskussion über ein "internes Umweltschutzsystem" einzubeziehen. Darüber hinaus wird (einmal mehr) der Sinn solcher externer Prüfungen überhaupt in Frage gestellt.

Umweltschutzorganisationen
In den Kommentaren seitens der Umweltschutzorganisationen (Stichting Natuur en Milieu, 1989) bezieht die *Stichting Natuur en Milieu* eine zurückhaltend positive Stellung gegenüber dem Regierungsmemorandum. Allerdings werden kritische Randnotizen insbesondere zu den Themen Umweltberichtswesen, ökologische Buchhaltung und internes bzw. externes Öko-Audit angemerkt. Die Umweltschutzorganisationen plädieren für eine allgemeine Verpflichtung zur Erstellung von Umweltberichten. Diese sollen von "Ökobilanzprüfern" geprüft werden. Interne Prüfungen sollen veröffentlicht und mit den Betriebsgenehmigungen für Anlagen verbunden werden, während von der Regierung eine festere Haltung zu externen Prüfungen gefordert wird.

Gewerkschaften
Die Gewerkschaften waren bis dahin in der Diskussion auffallend abwesend. Sie leisteten zwar einen Beitrag zu der Auseinandersetzung über Umweltschutz innerhalb von Unternehmen (siehe Le Blansch, 1991), aber erst nach der Veröffentlichung des Regierungsmemorandums wurde das Thema Öko-Audits in Veröffentlichungen und Memoranden des FNV (des größten Gewerkschaftsbundes) aufgegriffen. Der kleinere christliche Gewerkschaftsbund CNV hat Öko-Audits bisher gar nicht erwähnt.

In den Kommentaren des FNV zu dem Regierungsmemorandum (FNV, 1990) kann man eine klare Unterscheidung feststellen zwischen einerseits Anmerkungen zu den Themen Umweltberichte, ökologische Buchhaltung und Öko-Audits und andererseits Hinweisen auf die Beziehung zwischen Umwelt und Arbeitsbedingungen sowie auf die diesbezügliche Rolle der Arbeitnehmerschaft, des einzelnen Arbeitnehmers, der Betriebsräte und der Gewerkschaften. Was den ersten Themenkomplex betrifft, so unterscheidet sich der Standpunkt der Gewerkschaften mit zwei Ausnahmen kaum von dem der Umweltschutzorganisationen. Die Ausnahmen betreffen die Forderung, Gewerkschaften und Arbeitnehmer ausdrücklich als Adressaten der Umweltschutzberichte zu erwähnen und die Betriebsräte als Berater in bestimmte Punkte des Umweltschutzberichts einzubeziehen. Zu dem zweiten Themenkomplex bestehen die Gewerkschaften nachdrücklich auf der größtmöglichen Einbeziehung der Arbeitnehmer und ihrer Betriebsräte, auch in die

Schulungs- und Aufklärungsmaßnahmen, der Aufnahme des Themas "Umwelt" in das Betriebsratsgesetz sowie der Einführung des Rechts der Arbeitnehmer, im Fall akuter Umweltgefährungen die Arbeit zu verweigern und einer Meldepflicht für Umweltschutzverletzungen.

Hieraus kann man schlußfolgern, daß der FNV sich auf die Einbeziehung der Gewerkschaften, Betriebsräte und Arbeitnehmer in die prozeduralen Aspekte des Umweltschutzes konzentriert. Auf der inhaltlichen Ebene folgt der FNV dem Standpunkt der Umweltschutzorganisationen. Dieser weniger auf den Inhalt als vielmehr auf Verfahrensfragen zielende Ansatz kann zum Teil auf den "systemischen" Charakter der vorgeschlagenen Organisation des Umweltschutzes innerhalb von Unternehmen zurückgeführt werden, durch den eine Diskussion über die Durchführung von Einzelmaßnahmen wie Öko-Audits sehr erschwert wird. Öko-Audits werden als "achtes Element des unternehmensinternen Umweltschutzsystems" betrachtet und nicht als eigenständiges Managementinstrument, das nach Belieben mit Arbeitsschutzmaßnahmen verbunden werden kann. Für die Gewerkschaften stellt sich die vorgeschlagene Lösung als geschlossenes System dar, das man lediglich von außen kommentieren kann.

Schlußfolgerungen

In diesem Kapitel wurde aufgezeigt, wie die Arbeitnehmerverbände auf eine Entwicklung reagierten, die sie als strategische Bedrohung empfanden (mehr und genauere Umweltschutzvorschriften und mehr gesellschaftliche Einflußnahme in Unternehmensangelegenheiten), indem sie selbst die Initiative durch den Vorschlag zur Einführung eines unternehmensinternen Umweltschutzsystems ergriffen. Öko-Audits sollten eines der verschiedenen Elemente dieses Systems darstellen. Der Vorschlag befriedigte einerseits die Regierungsseite, da er eine strukturierende Wirkung auf das Umweltmanagement innerhalb der Unternehmen haben würde, während andererseits die maximale Entscheidungsfreiheit für die Unternehmensführung gesichert blieb. Unter dieser Zielvorstellung wurden "externe Prüfungen" und "Ökobilanzprüfer" abgelehnt. Unter demselben Gesichtspunkt wird auch verständlich, warum die Arbeitgeberseite nicht allzu versessen darauf war, Gewerkschaften in das Verfahren einzubeziehen (oder irgendwelche anderen "Einmischungen von außen" hinzunehmen).

Was die Gewerkschaften betrifft, so kann man feststellen, daß sie in der Diskussion über unternehmensinternen Umweltschutz nur sehr am Rande eine Rolle gepielt haben[7]. Die Arbeitgeber hatten die Initiative, gefolgt von der Regierung, und die einzigen ernsthaften Gegenstimmen kamen aus den Reihen der Umweltschutzorganisationen. Die Gewerkschaften erwiesen sich als unfähig, eigene Konzepte, strategische Optionen und Argumente in die Debatte einzubringen. Zwar wird in der FNV-Stellungnahme mit dem Hinweis auf den engen Zusammenhang zwischen Umwelt- und Arbeitsschutz die Nichteinbeziehung des Ministeriums für Arbeit und Soziales verurteilt, aber der FNV zeigt keinerlei konkrete Wege zur Integration von Umwelt- und Sozialpolitik auf.

Der Haken scheint in dem gewerkschaftlichen Ansatz zu liegen, Umweltfragen eben als reine *Umweltfragen* zu betrachten, also als einen Themenbereich *außerhalb* der traditionellen Welt gewerkschaftlicher Arbeit, der nur auf Grundlage der Gewerkschaftsinteressen im breiteren, gesellschaftlich-moralischen Sinne Beachtung verdient. Dies brachte die Gewerkschaften einerseits dazu, sich inhaltlich auf die Seite der Umweltschutzorganisationen zu stellen statt neue Entwicklungen unter dem Aspekt ihrer eigenen Interessen anzustoßen. Andererseits führte dies zu dem Standpunkt, Mitbestimmungsrechte in unternehmensinternen Umweltfragen als bloße *Ausweitung* der traditionellen Mitbestimmung einzufordern, statt mit dem Strom wachsenden öffentlichen Interesses an Gefahrenstoffen und Sicherheitsfragen zu schwimmen, um den Wirkungsgrad der *bestehenden* Mitbestimmungsrechte zu verbessern.

Im Ergebnis führte all dies dazu, daß Prüfungspraktiken nun losgelöst und getrennt von sozialpartnerschaftlichen Belangen eingeführt werden. Die Sozialpartner werden in diesem Zusammenhang so gut

---

[7] Dies gilt insbesondere für den oben beschriebenen Zeitraum. In den folgenden Jahren (den frühen 90ern) mischte sich der FNV stärker in die Umweltdebatte ein. Immer noch spielt dies aber keine zentrale Rolle und zielt nicht spezifisch auf Öko-Audits.

wie gar nicht erwähnt. Die Arbeitnehmer spielen meist nur in ihrer betrieblichen Funktion eine Rolle, nicht in ihrer Eigenschaft als Gewerkschafter oder betriebliche Interessenvertreter, so daß die Bedeutung sozialpartnerschaftlicher Instrumente nicht zunimmt sondern teilweise vielleicht sogar abnimmt.

In dem folgenden Kapitel soll nun auf Prüfungspraktiken und industrielle Beziehungen in niederländischen Unternehmen eingegangen werden.

2.2.3. Öko-Audits und indstrielle Beziehungen in niederländischen Unternehmen

Einleitung

Mit der Intensivierung umweltbezogener Managementpraktiken in den Unternehmen wächst auch die Bedeutung der Prüfungsinstrumente. In diesem Kapitel sollen diese Prüfungspraktiken insbesondere unter dem Aspekt der Einbeziehung der Sozialpartner und sozialpartnerschaftlicher Belange beleuchtet werden.

Öko-Audits in Unternehmen

Wie oben bereits beschrieben, stellte der Ausschuß zum betrieblichen Umweltschutzsystem (*Commissie Bedrijfsinterne Milieuzorgsystemen*) seinerzeit fest, daß bis dato (1988) Prüfungen zur Kontrolle des Umweltschutzes innerhalb von Unternehmen generell fehlten. Von diesem Zeitpunkt an wurden Prüfungspraktiken mit einem groben Raster erfaßt, und zwar als Teil des Umsetzungsplans im Rahmen des Regierungsmemorandums und der geplanten Zwischenauswertung für 1992/93. Daher stehen für diesen Zeitraum einige Zahlen zur Verfügung.

Der erste Überblick über die bestehende Prüfungspraxis ergab sich aus der sogenannten *Nullmessung*, die 1990/91 durchgeführt wurde, um später im Vergleich zu den 1992 ermittelten Zahlen die Dynamik der Einführung betrieblicher Umweltschutzsysteme bewerten zu können (Calkoen und Ten Have, 1991). Einige Ergebnisse dieser Untersuchung sind im folgenden aufgeführt:

- 33 Prozent der 1.177 in der geschichteten Stichprobe erfaßten Unternehmen hatten Prüfungen durchgeführt (die *genaue* Definition des Begriffs "Öko-Audit" hatte man den Befragten überlassen; siehe unten).
- Prüfungen als solche wurden in der Liste von Systemelementen, die in den Unternehmen Anwendung finden, an zweiter Stelle genannt (siehe Tabelle 1).
- In dem Untersuchungsbericht werden die Ergebnisse auch nach Größe und Branche der Unternehmen gegliedert (siehe Tabelle 2).
- Daraus kann gefolgert werden, daß die meisten Prüfungen in großen Chemieunternehmen vorgenommen wurden (69 %).
- Überraschenderweise kann im allgemeinen *kein* großer Unterschied der Prüfungspraxis zwischen Klein-, Mittel- und Großunternehmen oder zwischen Unternehmen verschiedener Branchen festgestellt werden (wenn man Bauunternehmen und öffentliche Versorgungsbetriebe einmal unberücksichtigt läßt). Interessant ist auch, daß man in manchen Industriezweigen eine geringe Überrepräsentanz mittelständischer Unternehmen feststellen kann, was möglicherweise durch fehlendes Fachwissen *innerhalb* des Unternehmens erklärt werden kann.

Tabelle 1 Elemente des betrieblichen Umweltschutzsystems in der Reihenfolge ihres Verbreitungsgrades innerhalb der befragten Unternehmen.
(Quelle Calkoen und Ten Have, 1991, S. 3)

Messen und Aufzeichnen	61%
Prüfungen	33%
Interne Berichterstattung	30%
Umweltprogramm	24%
Umwelterklärung	23%
Aufklärung und Schulung	20%
Interne Kontrolle	8%
Externe Berichterstattung	4%

Molenkamp (1991a, S. 163 f) stellte eine Analyse auf Grundlage der Prüfungserfahrungen vor, die Volder & Vis und die TRN Consultinggruppe in etwa 100 Unternehmen gesammelt haben. Darin begründen die Unternehmen ihre Motive für die Durchführung von Öko-Audits wie folgt:

- 75 % wollten eine bessere Kontrolle über ihre Haftungsrisiken im Umweltbereich gewinnen,
- 46 % hatten Marketinggründe (Imageverbesserung, Kundenwünsche),
- 25 % hatten keine spezielle Begründung außer einem allgemeinen Verantwortungsgefühl,
- in 15 % der Fälle war eine Übernahme der Grund für eine Prüfung,
- in 12 % der Fälle wurde eine Prüfung vom Versicherer gefordert,
- in 12 % der Fälle wurde auch von den Behörden eine Prüfung angeordnet.

Ende 1992 wurde ein zweites von der Regierung in Auftrag gegebenes Forschungsprojekt durchgeführt, um eine Zwischenauswertung der Einführung unternehmensinterner Umweltschutzmaßnahmen vorzunehmen (Van Someren et al., 1993)[8]. In dem Bericht zu dieser Untersuchung werden "substantielle Fortschritte" verzeichnet, obwohl es gleichzeitig heißt, das von der Regierung bis 1995 gesetzte Ziel werde nicht erreicht (Van Someren et al., S. 107).

---

[8]

Genauere Informationen zu diesem Bericht über Öko-Audits können vielleicht zu einem späteren Zeitpunkt nachgereicht werden (KLB).

Tabelle 2 Verbreitung von Öko-Audits in Unternehmen nach Branche und Größe
(Quelle Calkoen und Ten Have, 1991, S. 22)

	Klein 20-99 Mitarbeiter	Mittelständisch 100-499 Mitarbeiter	Groß 500+ Mitarbeiter
Chemie	38%	40%	69%
Nahrungsmittel	32%	54%	57%
Metall	46%	46%	39%
Bau	16%	28%	25%
Sonstige Fertigung	38%	47%	29%
Dienstleistungen	40%	27%	37%
Öffentliche Versorgungsbetriebe	10%	21%	30%
Durchschnit pro Größengruppe	32%	39%	40%
Gesamtdurchschnitt		33%	

Ein Überblick zu den einzelnen Elementen des betrieblichen Umweltschutzsystems wurde im September 1992 im Vergleich zu ihrer Verbreitung 1991 veröffentlicht. Die Methode zur Berechnung der Zahlen unterscheidet sich etwas von der Nullmessungsmethode, so daß die Ergebnisse nicht ganz vergleichbar sind (siehe Tabelle 3).

Tabelle 3 Unternehmen, die Elemente des betrieblichen Umweltschutzsystems nutzen (oder entwickeln), Vergleich 1991-1992 (Quelle Van Someren et al., 1993, VIII)

	1991 (Januar)	1992 (September)
1. Umwelterklärung	23%	35%
2. Umweltprogramm	23%	40%
3. Integration		
- Umweltfragen in Betriebsfunktionen	10%	16%
- Umweltbudget	22%	22%
4. Messung und Erfassung		
- Müllentsorgung	46%	58%
- Stoff- und Energiefluß	44%	55%
- Emissionen	19%	19%
5. Interne Kontrollen	-	48%
6. Aufklärung und Schulung	20%	21%
7. Interne und externe Berichte		
- interne Berichte	30%	35%
- externe Berichte	4%	5%
8. Öko-Audits	32%	48%

Daraus ergibt sich, daß die Zahl der Unternehmen, die Öko-Audits durchführen, im Zeitraum zwischen 1/91 und 9/92 von 32 % auf 48 % gestiegen ist. Interessanterweise wurde die Definition des Begriffs "Öko-Audit" in diesem Fall nicht völlig den Befragten überlassen. Zusätzliche Untersuchungen wurden durchgeführt, um den faktischen Inhalt der vorgenommenen Prüfungen zu erfassen. Daraus ergab sich folgendes "Der hohe Prozentsatz von Öko-Audits bezieht sich häufig nicht auf Prüfungen des betrieblichen

Umweltschutzsystems sondern meistens auf sogenannte *Null-Prüfungen*[9], die eher als ein Ausgangspunkt denn als Ergebnis eines betrieblichen Umweltschutzsystems zu betrachten sind" (Van Someren, 1993, VIII).

Einbeziehung der Sozialpartner in Öko-Audits

Obwohl keine spezifischen Quellen zu diesem Thema verfügbar sind, scheinen Öko-Audits im allgemeinen nur vom Management initiiert zu werden. Wie im vorangegangenen Kapitel beschrieben, gibt es keine gesetzlichen Instrumente, mit denen unternehmensexterne Dritte eine Prüfung erzwingen könnten[10]. Außerdem sind keine Betriebsvereinbarungen bekannt, in denen eine Verpflichtung zur Durchführung von Öko-Audits enthalten wäre.[11]. Auch auf Prüfungen, die auf Initiative von Arbeitnehmern oder Betriebsräten vorgenommen worden wären, gibt es keinerlei Hinweise.

Was die konkrete Durchführung des Öko-Audit betrifft, so gibt es Hinweise darauf, daß die Einbeziehung der Arbeitnehmer als "gute Managementpraxis"[12] gilt (Molenkamp, 1991b, S. 204; Van der

---

[9] "Nullprüfungen" sind nach der Beschreibung von TRN typischerweise Umweltbetriebsprüfungen "mit Signalfunktion und Schwergewicht auf technischen und Kontrollaspekten" (VROM, 1987).

[10] Vielleicht sollte man in diesem Zusammenhang erwähnen, daß manche Firmen in ihrer Einkaufspolitik von den Lieferanten ISO-Zertifikate über die Qualität *und* die Umweltverträglichkeit der Produkte verlangen. Dies bedingt in gewissem Maße regelmäßige Prüfungen. Auch Behörden können natürlich Öko-Audits nahelegen (oder verlangen). Siehe auch Molenkamp, 1991a und Angaben unter 3.2.

[11] An dieser Stelle sollte erwähnt werden, daß in einer Reihe von Betriebsvereinbarungen die Einrichtung eines betrieblichen Umweltschutzsystems vorgesehen ist (siehe Le Blansch, 1991). Dies beinhaltet sicherlich auch die Pflicht des Unternehmens, früher oder später eine Umweltbetriebsprüfung durchzuführen. Gleichzeitig aber zeigt diese Art von Vereinbarungen einmal mehr, wie sehr das Konzept des betrieblichen Umweltschutzsystems die Debatte beherrscht, und daß die industriellen Beziehungen nur indirekten Einfluß auf Öko-Audits haben.

[12] Das heißt soviel wie diese Vorgehensweise sollte selbstverständlich sein. Natürlich kann sich die tatsächliche Praxis sehr wohl von dieser "guten Managementpraxis" unterscheiden.

Kolk und Maas, 1992, S. 52)[13]. Dasselbe gilt für die Einbeziehung des Betriebsrates in die Auswertung des Prüfungsberichts. Daher scheint die Betriebsratsebene die einzige Möglichkeit für die Gewerkschaften darzustellen, selbst zum Thema der Öko-Audits aktiv zu werden. Es gibt keine weiteren Hinweise auf eine (direkte)[14] Einbeziehung der Gewerkschaften.

Ein gutes (und frühes) Beispiel für "gute Managementpraxis" findet sich in einem Artikel des "Umweltmanagers" von Exxon Chemicals Holland aus dem Jahr 1987 (Kann, 1987)[15]. In dem Artikel werden die Umweltschutzpolitik und -praxis von Exxon in den Niederlanden beschrieben. Diese ergeben sich natürlich in gewissem Maße aus der weltweiten Umweltpolitik des Konzerns. Teil der Exxon-Politik ist die sogenannte "Managementsystem-Erhebung", eine "Analyse der Verbreitung von Systemen innerhalb des Unternehmens, die ein wirksames Management des gesamten Umweltprogramms ermöglichen, gepaart mit einer Analyse der Funktionstüchtigkeit dieser Systeme und des Umweltprogramms selbst" (Kann, 1987, S. 106). Diese Managementsystem-Erhebung wird von einem Erhebungsteam aus drei Mitgliedern durchgeführt, die alle in verschiedenen Unternehmensbereichen (und meistens auch in verschiedenen Ländern) tätig sind. Das Team sammelt in Zusammenarbeit mit einem örtlichen Ansprechpartner zunächst alle verfügbaren schriftlichen Informationen und organisiert dann zahlreiche Arbeitssitzungen (mit zwei bis fünf Tagen Dauer), an denen das Erhebungsteam, die betroffenen Führungskräfte und Mitarbeiter teilnehmen. Kann

---

[13]

Dieser Eindruck beruht teilweise auch auf persönlichen Informationen durch die KPMG-Prüfer. Calkoen und Ten Have (1991, S. 26) erwähnen ausdrücklich die *Nicht*-Infragestellung der Mitbestimmung in Bereichen außerhalb des Umweltprogramms.

[14]

In einer Reihe von Betriebsvereinbarungen ist eine regelmäßige Beratung zwischen Management und Gewerkschaften zu einer Reihe von Fragen vorgesehen, darunter auch Umweltfragen. Theoretisch können auf dieser Ebene auch Prüfungsberichte diskutiert werden. In der Praxis geschieht dies wahrscheinlicherweise nicht sehr häufig, da diese Berichte im allgemeinen als "Managementinformationen" gelten und sich meist auf technische und Verfahrensfragen konzentrieren.

[15]

Nach Kann wurde dieses Beispiel damals bereits seit zehn Jahren in der Praxis angewandt (Kann, 1987, S. 37).

stellt fest (1987, S. 107) "Die Tagesordnung besteht hauptsächlich aus Einzelgesprächen und Interviews mit einer großen Zahl von Mitarbeitern. Diese werden so ausgewählt, daß sich ein repräsentativer Querschnitt aus allen Abteilungen und Hierarchieebenen ergibt. Im allgemeinen erfährt das Erhebungsteam vom Management, wie die Dinge sein sollten, und von den Mitarbeitern am Arbeitsplatz, wie die Dinge wirklich sind." Ironischerweise bildet Exxon im Bereich der Sozialpartnerschaft eine Ausnahme Exxon ist eines der wenigen Großunternehmen in den Niederlanden, die es ablehnen, Gewerkschaften als Verhandlungspartner anzuerkennen.

Einbeziehung sozialpartnerschaftlicher Belange in Öko-Audits

Allem Anschein nach werden Öko-Audits in den Niederlanden im allgemeinen von Umweltschutzexperten vorgenommen und betreffen ausschließlich Umweltfragen[16].

Die bisherigen Untersuchungen ergaben nur wenige Hinweise auf kombinierte Prüfungen. Zwetsloot und Bayens (1992) beschreiben den zunehmenden Einsatz von Prüfungen in Systemen zur Verbesserung der Qualität, der Arbeitsbedingungen und des Umweltschutzes. Sie erwähnen auch über 10 Prüfungen der Gesundheits- und Sicherheitsbedingungen durch die Arbeitsschutzbehörden seit 1991. Es gibt allerdings keine Hinweise auf *integrierte* Prüfungen. Zwetsloot und Sprengers (1992), die die Kombination der Verbesserung der Arbeitsbedingungen, des Umweltschutzes und der Qualitätskontrolle in fünf "führenden Unternehmen" untersucht haben, berichten von keiner einigen kombinierten Prüfung in irgendeinem der fünf Unternehmen.

---

[16]

In einem Reader über Öko-Audits empfiehlt die *Dutch Open University* eine Kombination von Prüfungsaspekten nur in sehr spezifischen Fällen "Die Kombination einer Prüfung von Umwelt-, Sicherheits- und Arbeitsschutzfragen kann dann empfohlen werden, wenn all diese Bereiche in der Verantwortung einer Person oder Abteilung liegen (wie dies in vielen Unternehmen der Fall ist) und wenn getrennte Prüfungen nicht genug Anhaltspunkte für die sinnvolle Durchführung getrennter Programme ergeben." (Open Universiteit, 1991, S. 30).

Nur von sehr wenigen Großunternehmen (AKZO, SHELL) ist bekannt, daß sie sogenannte HSE-Prüfungen vornehmen ("Health, Safety and Environment" - "Gesundheit, Sicherheit und Umwelt"). Aus intensiveren Untersuchungen dieser kombinierten Prüfungen könnten sich vielleicht Einsichten in ihren Hintergrund und ihre Funktionsweise in der Praxis gewinnen lassen.

Aus einer Branche gibt es ein Beispiel für die Arbeit an einem Projekt zur Entwicklung eines integrierten Systems für Qualitätssicherung, Arbeits- und Umweltschutz. Ein Element dieses Systems ist eine kombinierte Prüfung. Das Beispiel stammt vom niederländischen Verband der Lack-, Farben- und Dichtungsmittelhersteller VVVF (De Jonge, 1993). Mitte der achtziger Jahre startete der Verband ein Projekt zur Verbesserung der Qualitätssicherung, das später (1989) um die Aspekte Arbeits- und Umweltschutz erweitert wurde (*Arbo- en Milieuzorgsysteem*). Interessant ist in diesem Zusammenhang die Prüfungspflicht für VVVF-Mitglieder bei Strafe des Ausschlusses aus dem Verband. Es werden Prüfungen vorgenommen, mit deren Hilfe der VVVF feststellt, ob seine Mitgliedsunternehmen das System eingeführt haben. Die feste Haltung, die der VVVF in dieser Frage einnimmt, erklärt sich aus der führenden Rolle, die einige wenige Großunternehmen im Verband spielen (*AKZO, Sigma Coatings*). Da die industriellen Beziehungen in diesem Industriezweig traditionell kooperativ sind, wurden die Gewerkschaften selbstverständlich überall dort einbezogen (als Mitglieder des Lenkungsausschusses für den Arbeitsschutzteil des Systems), wo Arbeitnehmerinteressen betroffen sind.

Schlußfolgerungen

Aus der obigen Beschreibung der Öko-Audit-Praxis in den Niederlanden kann man schließen, das solche Prüfungen in immer mehr niederländischen Unternehmen vorgenommen werden. Sie konzentrieren sich allerdings stark auf technische und Kontrollaspekte (sogenannte "Nullprüfungen"), beziehen Arbeitnehmer und ihre betrieblichen Vertretungen nur im Fall "guter Managementpraxis" ein (und auch dann nicht in ihrer Eigenschaft als Gewerkschafter) und beschränken sich in den meisten Fällen auf reine Umweltfragen. Mit anderen Worten nur in Ausnahmefällen werden Arbeitsbedingungen und Umweltschutz in einem kombinierten Ansatz erfaßt.

2.2.4. Nachwort

Nach der zweiten von der Regierung in Auftrag gegebenen Untersuchung über die Einführung betrieblicher Umweltschutzsysteme (Van Someren et al., 1993) erfolgte im Laufe des Jahres 1993 die Zwischenauswertung. In diesem Rahmen wurde auch geprüft, inwiefern neue gesetzliche Bestimmungen notwendig und wünschenswert sind. Mit diesen Fragen auf der Tagesordnung erhält die gesellschaftliche Auseinandersetzung zur Zeit neuen Schwung.

In einer Schlußbetrachtung am Ende ihrer "Zwischenauswertung" (Van Someren et al., 1993) führen die beteiligten Wissenschaftler aus, daß es für die Behörden sehr schwierig würde, etwaige neue gesetzliche Normen auch durchzusetzen und geltend zu machen (und zwar ungefähr aus denselben Gründen, aus denen das ganze Projekt ursprünglich überhaupt gestartet wurde). Dies könnte sich letztenendes sogar kontraproduktiv auswirken. Daher kommen die Autoren zu dem Schluß, daß die Regierung zwar den betrieblichen Umweltschutz "sanktioniert" hat, aber nicht in der Lage sein wird, dies auf irgendeine konkrete Weise umzusetzen. Sie schlagen eine Reihe alternativer Maßnahmen vor, von denen an dieser Stelle nur die Empfehlung erwähnt werden soll, auf die ISO-Normung und ISO-Zertifizierung zurückzugreifen (Van Someren et al., 1993, S. 107).

Dies deckt sich wunderbar mit dem Arbeitgeberstandpunkt in dieser Frage. Die niederländischen Arbeitgeberverbände haben in letzter Zeit die auf Gemeinschaftsebene geplanten Schritte zur Umweltbetriebsprüfung heftig angegriffen, und sie beziehen sich dabei stets auf die ISO-Normung (Gunster, 1992; VNO, 1992). Die Einwände der Arbeitgeber gegen die entsprechende Verordnung beziehen sich hauptsächlich auf den Zusammenhang zwischen Prüfung und Umweltschutzbericht und auf die Rolle des Prüfers. Was den ersten Einwand betrifft, so vertreten die Arbeitgeber bekanntlich den Standpunkt, daß es sich bei Prüfungsergebnissen um Managementinformationen handele, die für die breite Öffentlichkeit weder geeignet noch interessant seien (in dieser Hinsicht ist es bemerkenswert, daß die Arbeitgeberverbände die gesetzliche Verpflichtung zur Erstellung von Umweltschutzberichten als solche tendenziell akzeptieren). Hinsichtlich der Rolle des Prüfers wenden sich die Arbeitgeber gegen die Übertragung einer öffentlich-behördlichen Aufgabe an eine Privatperson oder Privatfirma. "Darüber hinaus ist der VNO der Meinung, daß die EG-Kommission sich nicht der wichtigen Rolle bewußt ist, die der Europäische Normungsausschuß CEN oder der Internationale Normungsverband ISO spielen können" (VNO, 1992, S. 6). "Der Ausgangspunkt ist, daß Regierung und Industrie beide ihre eigenen Verantwortungsbereiche haben. Das Umweltbetriebsprüfungs-Modell der EG verwässert dieses Prinzip. (...) Deshalb muß es vom Tisch, sonst begibt man sich auf einen gefährlichen Weg" (Gunster, 1992, S. 3).

Seitens der Umweltschutzorganisationen vertritt die *Stichting Natuur en Milieu* (1993) die Auffassung, daß gesetzliche Maßnahmen ergriffen werden sollen, falls die vorab definierten Standards nicht erreicht werden. Daher plädiert die *Stichting Natuur en Milieu* dafür, eine Reihe von Elementen des betrieblichen Umweltschutzsystems gesetzlich vorzuschreiben. Dazu zählen insbesondere Nullprüfungen, (regelmäßige) Öko-Audits, Umweltschutzprogramme und regelmäßige öffentliche Umweltberichte.

In seiner Stellungnahme zu den Untersuchungsergebnissen plädiert der Gewerkschaftsbund *FNV* (1993) für gesetzliche Vorschriften zu Umweltberichten, Umwelterklärungen und Umweltprogrammen. Weitere in der Stellungnahme als wichtig betonte Elemente sind die Einbeziehung der Arbeitnehmer, Betriebsräte und Gewerkschaften in Umweltschutzsysteme auf Unternehmensebene und der Schutz einzelner Mitarbeiter, die im Fall akuter Umweltgefährung die Arbeit verweigern oder Umweltverstöße melden...

Im Oktober 1993 legte die Regierung ihren Zwischenauswertungsbericht vor (TK 1993-1994, 20633, Nr. 5). Darin folgt sie weitgehend den Empfehlungen der Wissenschaftler und Arbeitgeberorganisationen im Sinne der Schaffung von Anreizen für freiwillige Umweltschutzbemühungen. Insbesondere die Einführung betrieblicher Umweltschutzsysteme soll weiter gefördert werden, und zwar durch ihre Einbeziehung in Genehmigungsverfahren und in ökologische Konsultationen zwischen der Regierung und bestimmten Zielgruppen innerhalb der Industrie ("*het doelgroepenbeleid*"). Außerdem sollen die Normierung und Zertifizierung von betrieblichen Umweltschutzsystemen gefördert und für bestimmte Betriebskategorien eine gesetzliche Pflicht zur regelmäßigen Veröffentlichung von Umweltschutzberichten eingeführt werden.

Ferner wird eine spezifische Maßnahme eingeführt, die interessanterweise die niederländische Bezeichnung "*Doorlichting*" trägt ("Durchleuchtung"). Es handelt sich hier um eine niederländische Übersetzung des englischen Begriffs "audit", womit aber offensichtlich etwas anderes gemeint sein soll, als die im niederländischen als "Audit" bezeichnete Betriebsprüfung. Diese "*Doorlichting*" ist tatsächlich eine behördliche Zwangsmaßnahme, mit der die Behörden einen besseren Einblick in "technische, Verwaltungs- und Organisationsmängel innerhalb eines Unternehmens" gewinnen wollen, und zwar mit dem Ziel der "Kontrolle und nötigenfalls Eindämmung der durch den Betrieb verursachten Umweltbelastung". Dieses Instrument muß noch genauer ausgearbeitet werden und soll gegenüber "größeren und komplexeren Betrieben" zum Einsatz gebracht werden, "die schwere Verletzungen der Zulassungsanforderungen begehen" (TK 1993-1994, 20633, Nr. 5, S. 12).

2.2.5. Schlußfolgerungen und Ausblick auf die zukünftige Entwicklung

In diesem Bericht wurde die Beziehung zwischen dem Instrument des Öko-Audit und dem System der Sozialpartnerschaft in den Niederlanden behandelt. Wir haben das weitgehende Fehlen einer solchen Beziehung und die historischen Gründe dafür aufgezeigt. Es waren die Arbeitgeberverbände, die einen entscheidenden Anteil daran hatten, das Thema Öko-Audit auf die politische Tagesordnung zu setzen. Sie reagierten damit auf eine Entwicklung, die sie als strategische Bedrohung empfanden (zusätzliche und schärfere Umweltschutzvorschriften und mehr gesellschaftliche Einflußnahme auf Unternehmensangelegenheiten), indem sie selbst die Initiative durch den Vorschlag zur Einführung eines betrieblichen Umweltschutzsystems ergriffen. Dieses sollte aus mehreren Elementen bestehen, unter anderem einem Öko-Audit. In diesem Sinne haben die Arbeitgeber erfolgreich die Initiative ergriffen, der die Regierung dann folgte. Der einzige ernsthafte Widerspruch kam von den Umweltschutzorganisationen, und die Gewerkschaften spielten in der Diskussion fast keine Rolle.

Die außerordentlich marginale Position der Gewerkschaften in der Auseinandersetzung um den betrieblichen Umweltschutz scheint sich sowohl aus dem Zeitpunkt zu erklären, an dem sie sich in die Diskussion eingemischt haben, als auch aus dem Ansatz, der dabei verfolgt wurde. Sie beteiligten sich an der Debatte erst, als Konzepte wie "Öko-Audit" bereits vom Tisch waren und das "betriebliche Umweltschutzsystem" ganz oben auf der Tagesordnung stand. Des weiteren betrachteten sie Umweltfragen eben als reine *Umweltfragen*, also als einen Themenbereich *außerhalb* der traditionellen Welt gewerkschaftlicher Arbeit, der nur auf Grundlage der Gewerkschaftsinteressen im breiteren, gesellschaftlich-moralischen Sinne Beachtung verdient. Von diesem Standpunkt aus erwiesen sich die Gewerkschaften als unfähig, eigene Konzepte, strategische Optionen und Argumente in die Debatte einzubringen.

In diesem Bericht wurden einige Zahlen und Untersuchungsergebnisse zitiert, die eine zunehmende Bereitschaft der Unternehmensführungen belegen, Prüfungen vornehmen zu lassen. Diese Prüfungspraktiken werden außerhalb des traditionellen Bereichs der industriellen Beziehungen angesiedelt und konzentrieren sich häufig stark auf technische und Kontrollaspekte. Sozialpartnerschaftliche Belange werden im Zusammenhang mit Öko-Audits kaum behandelt. Wenn überhaupt, spielen die Arbeitnehmer nur in ihren betrieblichen Funktionen, nicht aber in ihrer Eigenschaft als Gewerkschafter eine Rolle, so daß die Bedeutung sozialpartnerschaftlicher Instrumente nicht zunimmt sondern teilweise vielleicht sogar abnimmt (wie im Fall Exxon).

Die Gewerkschaften scheinen bisher in den meisten Fällen nur mehr oder weniger indirekt in Öko-Audits einbezogen zu sein, das heißt entweder als Ergebnis und Ausweitung ihrer traditionell starken Position in Arbeitsschutzfragen (wie im Fall des VVVF) oder im Rahmen ihrer Betriebsarbeit (*Bedrijvenwerk*). Was die Betriebsarbeit betrifft, so scheint der Betriebsrat derzeit das einzige

Forum zu sein, in dessen Rahmen die Gewerkschaften zum Thema Öko-Audit aktiv werden können. Die zukünftigen Möglichkeiten der Gewerkschaften zur Einflußnahme auf Öko-Audits wird daher davon abhängen, wie erfolgreich ihre derzeitigen Bemühungen um stärkere Positionen innerhalb der Betriebe sein werden.

Auf der politischen Ebene ist die Debatte nun mit der Verkündung der EG-Verordnung über die Umweltbetriebsprüfung neu eröffnet, wenn auch in sehr begrenztem Umfang. Hierin kann für die Gewerkschaften eine Chance liegen, ihre eigenen Standpunkte zu Nutzen und Funktion solcher Prüfungen zu entwickeln. Und in einer späteren Phase können sie diese Diskussion für den Versuch nutzen, den Prüfungsumfang auszuweiten und auch arbeitsschutzrelevante Fragen des Umgangs mit Gefahrenstoffen und der Betriebssicherheit einzubeziehen. Angesichts der Reaktionen der Gewerkschaften auf die Zwischenauswertung des betrieblichen Umweltschutzsystems drängt sich allerdings die Vermutung auf, daß sie noch einen weiten Weg vor sich haben, ehe sie auch nur bereit sind, einen solchen Versuch zu unternehmen.

Literatur

Anzion, C.J.M., W. Klein, R. Rense: Vorstudie technisch-organisatorische aspecten handhaving milieuwetgeving; eindrapport. D.H.V. Raadgevend Ingenieursbureau B.V., 1984.

Baumgartner, T.: "Overview of Concepts and methods", Forschungspapier, 1992.

Berends, W. und T. Mol: Milieuzorg in bedrijven, ons een zorg, Stichting Natuur en Milieu/Vereniging Milieudefensie, Amsterdam 1988.

Calkoen, P. und K. ten Have: Bedrijfsinterne milieuzorgsysteemen, Tilburg IVA, Instituut voor sociaal wetenschappelijk onderzoek, 1991.

Commissie Bedrijfsinterne Milieuzorgsystemen: Milieuzorg in samenspel, Den Haag, 1988.

Dooreward, M.E.M.: Milieuwetgeving en bedrijfsleven; de paradoxe rol van belangenorganisaties, Wolters Nordhof, Groningen, 1990.

FNV: "Commentaar op de notitie Bedrijfsinterne Milieuzorg", brief d.d., 15.1.1990.

FNV: "Reactie van de FNV op de tussenevaluatie bedrijfsinterne milieuzorg 1992", notitie, 1993.

Gunster, W.: "ISO-certificaat te verkiezen boven EG 'eco-audit-systeem'". in Milieunieuws voor bedrijven, Nr. 5, Mai 1992, S. 3

Jonge, M. de: "Leverancier moet pretenties met prestaties staven", in Arbeidsomstandigheden, 69 (1993), Nr. 3, S. 155-158.

Kann, J.I.H.: "Milieubeheer bij Exxon Chemical", in Energiebeheer & Afvalbeheer, 1987, Nr. 12, S. 37 f.

Kolk, J. van der und J.G.V. Maas: Instrumenten voor milieu- en kwaliteitszorg, COB/SER, Den Haag, 1992.

Le Blansch, C.G.: Industrial relations and the environment; Dutch country report, Centre for policy and management studies, Utrecht, 1991.

Leisink, P.: Structurering van arbeidsverhoudingen, een vergelijkende studie van medezeggenschap in de grafische industrie en in het streekvervoer, Dissertation, Utrecht, 1989.

Ministerie VROM: "Rapportage proefproject milieu-auditing", in Publicatiereeks Handhaving Milieuwetten, 1987/18, Den Haag, 1987.

Molenkamp, G.C., T. Leenen und K.P.G. Wilschut: "Grondslagen van environmental auditing", in De Ingenieur, Nr. 7/8, 1985.

Molenkamp, G.C.: "Externe Controle de milieu-audit", in Bressers, J.TH.A. et al. (Hrsg.), Milieuzorg van directietafel tot werkvloer, Samson H.D. Tjeenk Willink, Aalphen aan de Rijn, 1991a.

Molenkamp, G.C.: "Milieu-Auditing", in Kolk, J. van der et al. (Hrsg.), Handboek integrale milieuzorg, Kluwer Bedrijfswetenschappen, Deventer, 1991b, III.2.1.1.

Open Universiteit: Milieumanagement in bedrijven, Heerlen, 1991.

Someren, T.C.R. van, J. van der Kolk, K. ten Have und P. Calkoen: Onderzoeksrapport bedrijfsmilieuzorgsystemen; tussenevaluatie 1992, KPMG-milieu, Den Haag, 1993.

Sprengers, P.: Ideeën voor milieuzorg, Landelijk Milieu Overleg, Utrecht, 1989.

Stichting Natuur en Milieu: "Reactie op de Notitie Bedrijfsinterne Milieuzorg", Brief d.d., 14. Dezember 1989.

Stichting Natuur en Milieu: "Eerste reactie op tussenevaluatie 1992 invoering bedrijfsmilieuzorgsystemen", Brief d.d. 16. Februar 1993.

Tweede Kamer: vergaderjaar 1982-1983, 17600, XI, Nr. 129, Rapport van de onderzoekscommissie naar de bestuurlijke aspecten van de uitvoering van milieu- en andere wetgeving bij Drisolco BV, EMK, Uniser e.a.

Tweede Kamer: 1988-1989, 26300, Nr. 2 und 3, Notitie Bedrijfsinterne Milieuzorg.

Tweede Kamer: 1993-1994, 20633, Nr. 5, Standpunt naar aanleiding van de tussenevaluatie bedrijfsmilieuzorgsystemen 1992.

Vijverberg, C.H.T.: Environmental auditing, analyse van een nieuw instrument van milieuzorg binnen bedrijven in de VS, Ministerie VROM, Den Haag, 1984.

Verbond van Nederlandse Ondernemingen (VNO) / Nederlands Christelijk Werkgeversverbond (NCW): Milieu-accountancy in ondernemingen, Den Haag, 1985.

Verbond van Nederlandse Ondernemingen (VNO) / Nederlands Christelijk Werkgeversverbond (NCW): Environmental protection in companies/Milieuzorg in bedrijven, Den Haag, 1986.

Verbond van Nederlandse Ondernemingen (VNO) / Nederlands Christelijk Werkgeversverbond (NCW): "Commentaar van de Raad van Nederlandse Werkgeversverbonden VNO en NCW op de VROM-notitie "Bedrijfsinterne Milieuzorg", Brief, 1989.

Verbond van Nederlandse Ondernemingen (VNO): "EG-verordening Milieu-audit", in VNO-bulletin, 14, Mai 1992.

Zwetsloot, G.I.J.M. und G. Bayens: "Een nieuwe fase in de arbozorg; integraal arbozorgsysteem garandeert kwaliteit van de arbeid", in Arbeidsomstandigheden, 4, April 1992.

Zwetsloot, G.I.J.M. und P.P.M. Sprengers: Op zoek naar synergie; het combineren van Arbo-, milieu- en kwaliteitszorg door koploperbedrijven, VUGA, Den Haag, 1992.

Børge Lorentzen
2.3. Öko-Audits in Dänemark

Dieser Statusbericht über Öko-Audits in Dänemark wurde im Rahmen einer internationalen vergleichenden Untersuchung vorgelegt, die von der Hans-Böckler-Stiftung initiiert wurde, dem Forschungsinstitut der deutschen Gewerkschaftsbewegung für die Förderung der partizipatorischen Demokratie. Dieses Forschungsprojekt besteht aus zwei Phasen. In der ersten Phase werden 7 Länderberichte (Großbritannien, Niederlande, Belgien, Deutschland, Italien, Spanien, Dänemark) zur Beteiligung der Arbeitnehmer an betrieblichen Öko-Audits und zur Integration von Arbeits- und Gesundheitsschutzfragen in diese Prüfungen ausgearbeitet. In der zweiten Phase soll ein allgemeiner Bericht mit einer vergleichenden Analyse auf Grundlage der Länderberichte und einer Analyse der Entwicklung von Öko-Audits auf EWG-Ebene vorgelegt werden.

Wir weisen darauf hin, daß der vorliegende Länderbericht hauptsächlich auf bereits veröffentlichten schriftlichen Unterlagen zum Thema Öko-Audits in Dänemark basiert. Wegen der Kürze der zur Verfügung stehenden Zeit und des begrenzten Projektumfangs war es nicht möglich, eigene Untersuchungen durchzuführen, um den Entwicklungsstand in diesem Bereich in Dänemark vollständiger zu erfassen. Aus demselben Grunde sollte dieser Bericht nur als Versuch einer Zwischenerhebung und vorläufigen analytischen Bewertung von Entwicklungstendenzen zum Thema Öko-Audit verstanden werden, wobei dieses Instrument als Teil einer präventiven Umweltschutzstrategie in dänischen Unternehmen betrachtet wird.

Daher sind dem Autor ergänzende Informationen, kritische Kommentare und andere Reaktionen der Leser ausgesprochen willkommen.

2.3.1. Entwicklungsstand von Öko-Audits in dänischen Unternehmen

Eine Beschreibung des spezifischen nationalen Kontextes ist unverzichtbar, wenn wir den Einsatz des Instruments Öko-Audit als Teil des Umweltmanagements in dänischen Unternehmen bewerten wollen. Deshalb folgt zunächst die Beschreibung einer Reihe von Rahmenbedingungen in Form von staatlichen Initiativen, Vereinbarungen zwischen den Sozialpartnern und branchenspezifischen Voraussetzungen für Öko-Audit-Initiativen auf Unternehmensebene, bevor wir auf unternehmensspezifische Erfahrungen eingehen.

Staatliche Initiativen

Seit 1986 bemühte sich die dänische Regierung um die Entwicklung von Präventivstrategien für den Umweltschutz, die die traditionellen reaktiven Herangehensweisen ersetzen sollten. Es ist allerdings typisch für die Situation, daß die ersten Projekte zu Öko-Audits in dänischen Unternehmen Ende der 80er Jahre nicht von der Regierung finanziert wurden, sondern von den Unternehmen selbst und/oder Consultingfirmen, die damit ihr eigenes Know-how weiterentwickeln wollten. Diese ersten Projekte orientierten sich stark an dem amerikanischen EPA-Handbuch[1] (der amerikanischen Umweltschutzbehörde Environmental Protection Agency) und dem niederländischen PRISMA-Projekt[2]. Ihr Ziel bestand darin, diese beiden Modelle zu prüfen und an die dänische Situation anzupassen (genauere Ausführungen dazu folgen weiter unten).

Die präventiven Umweltschutzstrategien des Umweltministeriums zielten von Anfang an darauf ab, "saubere Technologien" in Industrie und Gewerbe einzuführen. Dieser Begriff kann nach Aussage des dänischen Umweltministeriums[3] dann verwendet werden, wenn die betreffenden Unternehmen

- die Umweltbelastung durch umweltgefährdende Arbeitsabläufe und Verfahren vermindern,

---

[1] United States Environmental Protection Agency, Waste Minimization Opportunity Assessment Manual, Cincinnati, 1988.

[2] De Ho, S.S. (1992), PRISMA, a key to pollution prevention policy in organizations. An overview of the PRISMA Project, Presented at the ECTA-III Conference, Kopenhagen, 1992.

[3] Miljøstyrelsen (Nationale Umweltschutzbehörde), Renere Teknologi - hele vejen rundt, 1992.

- Gefahrenstoffe durch weniger gefährliche Substanzen ersetzen,
- die Verschwendung von Energie und Rohstoffen bei der Produktion eindämmen,
- Produkte fertigen, die in Verwendung und Entsorgung umweltfreundlich sind.

Der erste Schritt in diese Richtung war das Entwicklungsprogramm für saubere Technologie (1986-1989) der staatlichen Umweltschutzbehörde in Höhe von 90 Millionen dänischen Kronen zur Förderung von 94 Projekten. In diesem Rahmen wurden saubere Technologien in der holzverarbeitenden und Möbelindustrie, der metallverarbeitenden Industrie und der Lebensmittelindustrie entwickelt und demonstriert.[4] Während dieser Zeit zeigte die staatliche Umweltschutzbehörde keinerlei Interesse daran, Öko-Audits als Teil ihrer präventiven Umweltschutzbemühungen und der Einführung sauberer Technologien zu betrachten.[5]

Auch der zweite von der staatlichen Umweltschutzbehörde aufgelegte Aktionsplan für saubere Technologie (1990-92) in Höhe von 143 Millionen Kronen[6] zielte nicht direkt auf die Implementierung systematischer Öko-Audit-Verfahren im Rahmen präventiver Umweltschutzmaßnahmen der Unternehmen. In einer offiziellen Bewertung des ersten Aktionsplans wurde allerdings auf eine Reihe von Hindernissen für die Einführung (neu) entwickelter sauberer Technologien hingewiesen, die nicht durch Demonstrationsprojekte und Informationsarbeit allein überwunden werden können.

Im Rahmen des Aktionsplans war ein Teil des Budgets für eine Reihe von Consultingvereinbarungen vorgesehen, mit denen das Konzept sauberer Technologien über die bisher für diesen Gedanken gewonnenen Unternehmen hinaus weiter verbreitet werden sollte. Von sieben solchen Consultingvereinbarungen wurden vier

---

[4] Siehe Mlijφministeriet (Umweltministerium), Handlingsplan for Renere Teknologi 1993-97, 1992, S. 5

[5] Siehe Christensen und Nielsen, Erfaringer med miljφrevisioner i Danemark - en oversigt, Aalborg University Centre, 1992, S. 7-8.

[6] siehe Miljφministeriet, Juni 1992, S.6

mit bestimmten Industriezweigen abgeschlossen (Holz- und Möbelbranche, Speckfabriken, Fischindustrie und Galvanoplastik), die drei übrigen mit ausgewählten Stadtverwaltungen. Zwei der drei Projekte mit Städten wurden mit EWG-Technologiefördermitteln kofinanziert.

Genau während dieser Zeit wurden eine Reihe positiver Erfahrungen mit Öko-Audits aus Dänemark und dem Ausland veröffentlicht. Gleichzeitig begann die Arbeit an der EG-Vorordnung über Öko-Audits. Diese Entwicklungen wirkten sich auf die oben erwähnten Consultingprojekte aus. Die meisten dieser Projekte ließen sich von diesem neuen Instrument inspirieren oder benutzten Öko-Audits direkt als systematischen Ansatz zur Identifizierung von Errungenschaften im Umweltschutzbereich. Ein einzelnes Consultingprojekt veröffentliche sogar ein Handbuch zu diesem Thema.[7] Außerdem arbeiteten eine Reihe von Unternehmensprojekten zur Einführung sauberer Technologien, die von der staatlichen Umweltschutzbehörde finanziert wurden, systematisch mit Öko-Audits.[8]

In dem aktuellen Aktionsplan für saubere Technologie der staatlichen Umweltschutzbehörde (1993-97) wird besonderer Wert darauf gelegt, die Implementierung bereits bestehender Lösungen für saubere Technologien zu fördern. Eine wichtige Rolle spielt dabei die Stärkung der betrieblichen Umweltschutzbemühungen und die Ausarbeitung von Richtlinien für Öko-Audits.[9] Des weiteren wird in dem Plan die Notwendigkeit betont, die Bemühungen vorrangig vom Produktionsprozeß auf das Produkt zu richten. Damit werden größere Möglichkeiten für die systematische Förderung von Präventivmaßnahmen in Unternehmen eröffnet, die ihrerseits dann Methoden zur Durchführung von Öko-Audits und Produktlinienanalysen entwickeln können.

---

[7] Siehe Christensen und Nielsen, a.a.O., 1992, S. 8f und 29ff.
[8] Ebenda, S. 19-21
[9] Siehe Miljøministeriet, Juni 1992, S. 18-19.

Initiativen auf Vereinbarungsbasis

Es gab in Dänemark Versuche zur Verknüpfung der Arbeits- und Gesundheitsschutzbestimmungen mit den Umweltschutzbestimmungen. Diese Versuche sind jedoch bisher am politischen Widerstand gescheitert. Aber die Arbeits- und Umweltschutzbehörden haben eine alte Vereinbarung zur Zusammenarbeit erneuert, um gemeinsame Ansätze auf örtlicher Ebene zu entwickeln (weitere Ausführungen dazu in Kapitel IV).

Die politischen Schwierigkeiten bei der Integration des behördlichen Vorgehens haben jedoch nicht alle Initiativen in diesem Bereich gelähmt. Der dänische Industriearbeitgeberverband und die zentrale Metallarbeitergewerkschaft haben eine Vereinbarung über die Gründung einer "Organisation für Umweltschutz in der Industrie", kurz IMO (Industriens Miljøorganisation), abgeschlossen.[10] Diese Vereinbarung impliziert die freiwillige Einrichtung eines Umweltschutzdienstes durch die Metallindustrie. Dieser Umweltschutzdienst soll die angeschlossenen Unternehmen in Fragen der Umwelt und des Arbeits- und Gesundheitsschutzes beraten (in einer Reihe anderer Industriezweige in Dänemark wurden bereits Beratungsdienste für die Gesundheit am Arbeitsplatz eingerichtet, die mit den Arbeitsschutzausschüssen der Unternehmen zusammenarbeiten). Darüber hinaus heißt es in der Vereinbarung, daß die Arbeitsschutzausschüsse der angeschlossenen Unternehmen in präventive betriebliche Umweltschutzmaßnahmen einbezogen werden sollen und den Mitgliedern dieser Ausschüsse (den Vertretern der Arbeitnehmer und der Geschäftsleitung) als Ergänzung zu ihrer Arbeitsschutzausbildung ein 16-stündiger Umweltschutzkurs angeboten wird.

---

[10]Siehe Aftale om Etablering af Industriens Miljøorganisation med virkning fra 1/2-1991 (Vereinbarung über die Gründung einer Umweltschutzorganisation für die Industrie mit Wirkung ab dem 1.2.91) und Retningslijner for Industriens Miljøtjeneste (Richtlinien für den Umweltschutz) mit Retningslinjer for virksomhedernes miljø, sikkerheds- og sundhedsarbejde (Richtlinien für den Umwelt-, Gesundheits- und Arbeitsschutz im Unternehmen), 1991.

Eine Bewertung der Auswirkungen dieser Vereinbarung steht noch aus, aber man kann davon ausgehen, daß hierdurch neue Bedingungen für eine systematische Erhebung der Umweltschutzprobleme in Unternehmen und zielorientierte präventive Umweltschutzmaßnahmen geschaffen wurden. Wie oben bereits erwähnt, gilt diese Vereinbarung nur für die Metallindustrie, aber in weiten Kreisen wurde erwartet, daß dieses Modell zur Norm für die Organisation des betrieblichen Umweltschutzes würde. So wurde ein nationales Komitee der dänischen Arbeitsschutzausschüsse gegründet, dessen Aufgabe darin bestehen sollte, Vorschläge zur Unterstützung der Unternehmen bei ihren Umweltschutzbemühungen zu erarbeiten, zum Beispiel durch Öko-Audits. Darüber hinaus begannen Mitarbeiter der Arbeitsschutzausschüsse im ganzen Land mit Fortbildungsmaßnahmen, um qualifizierte Hilfe bei Arbeits- und Umweltschutzfragen anbieten zu können.

Doch kürzlich hat der dänische Arbeitgeberverband die IMO-Vereinbarung scharf kritisiert, und zwar angeblich wegen mangelnder Unterstützung seitens der Mitgliedsunternehmen. Deshalb besteht derzeit große Unsicherheit hinsichtlich einer möglichen Erneuerung der Vereinbarung sowie eventueller Folgen für die betriebliche Organisation des Umweltschutzes und die Zusammenarbeit mit externen Beratungsinstitutionen.

Ein weiterer Effekt der Umweltschutzdiskussion zwischen den Sozialpartnern kann in dem gemeinsam abgestimmten Plan zum Arbeitsplatzumfeld für 1993 gesehen werden. Dieser Plan befaßt sich unter anderem mit sauberen Technologien, und es wird ausdrücklich festgestellt, daß die Betriebsräte, die örtlichen Vereinbarungspartner und die Arbeitsschutzausschüsse in Diskussionen über saubere Technologie im Unternehmen einbezogen werden sollen.[11]

Öko-Audits in der Praxis

Es gibt keine Gesamterhebung über die Durchführung von Öko-Audits in dänischen Unternehmen, aber es steht fest, daß die

---

[11]Siehe Arbejdsmiljø Nr. 6/7 1992, Skelsættende plan for 1993, S. 10f.

ersten systematischen Prüfungen in den Jahren 1989/90 vorgenommen wurden und in Industrie und Wirtschaft das Interesse an einer betrieblichen Umweltschutzpolitik in den letzten Jahren gewachsen ist. Im Rahmen der zunehmend verbreiteten präventiven Umweltschutzmaßnahmen im Unternehmen werden Öko-Audits und Produktlinienanalysen als brauchbarste "Werkzeuge" angesehen.

Allerdings wurde kürzlich eine Materialsammlung zu Erfahrungen aus bestehenden Öko-Audit-Projekten veröffentlicht.[12] Sie ist in Zusammenhang mit dem Versuch der beteiligten Consultingfirmen zu sehen, ein an dänische Verhältnisse angepaßtes Handbuch für Öko-Audits herauszugeben, und es wurden die Projekte ausgewählt, denen die Consultingfirmen strategische Bedeutung beimessen. Auf diese Dokumentation soll daher genauer eingegangen werden.

Die Consultingfirme DTI (Dansk Teknologisk Institut) hat als erste das amerikanische EPA-Handbuch an einem mittelständischen dänischen Unternehmen (Pridana) getestet und dieses Projekt selbst finanziert. Für das Unternehmen erwies sich die Verwendung der EPA-Checkliste zur Erfassung des Wasser- und Chemikalienverbrauchs als Erfolg, denn die sich daraus ergebenden Änderungen führten zu niedrigerem Verbrauch und entsprechenden Einsparungen.[13] Was methodische Ansätze betrifft, so zeigte dieses Projekt, daß die EPA-Formulare viel zu kompliziert für ein mittelständisches dänisches Unternehmen waren. Deshalb schrieb DTI einen ersten Entwurf für ein an dänische Verhältnisse angepaßtes Handbuch für die Durchführung von Öko-Audits, das seither noch mehrfach überarbeitet wurde. Einige Anpassungen wurden zum Beispiel in Zusammenhang mit einem Öko-Audit-Projekt in bestimmten Fertigungsbereichen von SAS (Scandinavian Airline Systems) vorgenommen. In diesem Fall wurde eine Übersetzung des PRISMA-Handbuchs verwendet, und auch dieses enthielt, wie sich herausstellte, viel zu komplizierte und

---

[12]Christensen und Nielsen, 1992.
[13]Ebenda, S. 13f.

umfangreiche Checklisten.¹⁴ Auf Grundlage vier erfolgreicher Projekte faßte DTI dann in einem Merkblatt eine Reihe von Erfahrungen mit Öko-Audits zusammen und legte ein überarbeitetes Konzept für die Anwendung durch dänische Unternehmen vor.¹⁵

Auch eine andere dänische Consultingfirma, COWlconsult, nutzte ihre Beteiligung an einem konkreten Projekt im Ausbesserungswerk der dänischen Eisenbahngesellschaft DSB zur Entwicklung einer Methode für Öko-Audits auf Grundlage des EPA- und des PRISMA-Handbuchs, die auch in anderen Unternehmen erprobt wird.¹⁶

Beide Consultingfirmen machten also die Erfahrung, daß die "importierten" Methoden und dazugehörigen Checklisten viel zu technisch und zu kompliziert waren, um unmittelbar in dänischen Klein- und Mittelbetrieben eingesetzt zu werden¹⁷. Deshalb hat man die Verwendung der Checklisten eingegrenzt und die Checklisten selbst vereinfacht. Diese methodischen Initiativen sind auch eine Folge der Tatsache, daß in manchen Projekten die Bedeutung der Arbeitnehmerbeteiligung auf der Arbeitsplatzebene besonders betont wurde.

Eine dritte Consultingfirma, RENDAN, hat im Rahmen eines mehrere Unternehmen in einem Kopenhagener Vorort (Hvidovre) umfassenden Projekts eine Methode für Öko-Audits in Kleinunternehmen entwickelt¹⁸. Dieses Projekt wurde von der staatlichen Umweltschutzbehörde im Rahmen der obengenannten Consultingvereinbarungen zur Einführung sauberer Technologien finanziert. Das in diesem Rahmen veröffentlichte Handbuch ähnelt den bereits

---

¹⁴Ebenda, S.14f.

¹⁵Dansk Teknologisk Institut, Miljøteknik Notat - Beskrivelse af Miljøteknisk revision, 1991 und Dansk Teknologisk Institut/Miljøteknik Miljøstyring - en måde at forbedre miljøforhold.

¹⁶Christensen und Nielsen, 1992, S. 16-21; siehe auch COWlconsult, DSB - Miljøteknisk revision - manual for værksteder, 1992

¹⁷siehe ebenda, S. 27f.

¹⁸RENDAN/Dansk Ressource Management Center, Håndbog i ressourceoptimering og affaldsminimering i mindre Virksomheder, 1991.

erwähnten Handbüchern, zeichnet sich aber darüber hinaus durch den Versuch aus, einfachere Formulare zu erstellen, die leichter auszufüllen und an die Verwendungsbedingungen in typischen dänischen Betrieben angepaßt sind. Die Anregung dazu stammte aus dem sogenannten "Alaska-Handbuch"[19]. In zwei anderen Gemeinschaftsprojekten mit Stadtverwaltungen, die ebenfalls aus dem Consultingfonds der staatlichen Umweltschutzbehörde finanziert wurden, kamen neben anderen Methoden des präventiven Umweltschutzes auch den Öko-Audits ähnliche Verfahren zur Anwendung[20].

Einige der branchenorientierten Consultingdienste der staatlichen Umweltschutzbehörde verfolgen einen eher begrenzten Ansatz und konzentrieren sich vornehmlich auf die Verringerung des Wasserverbrauchs und die Abscheidung organischer Schadstoffe aus dem Abwasser der Fischindustrie und der Speckfabriken. Dies spricht zwar für eine systematische Herangehensweise an die Wasserproblematik, aber wir können in diesem Fall nicht von echten Öko-Audits sprechen[21]. Andererseits kann man besonders in den genannten Industriezweigen ein wachsendes Interesse an solchen spezifischeren und kostensparenden Initiativen feststellen.

Die obengenannten Projekte, in denen Öko-Audits oder ähnliche Instrumente eingesetzt wurden, sind wie bereits gesagt nicht die einzigen Beispiele für die Erprobung von Öko-Audits in Dänemark, aber sie gehören zu den bekanntesten. Daher kann man davon ausgehen, daß unter anderem das Interesse an diesen nationalen Projekten und die wachsende internationale Bedeutung des Instruments "Öko-Audit" die staatliche Umweltschutzbehörde Dänemarks dazu veranlaßt haben, ein Handbuch zum Thema "Umweltmanagement"[22] zu verfassen und zu veröffentlichen. Dieses Handbuch wurde auf der Grundlage von Beratungen einer Arbeitsgruppe entwickelt, an der neben Vertretern von zweien der

---

[19] siehe Christensen und Nielsen, 1992, S.33f.
[20] Ebenda, S. 42f.
[21] Ebenda, S. 42f.
[22] siehe Orientering fra Miljøstyrelsen Nr. 6, Miljøstyring - en håndbog i praktisk miljøarbejde, 1992.

oben erwähnten Consultingfirmen (DTI und Krüger) auch Vertreter der Gewerkschaften, der Arbeitgeberverbände, der staatlichen Umweltschutzbehörde und der Stadt Kopenhagen beteiligt waren.

In diesem Dokument ist bevorzugt von "Umweltmanagement" ("Miljøstyring") statt von "Öko-Audits" ("Miljøteknisk revision") die Rede. Dadurch soll betont werden, daß das statische Instrument der Prüfung durch präventive und zukunfsorientierte Umweltschutzmaßnahmen mit periodisch aktualisierter Zielsetzung ergänzt wird. Die Autoren betonen, daß das Umweltmanagementkonzept sich hervorragend mit den Vorschlägen für eine EG-Verordnung über freiwillige Umweltbetriebsprüfungen verträgt und daß es den Umweltmanagement praktizierenden Unternehmen leichter fallen wird, die im Rahmen solcher Prüfungen geforderten Daten zu ermitteln.[23]

2.3.2. Die Position der Gewerkschaftsbewegung zu Öko-Audits

Während die dänische Gewerkschaftsbewegung früher auf die Forderung nach stärkerem Umweltschutz mit einem gewissen Widerstand reagierte, gab es in den 80er Jahren eine ausgesprochene Wende dahingehend, dieses Politikfeld von gewerkschaftlicher Seite aus positiv zu besetzen.[24]

Dafür gibt es mehrere Gründe eine wachsende Zahl von Gewerkschaftern wird sich darüber klar, daß Beschäftigungspotentiale langfristig nur dann gesichert werden können, wenn die Produktion noch stärker mit ökologischen Erwägungen in Einklang gebracht wird. Viele Gewerkschafter sehen außerdem in der Entwicklung umweltfreundlicher Produkte mit minimaler Umweltbelastung bei der Fertigung eine eigenständige Marketingstrategie, die ausgebaut

---

[23]Ebenda, S.14

[24]Mehr dazu in Lorentzen, B., Christiansen, K. und Jørgensen, M.S., Industrial Relations and Environmental Regulation in Denmark, Interdisciplinary Centre, Technical University of Denmark, 1992; und Lorentzen, B., Ökologische Herausforderung und Gewerkschaften in Dänemark, in Roth, K. und Sander, R., Ökologische Reform in Europa, 1992.

werden sollte. Insbesondere die im Unternehmen oder innerhalb der Gewerkschaften mit Arbeitsschutzfragen beschäftigten Personen entdecken, daß sie die Entwicklung präventiver Umweltschutzmaßnahmen auf Unternehmensebene berücksichtigen müssen, wenn sie Möglichkeiten für einen menschenwürdigen Arbeitsplatz sichern wollen. Schließlich sind die umweltpolitischen Initiativen der Gewerkschaften auch darauf zurückzuführen, daß ihre Mitglieder sich mehr und mehr auf der persönlichen Ebene für eine tragfähige ökologische Entwicklung engagieren. Immer mehr Mitglieder scheinen von ihrem Interessenverband auch politische Initiativen zu diesem Aspekt der gesellschaftlichen Krise zu erwarten.

Zentrale Initiativen

Die neuen umweltpolitischen Initiativen machen sich in den Gewerkschaften vor allem auf der zentralen Ebene bemerkbar. Gerade vor kurzem hat der dänische Gewerkschaftsbund LO die Bühne der Umweltpolitik betreten, und zwar mit einer gemeinsamen Erklärung mit dem dänischen Arbeitgeberverband zu den Verhandlungen über ein neues Umweltschutzgesetz in Dänemark (1992). In diesem Zusammenhang waren auch Verhandlungen zwischen dem Umweltministerium und den Arbeitgeberorganisationen über freiwillige Vereinbarungen zur Einschränkung des Verbrauchs umweltgefährdender Materialien geführt worden. An einer dieser Verhandlungen über die Einschränkung des PVC-Verbrauchs und die Wiederverwertung von PVC hat auch der dänische Gewerkschaftsbund teilgenommen und die Verhandlungsergebnisse befürwortet.[25]

Darüber hinaus kann man eine zunehmende Präsenz der Gewerkschaften in den Lenkungsausschüssen für Unternehmensprojekte feststellen, die im Rahmen des Aktionsplans durch das Umweltministerium finanziert werden. Diese Beteiligung geht weniger auf freiwillige Einladung zur Teilnahme als vielmehr auf politischen Druck seitens der Gewerkschaftsbewegung zurück, die in diesem Kontext als Verhandlungspartner mit legitimen Eigeninteressen anerkannt werden will. An den Lenkungsausschüssen nehmen

---

[25] siehe Lorentzen et al., 1992

hauptsächlich die Technologie- und Arbeitsschutzexperten der Gewerkschaften teil, und sie plädieren vor allem für eine Einbeziehung der Sicherheits- und Gesundheitsaspekte in die Projekte für saubere Technologie.

Darüber hinaus scheinen immer mehr Gewerkschaften ihren Stolz darein zu setzen, Flugblätter zu Umweltfragen zu veröffentlichen. Darin informieren sie über Hintergründe von Umweltproblemen, ihr Ausmaß und ihre Verbindung mit der gesellschaftlichen Produktion, und sie geben Tips für Änderungen in Lebensstil und Verhalten am Arbeitsplatz und in der Freizeit. Viele dieser Flugblätter haben allerdings reinen Informationscharakter und dienen kaum dazu, eine echte Debatte über die zukünftige Rolle der Gewerkschaftsbewegung im präventiven Umweltschutz auf unterschiedlichen Ebenen der Gesellschaft anzustoßen.

Auf der zentralen Ebene gibt es schließlich auch eigene umweltpolitische Initiativen der Einzelgewergschaften für Kampagnen in bestimmten Bereichen. Eins der vielversprechendsten Beispiele stammt von der nationalen Gewerkschaft der angelernten Arbeiter SiD (Specialarbejderforbundnet i Danmark) und ist Teil der Bemühungen um eigenständige Grundlagen der Umweltschutzarbeit. Den Hintergrund für diese Initiativen bildeten Erfahrungen mit neuen und sehr ernsten Arbeitsschutzproblemen für die Arbeiter in Müllsortieranlagen, die schließlich zu dem Konzept vom "Müllwerker als Umweltwächter der Gesellschaft" führten. Dieses Konzept diente dann als Grundlage für eine Kampagne unter den Müllwerkern und in den Wohngebieten. Ein sehr interessanter Aspekt war dabei die Integration der Arbeitsschutzinteressen der Müllwerker in den Gedanken, die Müllwerker für eine neue Rolle zu schulen, nämlich die Mülltrennung an der Quelle zu überwachen, d.h. in den Wohngebieten.[26] Nach Aussage der SiD ist das Konzept des "Müllwerkers als Umweltwächter der Gesellschaft" nicht mehr nur ein Motto für die Müllwerker, sondern Grundlage für eine neue Auffassung von Berufsbild und Beschäftigungsprofil, die in immer mehr

---

[26]siehe Busck, O., Waste Handling and Recycling - the Key-role of the Waste-Worker. Danish Experience. Paper presented to the *International Chemical and Energy Worker Federation's Conference on the Environment*, Miami, Oktober 1990.

Städten und Entsorgungsbetrieben in Dänemark praktiziert wird.[27] Es gibt auch Beispiele für die Zusammenarbeit von Gewerkschaften mit Basisorganisationen aus dem Umweltbereich über spezifische Kampagnen, zum Beispiel gegen die Bestrahlung von Lebensmitteln oder für die Verbreitung ökologischer Methoden bei der Brotproduktion.

Hinsichtlich der Entwicklung systematischer präventiver Umweltschutzmaßnahmen auf Unternehmensebene hat sich die Diskussion in Dänemark in den letzten Jahren hauptsächlich um den Gedanken gedreht, die industrielle Produktion im Sinne "sauberer Technologien" umzustellen. Dies gilt auch für die Entwicklung der gewerkschaftlichen Umweltschutzpolitik auf der zentralen Ebene, die im ürbrigen zunächst durch gewisse Vorbehalte gegenüber Diskussionen mit Industrievertretern und Politikern über Umweltschutzbemühungen der Unternehmen gekennzeichnet war. Die zögerliche Entwicklung einer Gewerkschaftspolitik in diesem Bereich kann vielleicht zum Teil die Tatsache erklären, daß wir heute die Verbreitung stark expertengetragener Managementstrategien für Umweltmanagement erleben und die Arbeitnehmer und ihre Gewerkschaften in diesen Umweltschutzmaßnahmen des Unternehmens keine oder nur eine marginale Rolle spielen.

Inzwischen hat vor allem der dänische Gewerkschaftsbund LO eine eigene Politik zum Thema saubere Technologien entwickelt. Die LO-Definition sauberer Technologien bezieht Produktionsverfahren und Produkte ein und empfiehlt deshalb, die Unternehmen sollten sich nicht auf traditionelle Öko-Audits als reine Prüfungen des Produktionsbetriebes beschränken sondern auch Produktlinienanalysen durchführen, um darüber hinaus umweltfreundliche Produkte zu entwickeln.[28]

---

[27]Siehe Busck, O., Udnyttelse af medarbejderressourcer i virksomhedernes miljøudvikling, Papier für die Konferenz des skandinavischen Ergonomistenverbandes in Lillehammer, September 1991.
[28]siehe LO's Miljøhandlingsplan, 1992. Renere fremtid. Omstilling fra vugge til grav.

Diese umfassende Herangehensweise an betriebliche Umweltschutzmaßnahmen muß in Verbindung mit der Tatsache gesehen werden, daß die von den Unternehmen initiierten Projekte zum Thema saubere Technologie oft auf einem engeren Verständnis von sauberer Technologie beruhen und sich hauptsächlich auf Maßnahmen zum Einsparen von Energie, Wasser und Rohstoffen im Produktionsprozeß konzentrieren. So kann man zeigen, daß "etwas für die Umwelt getan wird" und gleichzeitig die Betriebskosten in den Bereichen Rohstoffe und Umweltabgaben senken.

Der dänische Gewerkschaftsbund plädiert außerdem für Lösungen[29], die "zwei Fliegen mit einer Klappe schlagen". Da Umweltprobleme und Arbeitsschutzprobleme häufig eine gemeinsame Ursache haben, kann man mit solchen Lösungen häufig auf beiden Gebieten Verbesserungen erzielen. Fehlendes Bewußtsein über diesen Zusammenhang könnte dagegen zu einer "halbsauberen" Lösung führen, bei der Belastungen von der Umwelt an den Arbeitsplatz verlegt werden. In diesem Zusammenhang ist es interessant, daß der Arbeitgeberverband Dansk Industri kürzlich eine Informationsschrift veröffentlicht hat, in der den Mitgliedsunternehmen empfohlen wird, Produktlinienanalysen vorzunehmen und Umweltaspekte sowie Arbeitsschutzaspekte in diese Arbeit einzubeziehen.[30]

Der dänische Gewerkschaftsbund bemüht sich auch, die Aufmerksamkeit wieder auf die fast vergessene potentielle Rolle der Arbeitgeber und der Gewerkschaften als Sozialpartner im Rahmen des präventiven Umweltschutzes im Unternehmen zu lenken.[31] So vertritt der dänische Gewerkschaftsbund den Standpunkt, daß Umweltschutzaktivitäten im Unternehmen eine wichtige Aufgabe für alle Vertrauensleute und Arbeitnehmervertreter in den Arbeitsschutzausschüssen darstellen, denen deshalb zusätzliche Schulungen in diesem Bereich angeboten werden sollten. Außerdem kann auch der einfache Arbeitnehmer wichtige Ressourcen in Form von Know-how und Kenntnissen der täglichen Routine am Arbeitsplatz

---

[29]Ebenda

[30]siehe Dansk Industri, Livscyklus-tankegangen, 1993.

[31]siehe LO's Miljøhandlingsplan, 1992.

beisteuern, die für die Umweltschutzmaßnahmen genutzt werden sollten. Zunächst und vor allem sollten allerdings die Vertrauensleute und die Arbeitnehmervertreter in den Arbeitsschutzausschüssen in die organisierte Arbeit einbezogen werden. Diese Stellungnahme liefert keine genaueren Hinweise darauf, wie die betrieblichen Umweltschutzmaßnahmen organisiert werden sollten und welche Aufgabenteilung zwischen Vertrauensleuten und Arbeitnehmervertretern in den Arbeitsschutzausschüssen sinnvoll wäre. Außerdem fordert der dänische Gewerkschaftsbund, daß die Arbeitnehmervertreter im Arbeitschutzausschuß und im Aufsichtsrat von Aktiengesellschaften durch Vereinbarung und Gesetzgebung das Recht erhalten, Umweltfragen im Unternehmen auf die Tagesordnung zu setzen. Sie sollen auch das Recht haben, in diesem Fall externe Experten zu Rate zu ziehen, wenn dies erforderlich ist.

Der dänische Gewerkschaftsverbund hat außerdem die Neuinterpretation eines der selten genutzten Grundrechte der dänischen Arbeitnehmer beschlossen das Recht zur Arbeitsniederlegung bei Gefahr für das eigene Leben und Wohlergehen soll dahingehend ausgeweitet werden, daß die Arbeit auch dann niedergelegt werden kann, wenn unmittelbar erhebliche Gefahren für die Umwelt drohen.[32]

Obwohl der Gewerkschaftsbund von einer "offensiven gewerkschaftlichen Umweltstrategie" spricht, wird darauf hingewiesen, daß es sich hier lediglich um eine Ausweitung der bereits bestehenden allgemeinpolitischen Zielsetzung der Gewerkschaftsbewegung handelt. Die den Vertrauensleuten und Arbeitnehmervertretern in den Arbeitsschutzausschüssen zugewiesene aktive Rolle soll durch systematische Zusammenarbeit mit dem Management verwirklicht werden. Der dänische Gewerkschaftsbund zielt darauf ab, die Institutionalisierung des präventiven Umweltschutzes analog zur Vorgehensweise bei Gesundheits- und Sicherheitsfragen am Arbeitsplatz durch Zusammenarbeit zwischen der Gewerkschaftsbewegung und den Arbeitgeberverbänden umzusetzen.[33]

---

[32]Ebenda.
[33]Ebenda.

Diese Stellungnahmen wurden aus dem Umwelt-Aktionsprogramm des dänischen Gewerkschaftsbundes zitiert, das auf dem Kongreß im Herbst 1991 ohne eigene Debatte zu diesem Tagesordnungspunkt und ohne große Vorbereitungsdiskussionen an der Basis verabschiedet wurde. Damit haben wir eine Strategie für Umweltschutzbemühungen am Arbeitsplatz, die im großen und ganzen bisher noch nicht in der Praxis erprobt wurde. Es mangelt der Strategie daher am Vergleich mit praktischen Erfahrungen, die vielleicht zu ihrer Konkretisierung beitragen könnten. Eine solche Konkretisierung wäre dringend erforderlich, wenn diese Strategie irgendeinen Einfluß auf die Initiativen für Umweltmanagement haben soll, die in der betrieblichen Praxis immer rascher eingeführt werden.

Lokale Initiativen

Die umweltpolitischen Initiativen der Gewerkschaftsbewegung werden zwar auf der zentralen Ebene am deutlichsten sichtbar, doch dies bedeutet nicht, daß es keine gewerkschaftlichen Umweltschutzaktivitäten vor Ort gäbe. Diese machen vor allem immer dann von sich reden, manchmal auf spektakuläre Art und Weise, wenn örtliche Umweltskandale oder Konflikte aufbrechen und die Gewerkschaften vor Ort gegen umweltgefährdende Produktionsanlagen oder Verfahren protestieren.[34] Berater der Gewerkschaftsbewegung stellen außerdem fest, daß sich die lokalen Gewerkschaftsstrukturen an verschiedenen Umweltaktivitäten beteiligen. So hat zum Beispiel die dänische Provinzstadt Køge auf Initiative der Gewerkschaften in den letzten drei Jahren zahlreiche Aktionen organisiert Veranstaltung einer Umweltwoche auf Grundlage einer breiten Zusammenarbeit verschiedener örtlicher Organisationen und Vereine; Hausverteilung einer Informationsschrift zum Umweltschutz an alle Haushalte, Ausstellungen und andere Aktivitäten zu Arbeits- und Umweltschutzfragen und der Beziehung zwischen diesen beiden Aspekten. In Verbindung mit diesen Aktionen wurden Umweltschutzpreise an

---

[34]siehe zum Beispiel Aldrich, P., The Phenmedipham Production at Kemisk Værk Køge A/S, Interdisciplinary Centre, Technical University of Denmark, o.O 1992. (Der Bericht ist in Dänisch und Englisch erhältlich)

Einzelpersonen und Unternehmen vergeben, die sich besonders um den Arbeits- und Umweltschutz verdient gemacht haben.

Es gibt auch Beispiele einzelner Unternehmen, die die Arbeitnehmervertreter traditionell an präventiven Umweltschutzaktivitäten beteiligen. Dies gilt zum Beispiel für das große dänische Metallunternehmen Danfoss. Bei Danfoss wurden bereits Jahre vor dem Abschluß der ersten IMO-Vereinbarung die Bemühungen um den Arbeits- und Umweltschutz integriert, und die Mitglieder der Arbeitsschutzausschüsse werden mit kurzen Schulungsmaßnahmen auf Umweltschutzaufgaben vorbereitet. Dies sind jedoch Einzelbeispiele, und die Beteiligung von Arbeitnehmervertretern scheint keine größeren Auswirkungen auf höherer Gewerkschaftsebene zu haben. Allgemein hat man den Eindruck, daß die zentralen und örtlichen Gewerkschaftsinitiativen und Aktivitäten immer noch relativ isoliert voneinander sind - solange die örtlichen Gewerkschaftskräfte nicht in Konflikte hineingeraten, die allgemeine Gewerkschaftsinteressen betreffen.

Ferner kann man auf vereinzelte örtliche Initiativen hinweisen, in denen die Gewerkschaftsorganisationen vor Ort versuchen, ihre Mitglieder auf eine aktive Beteiligung an präventiven Umweltschutzmaßnahmen in ihren Unternehmen vorzubereiten. So hat zum Beispiel die Gewerkschaftsbewegung der dänischen Fischereistadt Skagen in Zusammenarbeit mit einem wissenschaftlichen Berater eine Reihe von Workshops für die Arbeitnehmer der Fischindustrie organisiert, durch die die Teilnehmer lernen sollten, die Diskussionen über die Einführung sauberer Technologien in ihren Unternehmen besser bewerten und sich stärker daran beteiligen zu können. Die Arbeit in den Workshops ging ausdrücklich von den Gesundheits- und Sicherheitsproblemen am Arbeitsplatz aus, um dann die Vorschläge der Arbeitnehmer für Verbesserungen in diesem Bereich mit Vorschlägen für die Verminderung der Umweltbelastung durch die fischverarbeitende Industrie zu verbinden. Eine der Erfahrungen aus diesen Workshops war, daß die Teilnehmer zwar viele originelle Verbesserungsvorschläge vorbrachten, es aber schwierig fanden, diese Vorschläge in ihren Unternehmen umzusetzen, weil sie dort auf zahlreiche Hindernisse stießen.[35]

Aber Erfahrungen mit Umweltschutzinitiativen örtlicher Gerwerkschaftorganisationen werden eher sporadisch gesammelt, und eine systematische Erhebung ist unmöglich. Außerdem ist es schwierig, die Allgemeingültigkeit der erwähnten Erfahrungen zu bewerten.

2.3.3. Die Rolle der Arbeitnehmer und die Position der Arbeitnehmerinteressen in früheren und heutigen Öko-Audit-Projekten

Es gibt eine Erfahrung in Dänemark, die immer wieder als abschreckendes Beispiel für die negativen Auswirkungen zitiert wird, die man erzielt, wenn die präventiven betrieblichen Umweltschutzmaßnahmen von den Arbeitnehmerinteressen isoliert durchgeführt werden, das heißt in diesem Fall konkret von den Arbeitsschutzinteressen. Es geht um das Beispiel einer Papierfabrik, die vor einigen Jahren im Rahmen des Programms für saubere Technologie ein ehrgeiziges Brauchwasser-Recycling-Projekt verwirklicht hat. Das Unternehmen ist für seine Lösung sogar mit einem EWG-Umweltschutzpreis ausgezeichnet worden, weil die produktionsbedingte Umweltbelastung erheblich reduziert wurde. Die mangelnde Berücksichtigung der Konsequenzen dieser Maßnahmen für die Gesundheit und Sicherheit am Arbeitsplatz hatte allerdings böse Folgen durch das Brauchwasse-Recycling wurde das Bakterienwachstum in so hohem Maße gefördert, daß sich schwerwiegende Arbeitsschutzprobleme ergaben.

Wenn ein durch die staatliche Umweltschutzbehörde gefördertes Projekt so ernste Folgen haben konnte, so lag dies zum Teil auch an der expliziten Trennung der Zuständigkeiten zwischen der Arbeitsschutz- und der Umweltschutzbehörde. Diese Trennung

---

[35]Siehe Handberg,S. Christensen P und Georg, S., Clean Technology - a way to improve working conditions? A study from the danish fishing industry. Paper presented at the IRENES workshop on *Perspectives on Environmental Research and Action*, Leeds University, 14.-15. September 1992.

kommt auch darin zum Ausdruck, daß die Arbeitsschutzbehörde bei den ersten von der staatlichen Umweltschutzbehörde finanzierten Öko-Audit-Projekten nicht einmal zum Kreis der Guppen gehörte, die diese Projekte betreuten[36]. Dies galt auch für die oben erwähnten von den Unternehmen finanzierten Projekte, bei denen zwar keine Arbeitsschutzexperten hinzugezogen wurden, aber die beteiligten Berater erklärten, sie würden die Sicherheit und Gesundheit am Arbeitsplatz mit berücksichtigen.[37]

Die Consultingvereinbarungen der staatlichen Umweltschutzbehörde

Wenn wir einen Blick auf die später von der staatlichen Umweltschutzbehörde abgeschlossenen Consultingvereinbarungen für saubere Technologie werfen, so scheinen einige Entwicklungen in diesem Bereich stattgefunden zu haben. So wurden Vertreter der Arbeitsschutzbehörden und der Gewerkschaften in die Betreuung dieser Projekte einbezogen. Darin kann man zwar vielleicht eine Reaktion auf die wachsende Kritik an der fehlenden Beteiligung der genannten Parteien an den mit öffentlichen Mitteln finanzierten betrieblichen Projekten sehen, aber dies bedeutet noch nicht direkt, daß damit auch die Arbeitsschutzbelange in den eigentlichen Projekten stärker berücksichtigt werden.[38]

Dies liegt unter anderem daran, daß das Interesse der Arbeitnehmer an der Berücksichtigung ihrer Arbeitsschutzforderungen in betrieblichen Umweltprojekten nicht durch ihre formale Vertretung in den Arbeitsgruppen zur Projektbetreuung gewahrt wird, sondern allein durch ihre aktive Beteiligung an den Projekten selbst. Daraus ergibt sich ein ziemlich einmaliges Bild hinsichtlich der industrieorientierten Projekte, die von der staatlichen Umweltschutzbehörde finanziert werden die Arbeitnehmer oder ihre Vertretungen werden nämlich nicht systematisch in die Öko-Audits einbezogen. Ihre Beteiligung geschieht eher zufällig, wenn die Gutachter der Consultingfirmen im Rahmen ihrer betrieblichen Erhebung Gespräche mit

---

[36] siehe Christensen und Nielsen, 1992, S. 24.
[37] Ebenda, S. 23 f.
[38] Ebenda, S. 47 f.

Arbeitnehmern in der Produktion führen. Es gibt jedoch eine Ausnahme bei einem mehrere Unternehmen betreffenden Projekt mit der Stadtverwaltung eines Vorortes von Kopenhagen (Hvidovre) waren die Arbeitnehmer in einigen Projektgruppen vertreten.[39]

Im Fall der unternehmensfinanzierten Öko-Audit-Projekte scheint sich das Bild etwas anders darzustellen hier finden sich einige Beispiele, bei denen die Arbeitnehmer aus der Produktion an der betrieblichen Erhebung beteiligt wurden. In einigen Fällen arbeitet man außerdem an einer Vereinfachung der Checklisten, um insbesondere diese Beteiligung zu erleichtern.[40]

Die Entwicklung von Handbüchern für Öko-Audits

Deshalb ist es wichtig, die eigentlichen Projektbeispiele für Öko-Audits unter methodologischen Gesichtspunkten genauer zu untersuchen und dabei besonders auf die Handbücher zu achten, die für die Projekte verwendet oder in ihrem Verlauf ausgearbeitet wurden. In welchem Maße wurden Arbeitsschutzaspekte und die systematische Beteiligung der Arbeitnehmer, ihres Know-Hows, ihrer Erfahrungen und ihrer Interessen methodisch berücksichtigt?

Das dänische Technologieinstitut weist in einem Erfahrungsbericht beonders darauf hin, daß Arbeitsschutzaspekte zum Beispiel in dem von diesem Institut entwickelten Öko-Audit-Modell berücksichtigt werden.[41] Ferner wird betont, daß die größten Erfolge bei der Durchführung von Öko-Audits immer dann erzielt wurden, wenn man sich dabei auf die Arbeitsschutzausschüsse gestützt hat *Anfangs waren die Arbeitsschutzausschüsse natürlich hauptsächlich an Fragen der Sicherheit und Gesundheit am Arbeitsplatz statt an Problemen der externen Umweltbelastung interessiert. Aber im Zuge der fortschreitenden Arbeit interessierten sie sich mehr und mehr auch für die Umweltproblematik.*[42]

---

[39]Ebenda, S. 46
[40]siehe Christensen und Nielsen, 1992, S. 22.
[41]Dansk Teknologisk Institut/Miljøteknik. Notat. Beskrivelse af miljøteknisk revision, 1991, S. 1.
[42]Ebenda, S. 3.

Allerdings wird in einer Ausgabe des vom dänischen Technologieinstitut ausgearbeiteten Handbuchs für Öko-Audits[43] zwar "das Arbeitsumfeld" als Gegenstand der Prüfung genannt, aber weder wird dieser Begriff konzeptionell oder in seinem Bedeutungsumfang definiert, noch werden methodische Erfahrungen aus den bestehenden Arbeitsschutzhandbüchern herangezogen, um die Gefährdungen der Sicherheit und Gesundheit am Arbeitsplatz zu erfassen. Gleichwohl wird eine Erfassung dieses Gefährungspotentails parallel zur Erfassung der Umweltbelastungen gefordert.

Hinsichtlich der Beteiligung der Arbeitnehmer an der Vorbereitung und Durchführung von Öko-Audits lassen die Absichtserklärungen, in denen die Arbeitnehmer als wichtige Quelle von Erfahrungen und Ideen genannt werden, an Klarheit nichts zu wünschen übrig. Weniger klar war aber bisher ihre tatsächliche systematische Beteiligung in der Praxis. Es ist keineswegs so, daß die Arbeitnehmervertreter unbedingt an den Projektteams beteiligt werden sollen, die Öko-Audits planen und leiten. Diese Projektteams bestehen ausschließlich aus Vertretern der Geschäftsleitung. Es wird vielmehr vorgeschlagen, die Arbeitnehmer an bestimmten Arbeitsgruppen zu beteiligen, die zum Beispiel unter dem Vorsitz eines Arbeitsschutzbeauftragten eingerichtet werden können. Hinter diesem Vorschlag wird allerdings ein gewisser Mangel an Überzeugung erkennbar, wenn man feststellt, daß bei einer Reihe konkreter Beispiele für solche Arbeitsgruppen kein einziger Arbeitnehmervertreter beteiligt ist. Die Beteiligung der Arbeitnehmer wird außerdem meist nur dann als wichtig erachtet, wenn Überzeugungsarbeit geleistet werden muß, um Widerstände gegen die Veränderung von Arbeitsabläufen und ähnliches auszuräumen.

In dem weiter oben erwähnten Öko-Audit-Handbuch einer anderen Consultingfirma, COWIconsult, wurden Arbeitsschutzfragen am Beispiel eines konkreten Projekts sogar ausdrücklich aus der Betrachtung ausgeschlossen. Dort heißt es nämlich zur Methode:

---

[43]Dansk Teknologisk Institut/Miljøteknik, Miljøstyring - an måde at forbedre miljøforhold, 1991.

- Öko-Audits betreffen ausschließlich die von dem Betrieb ausgehenden Belastungen der äußeren Umwelt, das heißt außerhalb des Betriebsgeländes.[44]

Andererseits zeigt dieses Handbuch eine größere Bereitschaft zur Beteiligung der Arbeitnehmer an präventiven Umweltschutzmaßnahmen als das Handbuch des dänischen Technologieinstituts. Es wird zum Beispiel vorgeschlagen, den Vertrauenskörperleiter und einzelne Arbeitnehmer mit Spezialkenntnissen an der Projektlenkung zu beteiligen, und auch zu den Arbeitsgruppen sollten Arbeitnehmer mit einem für den betreffenden Bereich relevanten Fachwissen hinzugezogen werden. Eine generelle Einbeziehung des Know-hows und der Vorschläge der Belegschaft wird dagegen weniger systematisch angestrebt. Hierzu wird lediglich angeregt, man solle die Arbeitnehmer durch Flugblätter auffordern, Ideen für das Öko-Audit vorzuschlagen.

Ein ähnliches Bild ergibt sich aus der Untersuchung des Handbuchs für kleinere Betriebe[45], das von der Consultingfirma RENDAN für das oben erwähnte Projekt mit mehreren Betrieben in einem Kopenhagener Vorort entwickelt wurde. Einmal mehr stoßen wir auf den methodischen Ausschluß von Arbeitsschutzfragen aus der Erhebung der durch die Betriebe verursachten Umweltbelastungen. Dafür werden andererseits die Mitglieder der Arbeitsschutzausschüsse systematisch in eine Arbeitsgruppe einbezogen, die sich mit der konkreten Durchführung des Öko-Audits befaßt. Ferner wird ausdrücklich darauf hingewiesen, daß auch Arbeitnehmer, die nicht direkt in der Fertigung arbeiten, dennoch wertvolle Ideen und Vorschläge beisteuern können. Und schließlich betonen die Autoren die Bedeutung einer angemessenen Personalpolitik, die genügend Möglichkeiten für die Schulung der Mitarbeiter in Umweltfragen eröffnet.

---

[44]COWIconsult, DSB - Miljøteknisk revision. Manual for værksteder, 1992, S. 2.

[45]RENDAN/Dansk Ressource Management Center, Håndbog i ressourceoptimering og affaldsminimering i mindre Virksomheder, 1991.

Zusammenfassend können wir feststellen, daß eines der von den Consultingfirmen erarbeiteten Handbücher Arbeitsschutzfragen explizit aus dem Zusammenhang von Öko-Audits ausschließt, während zwei andere die Absichtserklärung formulieren, daß die Umweltbelastungen nicht isoliert von den Fragen der Gesundheit und Sicherheit am Arbeitsplatz betrachtet werden sollten. Dieser Standpunkt hat jedoch im großen und ganzen keinerlei praktische Auswirkungen, wenn es um konkretere Methoden und "Werkzeuge" zur Erfassung der betrieblichen Umweltprobleme geht. Den Problemen im Arbeitsplatzumfeld wird dabei nur sehr geringe Bedeutung beigemessen.

Schwieriger ist es, Schlußfolgerungen über die Beteiligung der Arbeitnehmer an Planung und Durchführung von Öko-Audits zu ziehen. Hier reicht die Spannbreite der in den Handbüchern gegebenen Empfehlungen von der Beteiligung der Arbeitnehmer sowohl in dem Projektlenkungsausschuß als auch in den durchführenden Arbeitsgruppen bis hin zu der ausgesprochen zurückhaltenden Auffassung, die Arbeitnehmer sollten nur an der praktischen Ausführung von Öko-Audits systematisch beteiligt werden. In allen Fällen aber, soviel kann man mühelos feststellen, wird die Beteiligung der Arbeitnehmer ausschließlich als Mittel betrachtet, um die Prüfung selbst zu verbessern oder die Belegschaft zu motivieren. Keinesfalls besteht das Ziel darin, den Arbeitnehmern durch ihre Beteiligung Möglichkeiten zur Wahrung ihrer kollektiven Interessen in Verbindung mit Öko-Audits und präventiven Umweltschutzmaßnahmen zu eröffnen.

Deshalb ist es interessant, das kürzlich veröffentlichte Handbuch der staatlichen Umweltschutzbehörde für präventiven betrieblichen Umweltschutz[46] nach demselben methodischen Ansatz zu untersuchen. Man kann nämlich davon ausgehen, daß die Arbeitsgruppe, die das Handbuch erstellt hat und in der Vertreter der obengenannten Consultingfirmen mitgearbeitet haben, die methodologischen Erfahrungen aus den Projekten der Consultingfirmen und der staatlichen Umweltschutzbehörde ausgewertet haben. In dem

---

[46] siehe Orientering fra Miljøstyrelsen Nr. 6, Miljøstyring - en håndbog i praktisk miljøarbejde, 1992.

Handbuch wird der Begriff des "Umweltmanagements" statt "Öko-Audit" verwendet und wie folgt definiert: "Begriff für eine systematische und regelmäßig wiederholte Prüfung der Umweltbedingungen, gepaart mit der kontinuierlichen Planung von umweltverbessernden Maßnahmen."[47]

Damit werden Öko-Audits in den Zusammenhang des strategischen Umweltmanagements eingebettet. Durch diese strategische Einordnung wird es umso interessanter, die Berücksichtigung von Arbeitsschutzfragen und Möglichkeiten für Arbeitnehmerbeteiligung in diesem Rahmen zu untersuchen.

Hinsichtlich der Stellung von Arbeitsschutzfragen innerhalb des Umweltmanagements finden wir erneut Absichtserklärungen, wie wichtig es sei, die Arbeits- und Umweltschutzproblematik als Einheit zu betrachten, und es werden Beispiele genannt, welche Schwierigkeiten bei der Abwägung beider Aspekte auftauchen. Dennoch bleibt der Eindruck bestehen, daß die Bewertung der Folgen bestimmter präventiver betrieblicher Umweltschutzmaßnahmen lediglich als Element betrachtet wird, "das man nicht vergessen sollte einzubeziehen". Die methodologischen Anweisungen zur Erfassung der Arbeitsschutzfragen sind nämlich im Vergleich zu den Überlegungen hinsichtlich des externen Umweltschutzes sehr spärlich ausgefallen.

In dem Handbuch wird nicht nur die Notwendigkeit betont, Öko-Audits als "Werkzeug" im Rahmen eines dynamischen Umweltmanagements zu verwenden, sondern im Vergleich zu den anderen Handbüchern wird auch deutlicher herausgestellt, daß es sich hierbei um ein Instrument der **Geschäftsleitung** handelt. Mehrfach werden die Stellung der Führungskräfte als strategischer Entscheidungsträger und die Verantwortung des Managements für die Umweltschutzmaßnahmen betont, und das Handbuch läßt keinen Zweifel daran, daß der Lenkungsausschuß für Umweltmanagementprogramme kein Forum für die Beteiligung der Arbeitnehmer oder ihrer Vertreter darstellt, sondern ausschließlich ein Führungsgremium ist. Von Einbeziehung der Arbeitnehmer sprechen die

---

[47]Ebenda, S. 14

Autoren hauptsächlich dann, wenn es um die Motivierung der Belegschaft geht, also um die Informationspolitik des Managements, und darum, wie man die Mitarbeiter am besten dazu bewegt, ihr Know-how und eigene Vorschläge in das Programm einzubringen. Schließlich wird vorgeschlagen, die Mitarbeiter an allen Arbeitsgruppen zu beteiligen, die mit der konkreten Umsetzung der Maßnahmen befaßt sind. Bemerkenswert ist dabei, daß weder den Vertrauensleuten, noch den Arbeitnehmervertretern in den Arbeitsschutzausschüssen explizit eine Rolle bei der Organisation des Umweltmanagementprogramms zugewiesen wird.

Neuere Öko-Audit-Projekte

Die Gewerkschaftsbewegung hat kritisiert, daß die Arbeitnehmer der betroffenen Unternehmen in die teilweise von der staatlichen Umweltschutzbehörde finanzierten Projekte für saubere Technologie nicht angemessen einbezogen wurden. Diese Kritik war vielleicht einer der Gründe, warum die staatliche Umweltschutzbehörde Mittel für ein zwei Jahre dauerndes Forschungsprojekt bewilligt hat, in dessen Rahmen die Möglichkeiten und Vorteile der Arbeitnehmerbeteiligung an präventiven Umweltschutzmaßnahmen unter einem strategischen Gesichtspunkt untersucht werden sollen. Das Projekt trägt den Titel "Arbeitnehmerbeteiligung bei der Einführung sauberer Technologien" und wird unter anderem vom Autor dieses Berichts geleitet. Zur Zeit steckt es in der Anfangsphase der empirischen Erfassung der Situation in vier Betrieben (Papierproduktion, Fischindustrie, Holz- und Fleischverarbeitung).

Das Projekt soll die These untersuchen, daß erhebliche Verminderungen der Umweltbelastung und der Gesundheitsbelastung am Arbeitsplatz durch aktive Beteiligung der Arbeitnehmer an der Einführung präventiver Umweltschutzmaßnahmen erzielt werden können. Daher müssen zunächst Erkenntnisse über die Belegschaftsressourcen (Know-how, Erfahrung, Motivation) für die Vermeidung von Umweltproblemen gesammelt und dokumentiert werden. In einer zweiten Phase werden die Vorbedingungen der Managementseite für die Beteiligung der Belegschaft an Umweltschutzaktivitäten zu untersuchen sein, um dann die Hindernisse für eine solche Beteiligung und das darin steckende Potential zu bewerten.

In dem Projektdurchführungsplan sind eine Reihe von Aktivitäten vor Ort vorgesehen Projektgruppen mit Vertetern des Managements und der Arbeitnehmer sollen mit der Aufgabe eingerichtet werden, den Materialfluß, den Ressourcenverbrauch, die Umweltbelastungen und die Arbeitsschutzprobleme ihres Betriebes zu erfassen. In Verbindung damit werden verschiedene Umweltschutzhandbücher erprobt und bewertet. Auf Grundlage der Ergebnisse dieser Erfassung entwickeln Arbeitnehmer und Management dann einen Aktionsplan für die Einführung sauberer Technologie mit Zielen, Strategien und Organisationsvorschlägen für die erforderlichen Umweltschutzaktivitäten. In der folgenden Projektphase soll dieser Aktionsplan dann umgesetzt werden.

Parallel dazu wird eine Untersuchung über das Umweltbewußtsein und die ökologische Handlungsbereitschaft innerhalb der Belegschaft und des Managements durchgeführt. Diese Untersuchung soll Erkenntnisse über zwei Hypothesen beisteuern 1) Die Arbeitnehmer stellen (mit ihrer Motivation, ihrem Engagement, ihrem Know-how und ihrer Handlungsbereitschaft) ein bisher nicht anerkanntes Potential für Maßnahmen zur Verbesserung der Umwelt dar; 2) Betriebe, die Umweltverbesserungsmaßnahmen durchführen, setzen dadurch eine interne Dynamik in Gang, die Führungskräfte und Mitarbeiter dazu bringt, die betrieblichen Aktivitäten mehr und mehr unter "Umweltgesichtspunkten" zu bewerten.

In Verbindung mit dieser Untersuchung werden die bisher durchgeführten präventiven Umweltschutzmaßnahmen, die Umweltpolitik und die Sozialstruktur der einzelnen Unternehmen erfasst. Dadurch sollen die Voraussetzungen (Hindernisse und Potentiale) für präventive Umweltschutzbemühungen für jedes Unternehmen identifiziert werden.

Dies ist nicht das einzige Projekt, das sich auf die Frage der Arbeitnehmerbeteiligung an betrieblichen Umweltschutzmaßnahmen konzentriert, aber die Beispiele sind immer noch rar. Ein anderes Projekt mit ähnlicher Schwerpunktsetzung steht unter dem Titel "Öko-Audits in Werkstätten - die Entwicklung eines branchen- und projektorientierten Schulungskurses" und wird vom Erziehungsministerium finanziert. Das Ziel besteht darin, einen Fortbildungskurs zum Thema Öko-Audits in öffentlichen und privaten Reparatur- und Instandhaltungswerkstätten für das Transportwesen zu entwickeln.

Wichtig bei dem Projektansatz ist, daß in diesem Fall das Konzept für Öko-Audits die Arbeitsschutzfragen mit einbezieht und eine Reihe von Arbeitsgruppen (aus gelernten und ungelernten Arbeitnehmern, Vorarbeitern, Meistern und leitenden Angestellten) aktiv an der Durchführung der Prüfungen beteiligt werden, um auf diese Weise methodisches Know-how im Betrieb anzusammeln. Außerdem sollen die Erfahrungen der Arbeitnehmer am Arbeitsplatz genutzt werden, um Probleme aufzudecken, Ursachen zu analysieren, Alternativen aufzuzeigen und die Bedingungen für diese Alternativen zu bewerten. Der Schulungskurs soll von den Teilnehmern selbst durchgeführt werden, und zwar parallel zur Koordinierung und Durchführung der Öko-Audits in ihren Werkstätten. Das Projekt wird in Zusammenarbeit zwischen den Betrieben und einer Reihe von Fortbildungseinrichtungen organisiert und soll im Ergebnis zum Angebot einer branchen- und projektorientierten Fortbildungsmaßnahme für Öko-Audits in Werkstätten führen.

Es besteht die Hoffnung, daß Projekte dieser Art dazu beitragen, die Arbeitnehmer und ihre Vertreter als potentielle Partner in den Blick zu rücken, die Beiträge zu den betrieblichen Umweltschutzbemühungen leisten können und als eigenständige Akteure legitime Arbeitsschutzinteressen vertreten, die von betrieblichen Umweltschutzmaßnahmen berührt werden können.

In diesem Zusammenhang hat ein Berater der SiD (nationale Gewerkschaft der angelernten Arbeiter) die wichtigsten Ausgangsbedingungen für eine verstärkte Nutzung der Belegschaftsressourcen bei Umweltschutzmaßnahmen untersucht.[48] Seiner Erfahrung nach hat die Industrie bisher keine besonders vielversprechenden Versuche unternommen, die Arbeitnehmer in Umweltschutzaktivitäten einzubeziehen, was unter anderem an dem bestehenden Kräfteverhältnis zwischen Gewerkschaften und Arbeitgeberverbänden liegt. Die vielversprechendsten Beispiele für die Förderung der aktiven Arbeitnehmerbeteiligung an Umweltentwicklungen, die

---

[48] siehe Busck, O., 1992.

es bisher in Dänemark gegeben hat, stammen aus kommunalen Initiativen bzw. kommunalen Versorgungsbetrieben.

In Bereichen wie Abfallentsorgung, Wasserversorgung und Aufbereitung oder Instandhaltung von Straßen und Parks sind die ökologischen Anforderungen vielleicht direkter spürbar geworden als in der Industrie. Gleichzeitig hat die Möglichkeit zur Druckausübung auf die im Stadtrat für die öffentlichen Versorgungsbetriebe zuständigen Politiker den Arbeitnehmern einen viel größeren Spielraum für Mitbestimmung und eigenständige Initiativen gegeben, bei denen auch die Gewerkschaften eine Rolle spielen. Die meisten beteiligten Parteien haben nämlich ein ausgesprochenes Interesse daran, die Arbeitnehmer und ihre Vorschläge aktiv an dem Prozeß der ökologischen Anpassung zu beteiligen (zum Beispiel wurden in einer Reihe von Kommunen Herbizide und Reinigungsmittel auf Initiative der Arbeitnehmer durch andere Stoffe oder Maßnahmen ersetzt). Die Erweiterung des Beschäftigungsprofils und entsprechende Qualifizierungen werden als wichtiger Bestandteil dieser Anpassung gesehen.

2.3.4. Institutionalisierte Ansätze zur Integration von Arbeits- und Umweltschutzfragen

In Dänemark ist die Berücksichtigung der Arbeitsschutzproblematik, wie sich aus den obigen Ausführungen ergibt, in der Diskussion über präventive betriebliche Umweltschutzmaßnahmen für die Gewerkschaftsbewegung ein wichtiges Thema geworden. Außerdem konnten wir feststellen, daß die Probleme der Sicherheit und Gesundheit am Arbeitsplatz in den bisher in Dänemark veröffentlichten Handbüchern für Öko-Audits nur sehr niedrige Priorität genießen, sofern sie überhaupt berücksichtigt werden. Es ist also die Frage, ob man auch auf andere formalisierte oder institutionalisierte Initiativen verweisen kann, bei denen Arbeitsschutzfragen in die betrieblichen Maßnahmen zur Verminderung der produktionsbedingten Umweltbelastung explizit einbezogen oder zumindest als Elemente zur Förderung des Umweltschutzes betrachtet werden.

Die Zusammenarbeit zwischen Arbeits- und Umweltschutzbehörden
Die Initiative, die am direktesten auf die Integration von Umwelt- und Arbeitsschutz abzielt, ist auf oberster Ebene der beiden zuständigen Behörden angesiedelt. Schon Ende der 80er Jahre wurde die Notwendigkeit formuliert, die Anforderungen beider Behörden an die Betriebe zu koordinieren. Dies geschah zur selben Zeit, als die Umweltbehörden eine Kursänderung vollzogen und sich auf gesetzliche Bestimmungen zur Verminderung der Umweltbelastung an der Quelle konzentrierten statt immer nur auf bereits erfolgte Umweltverschmutzung zu reagieren. Einige Betriebe machten in den folgenden Jahren die Erfahrung, daß die Umweltschutzbehörden und die Gewrbeaufsicht ganz unterschiedliche Anforderungen an ein- und denselben Produktionsprozeß richteten. 1988 legte dann die damalige Regierung einen Vorschlag vor, um die Inspektionen zu Fragen der Umweltbelastung und der Belastung am Arbeitsplatz gemeinsam im Rahmen eines vereinheitlichten Systems durchzuführen. Darüber konnte allerdings keine politische Einigkeit erzielt werden, und stattdessen wurde eine verstärkte Zusammenarbeit zwischen der Arbeits- und Umweltschutzbehörden in die Wege geleitet. Diese begann 1991 auf der Grundlage eine Kooperationsabkommens.[49]
Diese neue Zusammenarbeit erstreckt sich auf die verschiedenen Zuständigkeitsebenen. Auf zentraler Ebene wurde ein Koordinierungsausschuß eingerichtet, der die Bedingungen für die regionale und lokale behördliche Zusammenarbeit überwachen soll. Dazu gehören auch die Koordination der Planung und gemeinsamer Kampagnen (für spezifische Branchen, zum Beispiel die Chemieindustrie), die Einrichtung einer Reihe von Arbeitsgruppen (zu chemietechnischen Fachfragen, bestimmten Industriezweigen, Verordnungen, Gentechnologie, "Sevesoindustrien", Abfallentsorgung und Recycling) sowie gemeinsame Fortbildungsmaßnahmen und Möglichkeiten zum Arbeitsplatzwechsel zwischen den Behörden.

Auf örtlicher und regionaler Ebene wird vor allem von den lokalen Arbeitsschutzbehörden und den regionalen Umweltschutzräten eine

---

[49] siehe Samarbejdsaftale mellem myndighederne på arbejdsmiljøområdet og det ydre miljøomrade, o.O. 1990.

Zusammenarbeit erwartet, während der Kontakt zu den Kommunen eher informell aussieht. Auf regionaler Ebene werden die folgenden Aktivitäten durch den Austausch von Dokumenten, gemeinsame Betriebsinspektionen, gemeinsame Sitzungen u.s.w. koordiniert:

- Stark risikobehaftete und besonders umweltbelastende Betriebe ("Seveso-Industrien") werden in die Liste der Unternehmen aufgenommen, die den gesetzlichen Verfahrensregeln für die Genehmigung umweltbelastender Industrien unterliegen und somit eine behördliche Genehmigung für die Inbetriebnahme oder Erweiterung ihrer Anlagen benötigen. Eine enger gefaßte Liste industrieller Aktivitäten unterliegt den gesetzlichen Verfahrensregeln für die Durchführung von Arbeiten[50], das heißt die Unternehmensleitung ist verpflichtet, ihre Pläne für neue Verfahren und den Umgang mit Stoffen u.s.w. vor dem Anfahren der Anlagen der Arbeitsschutzbehörde zur Genehmigung vorlegen. Beide Kontrollaktivitäten müssen enger koordiniert werden. Für den Umgang mit der "Seveso-Richtlinie" haben die staatliche Umweltschutzbehörde und die oberste Arbeitsschutzbehörde eine gemeinsame Anwendungsrichtlinie veröffentlicht.[51]
- Betriebsinspektionen und Kontrolle durch den Austausch von Verwaltungsdokumenten und Veröffentlichungen, gegenseitige Besuche oder Kontrolle von Punkten, die in der Zuständigkeit der jeweiligen anderen Behörde liegen, Austausch von Inspektionsberichten und regelmäßige gemeinsame Sitzungen.
- Gegenseitiger Zugang zu den bei beiden Behörden registrierten betrieblichen Daten.
- Allgemeine Fortbildungsmaßnahmen und gemeinsame Entwicklung von Methoden.

---

[50] Arbejdsministeriets Bekendtgørelse Nr. 323 af 7. Juli 1983 om arbejdets udførelse.

[51] Vejleding fra Miljøstyrelsen Nr. 4, om pligter ved risikobetonede aktiviteter, 1990.

Die Zusammenarbeit zwischen den lokalen Arbeitsschutzbehörden und den Kommunen folgt denselben Grundgedanken, beruht aber hauptsächlich auf dem Austausch von schriftlichem Material, z.B. technischen Beschreibungen, Inspektionsberichten und Meßgutachten. Außerdem müssen die Betriebsinspektionen koordiniert werden, gemeinsame Schulungsmaßnahmen sind möglich, und der Austausch firmenbezogener Informationen soll in die Praxis umgesetzt werden. Die Ergebnisse dieser Vereinbarung werden 1992-93 ausgewertet.

Die Produktdatenbank (PROBAS)

Die Produktdatenbank PROBAS ist das älteste dänische Beispiel für ein Informationssystem, bei dem arbeits- und umweltschutzrelevante Informationen direkt miteinander verknüpft werden. PROBAS ist eine Datenbank für Informationen und Bewertungen über Stoffe, Materialien und Produkten, die in Dänemark Verwendung finden.[52] PROBAS wurde 1980 als Datenbank zur gemeinsamen Nutzung durch die Arbeits- und Umweltschutzbehörden angelegt und enthält neben einer Reihe von Produktinformationen auch Informationen über die chemischen, physikalischen und toxikologischen Eigenschaften von Stoffen. Ende 1991 waren in dieser Datenbank bereits Informationen über 61.298 Produkte und 132.130 chemische Substanzen erfaßt.

Der Zweck von PROBAS besteht darin, Informationen über die Anwendung in Dänemark verwendeter Stoffe und Produkte und ihre Auswirkungen auf die Gesundheit und Sicherheit am Arbeitsplatz sowie die Umwelt zu sammeln und zur Verfügung zu stellen. Die Arbeits- und Umweltschutzbehörden haben direkten On-line-Zugriff über Datenterminals, und die nichtvertraulichen Informationen des Systems stehen allen Interessierten zur Verfügung.

---

[52]Siehe Arbejdsmiljø Nr. 3, Produktregistret - hvad indeholder det?, 1987, S. 44; Arbejdsmiljøinstituttets Årsberetning 1991, Flyvholm, M.-A., Andersen, P. Beck, I.D. und Brandorff, N.P., PROBAS - The Danish Product Register Data Base. A national register of chemical substances and products, in Journal of Hazardous Materials Nr. 30, 1992, S. 59-69.

Die Informationen über registrierte Produkte stammen von Herstellern, Importeuren und Lieferanten. Sie werden durch ein von den Behörden verwaltetes Meldesystem und im Rahmen von Erhebungen gesammelt. Die Datenbank verwendet Branchencodes, so daß sie eine Übersicht über die branchenspezifische Verbreitung von Stoffen und Produkten liefern kann.

Die Zusammensetzung von Produkten, die die Hersteller oft ganz oder teilweise vertraulich behandeln wollen, ist nur ein Teil der registrierten Informationen. Soweit die betreffenden Informationen bereitgestellt werden, sammelt PROBAS auch Daten über:

- Klassifizierung und Etikettierung,
- physikalisch-chemische Eigenschaften,
- Einsatzbereich und Verwendungsbranche,
- toxikologische Fakten,
- gesundheitsgefährdende Eigenschaften,
- Sicherheitsvorkehrungen bei der Verwendung,
- empfohlene Erste-Hilfe-Maßnahmen bei Zwischenfällen.

Mit zunehmender Zahl in PROBAS gespeicherter Daten werden die Behörden eine bessere Grundlage für die Defition von Prioritäten und die Planung von Maßnahmen zur Verbesserung des Arbeits- und Umweltschutzes haben.

Das EDV-Programm für Ersatzstoffe (SUBTEC)

1992 wurde SUBTEC eingeführt, ein neues EDV-Programm, dessen Entwicklung von der staatlichen Umweltschutzbehörde finanziert worden war.[63] Das Programm enthält detaillierte technische sowie umwelt- und arbeitsschutzrelevante Informationen über 800 verschiedene Stoffe. Es kann Berechnungen über Alternativen bei der Verwendung von Ersatzstoffen durchführen und die Folgen dieser Alternativen für die Umwelt sowie für Sicherheit und Gesundheit am Arbeitsplatz aufzeigen. SUBTEC kann außerdem komplizierte Berechnungen über die Mischungsmöglichkeiten

---

[63]siehe Arbejdsmiljø Nr. 4, Substitution for de legelystne, 1992, S. 18-20.

verschiedener Stoffe vornehmen und die daraus resultierenden Produkte darstellen.

Um SUBTEC nutzen zu können, braucht man weder profunde technische oder chemische Kenntnisse, noch muß man ein Experte auf dem Gebiet der Datenverarbeitung sein. Als Nutzer kommen hauptsächlich die Techniker und die überbetrieblichen Arbeitsgesndheitsdienste in Frage, während man von den betrieblichen Arbeitsschutzausschüssen vielleicht nicht erwarten kann, das System aus eigenem Antrieb zu nutzen.

Das Informationssystem über saubere Technologien

Die staatliche Umweltschutzbehörde hat 1992 ein neu entwickeltes Informationssystem vorgestellt, das der Verbreitung von Knowhow über Technologien und Umweltfragen in industriellen Produktionsprozessen mit besonderem Schwerpunkt auf sauberen Technologien dienen soll. Das Ziel besteht vor allem darin, verfügbare technologische Lösungen zur Verminderung der Umweltbelastung aufzuzeigen, und zwar sowohl durch alternative technologische Verfahren als auch durch die Verwendung von Ersatzstoffen.[54]

Das Informationssystem enthält eine Menge technischer Informationen, aber es ist kein technisches Arbeitshandbuch. Es ist ein Hilfsmittel für die Anregung und Unterstützung von Entscheidungen über technologische Umstellungen zur Verminderung der Umweltbelastung durch Produktionsprozesse.

Das Informationssystem über saubere Technologien wurde primär als Datenbank über Belastungen der äußeren Umwelt entwickelt, aber Fragen der Sicherheit und Gesundheit am Arbeitsplatz werden ebenfalls behandelt, wenn sie als relevant gelten. Die staatliche Umweltschutzbehörde betont jedoch, daß dieses Informationssystem weder ein Werkzeug für die Auswahl der umweltfreundlichsten Lösung darstellt, noch als Datenbank für Arbeitsschutzfragen gelten kann. Das System liefert zum Beispiel Informationen über

---

[54] siehe Miljøstyrelsen, Orientering om Informationssystemet om Renere Teknologi, 1992.

bestimmte Fertigungsverfahren. Dadurch kann der Nutzer die Umweltbelastungen bewerten, die durch die gewählte Produktionsmethode bzw. durch mögliche alternative Verfahren verursacht werden.

Potentielle Nutzer dieses Informationssystems:

- Umweltschutzbehörden (Staat, Gemeinden, Grafschaften) können sich Informationen über die Produktionsmethoden bestimmter Unternehmen und die dadurch verursachten Umweltbelastungen verschaffen.
- Die Arbeitsschutzbehörden und überbetrieblichen Arbeitsgesundheitsdienste haben Zugang zu Informationen über die Produktionsbedingungen bestimmter Industrien und damit in gewissem Umfang auch über die dortigen Umwelt- und Arbeitsschutzbedingungen.
- Unternehmen können sich über Möglichkeiten zur Verbesserung ihres Umweltverhaltens und über die aktuellen Umweltschutzvorschriften informieren.
- Berater von Unternehmen und Behörden erhalten raschen Zugang zu Informationen über Produktions-, Umwelt- und Arbeitsschutzbedingungen.

Das System wird ein- oder zweimal jährlich aktualisiert.

Herausforderungen an die Gewerkschaftsbewegung

Aus den voranstehenden Kapiteln geht hervor, daß die Aktivitäten sowohl der Umweltschutzbehörden als auch der Consultingfirmen ihren Ausgangspunkt in einer expertenorientierten Managementstrategie zur Verbesserung präventiver betrieblicher Umweltschutzmaßnahmen haben. Wenn diese Strategie in den nächsten Jahren weite Verbreitung findet, werden die Gewerkschaften und ihre Mitglieder höchstens eine marginale Rolle spielen und nur geringen Einfluß auf den betrieblichen Umweltschutz nehmen können.

Dies steht in auffallendem Widerspruch zu der Tatsache, daß die dänischen Gewerkschaften in den letzten Jahren in zunehmendem Maße eine tragfähige ökologische Entwicklung der gesellschaftlichen Produktion als strategisches Ziel formulieren, für dessen Verwirklichung die Gewerkschaftsbewegung und ihre Mitglieder sich engagieren sollen. Der Hintergrund dieser strategischen Orientierung besteht darin, daß die Arbeitnehmer in den Betrieben auf Grundlage ihrer Kenntnisse und ihrer Produktionserfahrungen eine Rolle im präventiven Umweltschutz spielen und einen Beitrag dazu leisten sollen. Darüber hinaus müssen sie in diesem Zusammenhang ihre Interessen wahren, denn ihre Arbeits- und Beschäftigungssituation (das Arbeitsplatzumfeld, die Qualifizierungsanforderungen, die Beschäftigungsaussichten u.s.w.) können von den Umweltschutzbemühungen auf betrieblicher Ebene beeinflußt werden. Und schließlich haben die Arbeitnehmer als Mitglieder der Gesellschaft ein objektives Interesse daran, die durch Industrie und Gewerbe verursachten Umweltbelastungen zu reduzieren.

Wenn die Arbeitnehmer und ihre betrieblichen Vertreter im Rahmen von Öko-Audits und anderer präventiver Umweltschutzmaßnahmen eine andere als die ihnen im Rahmen der vorherrschenden betrieblichen Strategie zugewiesene Rolle spielen wollen, dann sind verstärkte gewerkschaftliche Bemühungen in diesem Bereich erforderlich. Im folgenden werden einige Anregungen dafür ausgeführt:

- Auf der Handlungsebene liegt es nahe, bereits bestehende Vereinbarungen und gesetzliche Bestimmungen über Beteiligung und Mitbestimmung im Unternehmensbereich einer Prüfung zu unterziehen. Dazu zählt zum Beispiel das "Grundgesetz" des dänischen Arbeitsmarktes, die "Kooperationsvereinbarung", derzufolge aus Vertretern der Arbeitgeber- und Arbeitnehmerseite bestehende Kooperationsausschüsse die Folgen bewerten sollen, die sich (unter anderem für die Umwelt) aus der Einführung neuer Technologien ergeben.[65] Außerdem bestimmt das Arbeitsschutzgesetz, daß die betrieblichen Arbeitsschutzausschüsse, in denen die Arbeitnehmer ihre eigenen Vertreter haben, in die Planung von Arbeitsprozessen, Methoden und Routineverfahren sowie die Planung des Ersatzes von Arbeitsmitteln, Stoffen und Materialien einzubeziehen sind.[66] Ausbaumöglichkeiten der bestehenden Grundlagen für Beteili-

---

[65] siehe Lorentzen et al., 1992, S. 35-39.
[66] siehe ebenda, S. 22-30.

gung und Mitbestimmung können sich außerdem aus dem Vorschlag bzw. der Forderung ergeben, die Arbeitnehmerrechte im Bereich der Umweltpolitik ausdrücklich in die Tarif- bzw. Manteltarifverhandlungen aufzunehmen.

- Neben der Schaffung formaler Grundlagen für die Arbeitnehmerbeteiligung an betrieblichen Umweltschutzaktivitäten sind systematische Gegenmaßnahmen der Gewerkschaftsbewegung gegen die Modelle des betrieblichen Umweltmanagements erforderlich, die in den letzten Jahren entwickelt wurden. Wie bereits erwähnt, handelt es sich hierbei um völlig managementorientierte Umweltüberwachungsinstrumente, in deren Rahmen den Arbeitnehmern wenn überhaupt nur eine marginale Rolle als potentielle Ideenlieferanten zugestanden wird und für die Wahrung ihrer Interessen kein legitimer Platz zu sein scheint. Die Gewerkschaften können hier durch Vorschläge zur organisatorischen Integration betrieblicher Umweltschutzmaßnahmen Einfluß nehmen, und zwar sowohl auf die Unternehmen als auch auf die Consultingfirmen. Außerdem besteht Beratungsbedarf der Arbeitnehmer (Vertrauensleute, Arbeitnehmervertreter in den Arbeitsschutzausschüssen und Basismitglieder) über die besten Möglichkeiten der Beteiligung an Umweltschutzaktivitäten. Eine andere entscheidende Reaktion auf die von den Consultingfirmen herausgegebenen Öko-Audit-Handbücher könnte darin bestehen, daß die Gewerkschaften selbst die Initiative für die Entwicklung von Handbüchern ergreifen, die man verstehen kann, ohne vorher ein Ingenieursstudium absolviert zu haben, und die explizit auf die Einbeziehung der Arbeinehmer abzielen. Solche Initiativen müßten durch Schulungspläne für berufliche Fortbildungsmaßnahmen und interne Gewerkschaftsschulungen ergänzt werden, um die Arbeitnehmer auf ihre aktive Beteiligung an den betrieblichen Umweltschutzaktivitäten vorzubereiten. Es bietet sich an, die gewerkschaftseigenen genossenschaftlichen Betriebe als Experimentierfelder und Demonstrationsbeispiele für solche Konzeptionen des umweltorientierten Managements zu nutzen.

- Eine andere Initiative zur Schaffung neuer Bedingungen für die Beteiligung und Einflußnahme der Arbeitnehmer im Umweltschutzbereich könnte in einer erweiterten Zusammenarbeit zwischen der örtlichen Umweltschutzbehörde und den Unternehmen bestehen, in die nicht nur die Unternehmensleitungen sondern auch Arbeitnehmervertreter und Gewerkschaften einbezogen werden. Vergleichbare Kooperationsmodelle existieren bereits im Bereich der Gesundheit und Sicherheit am Arbeitsplatz zwischen Arbeitsschutzbehörde und Unternehmen auf Grundlage der betrieblichen Arbeitsschutzausschüsse. Ein eigenständiger Vorschlag der Gewerkschaften zur Organisation des betrieblichen Umweltschutzes wie oben angeregt könnte Rahmenbedingungen für die entsprechende Erweiterung der Zusammenarbeit mit den Umweltschutzbehörden formulieren. Verstärkte Bemühungen der Gewerkschaften zur Beteiligung an dreiseitigen Verhandlungen auf nationaler oder Industriezweigebene könnten ebenfalls dazu beitragen, auch auf der örtlichen Ebene die Zusammenarbeit zwischen Behörden, Unternehmen und Gewerkschaften zu fördern. Für solche Verhandlungen gibt es Beispiele, die weiter oben angeführt wurden.

- Was die Forschungspolitik betrifft, so sind die Gewerkschaften herausgefordert, die Aufstellung von Forschungsprogrammen so zu beeinflussen, daß die Gewerkschaftsstandpunkte in mit öffentlichen Mitteln finanzierten Untersuchungen und Forschungsprojekten mit berücksichtigt werden können. Dieser Aufgabe haben sich die dänischen Gewerkschaften erst kürzlich angenommen, nachdem sich die gegenseitigen Kontakte zwischen Wissenschaft und Gewerkschaftsbewegung über einige Jahre hinweg entwickelt und stabilisiert haben. Ein konkretes Beispiel dafür, wie sinnvoll die Einmischung in solche Forschungsprojekte ist, liefern die beiden erwähnten Untersuchungen über die Einbeziehung der Arbeitnehmer in präventive betriebliche Umweltschutzaktivitäten, die von der nationalen Umweltschutzbehörde finanziert werden. Die positive Haltung der Umweltschutzbehörde gegenüber den Projektanträgen wurde in hohem Maße von der Unterstützung verschiedener Gewerkschaften für die diese Projekte und den dahintersteckenden Gedanken beeinflußt.

- Auf EG-Ebene besteht eine weitere große Herausforderung in der grenzübergreifenden Zusammenarbeit zwischen den Gewerkschaften im Hinblick auf die Entwicklung und Ausarbeitung von Forschungsprogrammen, in deren Rahmen erhebliche Fördermittel vergeben werden, aber die gewerkschaftlichen Standpunkte bisher so gut wie gar nicht vertreten waren. Außerdem muß die internationale Gewerkschaftsbewegung ihre Lobbyarbeit im Hinblick auf Vorschläge der EG-Kommission für Verordnungen zum systematischen betrieblichen Umweltschutz intensivieren, denn diese Diskussion wird bislang völlig vom reinen Managementstandpunkt aus geführt.

- Auf der höheren strategischen Ebene wäre eine kontinuierliche Klärung des gewerkschaftlichen Engagements für den Umweltschutz angemessen Entwickeln die Gewerkschaften eine neue Rolle, in der die alte Vision einer Zukunft sozialer und wirtschaftlicher Gleichberechtigung durch das Ziel einer ökologisch tragfähigen Entwicklung ergänzt wird? Oder werden die umweltpolitischen Fragen mehr und mehr in die traditionellen Intssensbereiche der Gewerkschaftsbewegung integriert (Beschäftigung, Löhne, Arbeitsschutz u.s.w.)? Welche Haltung nimmt die Gewerkschaftsbewegung ein, wenn Partikularinteressen bestimmter Teile der Mitgliedschaft mit den allgemeineren Interessen aller Mitglieder in Konflikt geraten, wenn zum Beispiel Umweltschutzinteressen in einem konkreten Fall nicht mit den Arbeitsplatzinteressen der betroffenen Arbeitnehmer vereinbar sind? Wird die Gewerkschaftsbewegung die erforderlichen Maßnahmen in den Fällen unterstützen, in denen betriebliche Umweltschutzmaßnahmen nicht der gängigen Botschaft der Consultingfirmen vom Umweltschutz als guter Betriebswirtschaft entsprechen, wenn sich also "Umweltschutz nicht auszahlt", zumindest nicht für das einzelne Unternehmen sondern nur für die Gesellschaft als Ganzes? Wird die Gewerkschaftsbewegung Initiativen dahingehend ergreifen, daß die gewerkschaftliche Beschäftigungspolitik über die Forderung nach besseren Arbeitsbedingungen hinaus auch das Verhältnis zwischen Produktionstätigkeit und Umwelt einbezieht?

Elemente für eine Aktualisierung

Der Bericht zur Situation in Dänemark wurde im März 1992 geschrieben. Deshalb scheinen einige Hinweise auf die weitere Entwicklung der in dem Bericht behandelten Fragen angebracht. Die folgenden Ausführungen erheben allerdings keinesfalls den Anspruch der Vollständigkeit, sondern es sollen lediglich einige Aspekte der jüngeren Entwicklung zum Thema Öko-Audit in Dänemark herausgestellt werden.

Zweifellos hat die Verabschiedung der europäischen Verordnung über Umweltmanagement und die Umweltbetriebsprüfung im vergangenen Jahr die dänische Diskussion über die "Förderung grüner Prinzipien in der Industrie" stark beeinflußt. Auch die britische Norm für Umweltmanagementsysteme (BS-7750) hat eine große Rolle gespielt. Sie wurde ins Dänische übersetzt und als Grundlage für die Zertifizierung von Umweltmanagementsystemen in dänischen Betrieben akzeptiert. Dabei hat man nicht bedacht, daß diese Norm die britische Tradition der industriellen Beziehungen widerspiegelt und von daher möglicherweise Folgen dafür hat, wie auf ihr beruhende Umweltmanagementsysteme sich mit dem dänischen System der Sozialpartnerschaft vertragen oder nicht.

Tatsächlich scheinen "Umweltmanagementsysteme", als umfassender und dauerhafter Ansatz im Umweltschutz verstanden, eine "neue Welle" in der Diskussion innerhalb von Managementkreisen ausgelöst zu haben. Man sieht hierin eine Weiterführung des Trends zur Einführung zertifizierter Qualitätssicherungssysteme. Ferner scheint der Begriff "Umweltmanagementsystem" inzwischen die vormalige Rolle des Begriffs "Öko-Audit" zu übernehmen, wobei hierunter in Dänemark eine im wesentlichen statische Bewertung der Umweltauswirkungen von Produktionsprozessen verstanden wird.

Immer noch fehlen verläßliche statistische Daten darüber, wieviele Unternehmen in Dänemark tatsächlich Öko-Audit-Verfahren durchführen, welchen Umfang diese Prüfungen haben, welche Motive dahinterstecken u.s.w.. Nach Angaben einer der im Umweltschutz tätigen Consultingfirmen haben im März 1994 vier dänische Betriebe ein Zertifikat für ihr Umweltmanagementsystem erhalten, und vierzig weitere bemühten sich darum, wobei die meisten die Zertifizierung sowohl eines Qualitätssicherungs- als auch eines Umweltmanagementsystems anstreben.

Wenn wir uns der politische Ebene zuwenden, so wurden im Laufe des vergangenen Jahres keine entscheidenden neuen Gesetze verabschiedet, aber es gab einige Initiativen, die erwähnt werden sollten. Die nationale Umweltschutzbehörde in Dänemark hat ein neues Programm im Umfang von 20 Millionen dänischen Kronen aufgelegt. Die Zielgruppe sind Klein- und Mittelbetriebe (mit bis zu 250 Mitarbeitern), und es geht um "Umwelt- und Arbeitsschutzberatung". Um Fördermittel im Rahmen dieses Programms beantragen zu können, muß ein Betrieb ein Öko-Audit durchführen, einen Umwelt-Aktionsplan vorlegen und alle Mitarbeiter an seinen Umweltschutzaktivitäten beteiligen.

Der nationale Städte- und Gemeindenverband Dänemarks hat im September 1993 ein "Umweltmanagement-Handbuch für Stadtverwaltungen" veröffentlicht, das auf Projekterfahrungen in drei dänischen Gemeinden beruht. Dieses Handbuch entspricht im Prinzip den Handbüchern, die in der privaten Wirtschaft Verwendung finden, ist aber an die besonderen Bedingungen bezüglich der Institutionen und Dienstleistungen einer Stadtverwaltung angepaßt. Diese Initiative wird von dem Städte- und Gemeindenverband durch ein neues noch laufendes Projekt fortgeschrieben, an dem 9 Stadtverwaltungen beteiligt sind. Der Zweck des neuen Projektes ist es, a) die Rolle der Gemeinden als Partner und gleichzeitig Kontrollbehörden der örtlichen Privatwirtschaft zu definieren, b) eine Strategie für die Zusammenarbeit mit Privatunternehmen bei der Einführung sauberer Technologien in der Form zu entwickeln, daß die Gemeinden ihre Kontrollaufgaben eher dienstleistungsorientiert wahrnehmen, und c) darzustellen, wie die Gemeinden bei der Einführung sauberer Technologien mit anderen Gemeinden, Interessenverbänden und Consultingfirmen zusammenarbeiten können.

Unter anderem folgende Initiativen im öffentlichen Sektor sollten erwähnt werden 1993 wurde in Nordjütland ein regionales Programm für saubere Technologien abgeschlossen, an dem über 100 Betriebe beteiligt waren; 14 Dänische Krankenhäuser haben seit Anfang 1993 an einem neuen Programm für die Entwicklung sauberer Technologien im Gesundheitswesen teilgenommen, das nun durch eine Informationskampagne nachbereitet werden soll; ferner gab es eine Reihe von Initiativen zur Förderung einer "grünen Beschaffungspolitik" in öffentlich-rechtlichen Unternehmen in Dänemark.

Dieser "Überblick" weist darauf hin, daß es seit dem Redaktionsschluß des Berichts zur dänischen Situation in Bezug auf Öko-Audits in der Privatwirtschaft und im öffentlichen Sektor eine bedeutende Entwicklung in Richtung "grüner" Praktiken gegeben hat, und man scheint auf dieser Grundlage in den nächsten Jahren noch mit weiteren betrieblichen Umweltschutzaktivitäten rechnen zu können.

Eine Bewertung der Rolle von Arbeitnehmern und Gewerkschaften oder eines eventuellen kombinierten Ansatzes in den Bereichen Arbeits- und Umweltschutz innerhalb der oben erwähnte Initiativen steht bisher noch aus. Die Grundlagen für eine solche Bewertung könnten nur durch ein echtes Forschungsprojekt gelegt werden, in dessen Rahmen die verschiedenen Initiativen genauer untersucht werden müßten. Daher können bislang keine Schlußfolgerungen zu diesen Fragen gezogen werden.

Was die Rolle der Sozialpartner bei der "ökologischen Umgestaltung der Industrie" betrifft, so scheint es im vergangenen Jahr keine bedeutenden Entwicklungen gegeben zu haben. Genauer gesagt gab es keine neuen Schritte, seit die Gewerkschaften und Arbeitgeberverbände in den späten 80er und frühen 90er Jahren ihre Grundsatzerklärungen abgegeben und sich prinzipiell bereiterklärt haben, zu einer "tragfähigen Entwicklung" beizutragen. Bei aller politischen "Zurückhaltung" sind die Interessenverbände allerdings gleichzeitig an einer Reihe betrieblicher Projekte beteiligt, in deren Rahmen sie die Möglichkeit haben, mehr konkrete Erfahrungen über die Rolle der Sozialpartner bei den Bemühungen um die Verminderung produktionsbedingter Umweltbelastungen zu sammeln.

Wenn man sich aber spezifischer nach den Möglichkeiten der Gewerkschaften fragt, eine eigenständige Rolle im betrieblichen Umweltschutz zu definieren und geltend zu machen, dann scheint die Zeit ein entscheidender Faktor zu sein. Die am Schluß des dänischen Berichts dargestellten Herausforderungen an die Gewerkschaftsbewegung sind allem Anschein nach immer noch aktuell. Am dringlichsten wäre es wohl für die Gewerkschaften geboten, eine auf der sozialpartnerschaftlichen Tradition Dänemarks aufbauende Alternative zu den "importierten" Leitlinien und Prinzipien für Öko-Audits und Umweltmanagementsysteme zu entwickeln. Denn diese ignorieren faktisch die Rolle und die Interessen der Arbeitnehmer und Gewerkschaften.

Anhang: Dokumente aus der britischen Gewerkschaftsdebatte

Anlage 1

MSF, Manufacturing - Science - Finance

Ein MSF-Leitfaden für Öko-Audits

Maßnahmen für den Umweltschutz

Einleitung

Als Teil ihres **Aktionsprogramms Umweltschutz** hat die MSF sich zum Ziel gesetzt, den Umweltschutz in jedem Betrieb zum Verhandlungsgegenstand zu machen. Die Arbeitgeber sollen dazu gebracht werden, sich um Umweltbelange zu kümmern, höhere Normen zu setzen, Gefahren und Belastungen für die Umwelt an der Quelle zu bekämpfen und insgesamt mehr Bewußtsein für ihre Verantwortung zu entwickeln.

Zu den praktischen Schritten, die Unternehmen durchführen können, gehören **Öko-Audits**. Dies möchte die MSF in **allen** Unternehmern erreichen. Deshalb haben wir diesen Leitfaden erstellt, um darzulegen, was ein Öko-Audit ist, was alles dazugehört und wie man damit umgeht.

Was ist ein Öko-Audit?

Ein Öko-Audit ist eine Umweltbetriebsprüfung. Dazu gehört die Sammlung und Analyse von Daten über die Tätigkeit des geprüften Unternehmens und eine Bewertung der möglichen Verbesserungen, die eingeführt werden können oder müssen, um zukünftig umweltgerechter arbeiten zu können.

Öko-Audits wurden zuerst in den USA eingeführt, wo der Umweltschutz viel nachdrücklicher auf die Tagesordnung gesetzt wird. Inzwischen finden sie auch in Großbritannien immer stärkere Verbreitung. Sie kommen für alle Arten von Unternehmen im Fertigungs- und Dienstleistungsbereich in Frage, obwohl die Aufgabenstellung natürlich von Betrieb zu Betrieb anders aussieht.

Ein Öko-Audit ist kein Selbstzweck, sondern Bestandteil eines Prozesses, der

- alle Arbeitnehmer einbeziehen,
- erzieherischen Charakter haben,
- zu Veränderungen führen und
- mit der Zeit zu einem Bestandteil der normalen betrieblichen Leistungskontrolle werden sollte.

Warum sollte unsere Firma ein Öko-Audit durchführen?

Aus zwei Gründen:

- wegen der zunehmenden öffentlichen Sorge um die Umwelt und
- wegen der Verbesserungen, die sich daraus ergeben können.

Das "Klima", in dem die Unternehmen arbeitet, verändert sich aufgrund des zunehmenden öffentlichen Bewußtseins über Umweltfragen und die umweltschädlichen Auswirkungen menschlicher Tätigkeiten. Deshalb müssen Unternehmen ihre betrieblichen Aktivitäten prüfen, in die Entwicklung neuer Produkte investieren, neue Märkte identifizieren, auf umweltschonende Verfahren umstellen und ihr Personal umschulen. Unternehmen, die diese Herausforderung nicht annehmen, weil sie glauben, es handele sich dabei nur um eine vorübergehende Modeerscheinung oder Umweltschutz sei nur für die Schwerindustrie von Belang oder ohnehin zu teuer, werden am Ende draufzahlen. Sie werden entweder unvorbereitet von schärferen Umweltschutzgesetzen getroffen, von ihren Mitbewerbern übernommen oder zum Gegenstand negativer Publicity.

Die MSF hat viele Mitglieder in Industriezweigen, die sehr direkt von dieser Problematik betroffen sind. Dazu gehören Unternehmen der Erdöl-, Chemie- und Kraftfahrzeugindustrie sowie Betriebe aus den Bereichen Metallverarbeitung, Maschinenbau, Energietechnik, Elektronik, Stromversorgung, Papierherstellung und Verpackung. Langfristig gesehen kommt der Umweltschutz sowieso allen unseren Mitgliedern und ihren Familien direkt zugute, aber kurzfristig könnten Arbeitsplätze gefährdet werden, wenn die Unternehmen nicht reagieren. Deshalb sind entsprechende Maßnahmen im gemeinsamen Interesse der Arbeitgeber und Arbeitnehmer.

Bei einem Öko-Audit geht es nicht bloß darum, herauszufinden, was falsch läuft, sondern das Ziel ist breiter gesteckt. Es sollte darin bestehen, bereits bestehende positive Elemente herauszustellen und dem Unternehmen bei weiteren Verbesserungen im Sinne einer zukünftigen umweltgerechteren Praxis zu helfen. Angestrebte Verbesserungen können sein:

- größeres Umweltbewußtsein,
- stärkeres Engagement für den Umweltschutz,
- effizientere Ausnutzung von Ressourcen,
- Identifizierung potentieller neuer Märkte,
- Reduzierung der Betriebskosten,
- besseres Image in der Öffentlichkeit,
- bessere Vorbereitung auf neue Vorschriften,
- verbesserter Arbeitsschutz.

Auswahl des Prüfers

Grundsätzlich muß entschieden werden, ob die Prüfung intern oder von einem externen Berater durchgeführt wird. Welche Lösung die beste ist, hängt von einer ganzen Reihe von Faktoren ab, wie dem intern verfügbaren Fachwissen, dem Zeitplan, den Kosten, der erforderlichen Objektivität (ein externer Berater ist eher in der Lage, unangenehme Wahrheiten auszusprechen), der Erleichterung des Managements und dem Grad des Engagements. Auch ein gemischtes Team aus internen und externen Prüfern ist denkbar.

Immer mehr Consultingfirmen haben sich auf diesen Bereich spezialisiert. Wenn Dein Unternehmen sich für einen externen Prüfer entscheidet, versuch, Referenzen zu den Anbietern einzuholen. Können sie ausreichendes Fachwissen und Engagement vorweisen? Haben sie die Gewerkschaften in vergangene Prüfungen einbezogen?

Die ersten Schritte

Wenn ein Öko-Audit Erfolg haben soll, dann müssen alle Mitglieder des Unternehmens verstehen, warum und mit welchem Ziel die Prüfung durchgeführt wird. Ein guter Arbeitgeber wird die Arbeitnehmer und ihre Gewerkschaften von Anfang an in den Prozeß einbeziehen, indem er ihnen Möglichkeiten bietet, ihre Vorschläge und Standpunkte einzubringen. Insbesondere muß über eine Reihe von Punkten allgemeine Klarheit herrschen

Politik - Das Unternehmen sollte seine Umweltpolitik in Form einer Stellungnahme definieren, und zwar vor dem Beginn der Prüfung.

Bewußtseinsbildung - Die Prüfung wird größeren Erfolg versprechen, wenn jeder sich über die Problematik im klaren ist. Die Ausarbeitung einer Stellungnahme zur Umweltpolitik kann für sich allein genommen schon ein wichtiger Beitrag zur Bewußtseinsbildung sein.

Information - Die Mitarbeiter sollten darüber informiert werden, wozu die Prüfung dient, wer sie durchführt und was mit den Ergebnissen geschehen soll.

Einstellung - Ein Öko-Audit sollte nicht als Fehlersuche verstanden werden, um einzelnen die Schuld an Umweltproblemen geben zu können, sondern vielmehr als Versuch, das Umweltverhalten des Unternehmens zu verbessern.

Engagement - Die Unternehmensleitung *und* die Arbeitnehmer müssen Engagement aufbringen und in den Prozeß einbezogen werden. Auf diese Weise werden die Ergebnisse eher auf beiden Seiten ein Echo finden.

Welche Art von Prüfung?

Es gibt keinen einheitlich gültigen Ansatz, sondern verschiedene unterschiedliche Arten von Öko-Audits. Wofür das Unternehmen sich entscheidet, hängt von der Zielsetzung und davon ab, welche Prüfungen in der Vergangenheit vorgenommen wurden. Die wichtigsten Prüfungen sind:

Prüfung auf Einhaltung der Vorschriften - In diesem Rahmen wird geprüft, ob das betreffende Unternehmen in seinem Anspruch und seiner Praxis alle geltenden Umweltschutzbestimmungen einhält.

Betriebsstättenprüfung - Die Prüfung eines bestimmten Betriebes oder Betriebsteils, in dem Probleme aufgetreten sind oder auftreten könnten.

Aktivitätenprüfung - In diesem Rahmen werden bestimmte Aktivitäten geprüft, die an mehreren Stellen in einem Unternehmen angesiedelt sind.

Einzelpunktprüfung - Eine solche Prüfung untersucht, wie ein großes Unternehmen eine einzelne umweltrelevante Frage behandelt, zum Beispiel die Energieeinsparung.

Unternehmensprüfung - Ein Öko-Audit des gesamten Unternehmens.

Das Prüfverfahren

Wie ein Öko-Audit konkret durchgeführt wird, hängt natürlich davon ab, für welche Art der Prüfung sich das Unternehmen entschieden hat, wer die Prüfung vornimmt und von anderen Faktoren.

Zielsetzung - Diese muß klar definiert werden.

Zeitplan - Ein Zeitplan ist aufzustellen.

Ressourcen - Es müssen ausreichende Ressourcen (Geldmittel und Mitarbeiter) für die Prüfung bereitgestellt werden.

Die eigentliche Durchführung der Prüfung erfordert eine ganze Reihe verschiedener Aktivitäten, wie zum Beispiel:

- Gespräche mit Mitarbeitern und Führungskräften.
- Sichtung schriftlicher Unterlagen:
    - Bestimmungen und Genehmigungen,
    - Prozeßüberwachungsdaten,

> -Protokolle über die Abfallentsorgung,
> -Betriebspläne, Verfahren und schriftliche Anweisungen,
> -Unfallprotokolle und Notfallpläne,
> -Erklärungen zur Umweltpolitik des Unternehmens,
> -Protokolle der relevanten Ausschußsitzungen,
> - etc.

- Inspektionen der Betriebsstätte(n).

Welche Aspekte sollten geprüft werden?

Je nachdem, welche Art von Öko-Audit durchgeführt wird, sind manchmal nicht alle im folgenden aufgeführten Fragen von Belang. Gleichwohl wollen wir mit diesem Abschnitt einen Überblick über die Bandbreite zu prüfender Aspekte geben.

Die Umweltpolitik des Unternehmens

Die Stellungnahme des Unternehmens zu seiner Umweltpolitik bietet einen Rahmen für die Behandlung von Umweltschutzfragen. Sie ist außerdem ein Zeichen für das Umweltengagement der Unternehmensleitung.

Was steht in der umweltpolitischen Absichtserklärung? Kennen die Mitarbeiter den Inhalt? In welcher Form wurde die Stellungnahme veröffentlicht?

Wer ist in der Unternehmensleitung für Umweltschutzfragen verantwortlich? Wie lautet die Aufgabenbeschreibung dieser Person?

Welcher Vorrang wird dem Umweltverhalten des Unternehmens eingeräumt? Gibt es festgesetzte Ziele für Verbesserungen?

Werden Fragen des Umweltverhaltens in das allgemeine Leistungsmeßsystem des Unternehmens oder einzelner verantwortlicher Führungskräfte einbezogen?

Werden die formulierte Umweltpolitik und die vorgegebenen betrieblichen Prozesse in der Praxis eingehalten?

Gibt es einen Maßnahmenplan für Notfälle? Ist dieser Plan allgemein bekannt und weiß jeder, was zu tun ist?

Die regulatorischen Rahmenbedingungen

Mit zunehmendem öffentlichen Umweltbewußtsein wächst auch die Forderung nach schärferen gesetzlichen Kontrollen. Das Umweltschutzgesetz von 1990 hat zum Beispiel erhebliche Änderungen der bestehenden Gesetzgebung über industrielle Umweltbelastung und Abfallentsorgung herbeigeführt. Auch die gesetzlichen Maßnahmen auf europäischer Ebene werden an Bedeutung zunehmen.

Gibt es eine vollständige Liste sämtlicher für die Tätigkeit des Unternehmens relevanter Vorschriften und Normen? Wie wird diese Liste aktualisiert? Wie werden die Mitarbeiter davon in Kenntnis gesetzt?

Welche (auf nationaler oder europäischer Ebene) in Vorbereitung befindliche gesetzliche Maßnahmen können sich auf die Tätigkeit des Unternehmens auswirken?

Werden irgendwelche Verfahren oder Produkte des Unternehmens möglicherweise zum Gegenstand zukünftiger schärferer Gesetzgebungen (wenn Dein Unternehmen zum Beispiel FCKWs verarbeitet, sollte es sich schleunigst nach Alternativprodukten umsehen)?

Für welche Umweltprobleme ist das Unternehmen verantwortlich? Was wird dagegen unternommen?

Wie sehen die Leistungen des Unternehmens bei der Einhaltung der einschlägigen Normen im Vergleich zu Mitbewerbern aus?

Welche Auswirkungen ergeben sich aus integriertem Umweltschutz ("Integrated Pollution Control") auf das Unternehmen und seine Betriebsstätten?

Unternehmensimage

Aus der wachsenden Bedeutung des "grünen Verbrauchers" ergibt sich, daß die Unternehmen mehr Bewußtsein dafür entwickeln müssen, wie sie und ihre Tätigkeit von der Öffentlichkeit wahrgenommen werden.

Wie wird das Umweltverhalten des Unternehmens in der Öffentlichkeit wahrgenommen?

Wie werden Leistungen im Bereich des Umweltschutzes gegenüber Mitarbeitern, Aktionären, Kunden und der breiten Öffentlichkeit dargestellt?

Gibt es einen Dialog zwischen dem Unternehmen und der örtlichen Öffentlichkeit über Umweltprobleme und die ergriffenen Umweltschutzmaßnahmen?

Fördert das Unternehmen Umweltschutzinitiativen als Sponsor?

In welchem Maße wird das Umweltengagement des Unternehmens im Marketingbereich, zum Beispiel bei der Etikettierung von Produkten, eingesetzt?

Gibt sich das Unternehmen in irgendwelchen Bereichen einen "grünen" Anstrich, der nicht durch die Praxis untermauert wird oder als Schuß nach hinten losgehen kann?

Wie wirkt sich das Umweltimage des Unternehmens auf die Rekrutierung und das Halten von Mitarbeitern aus?

Finanzielle Mittel

Die Verfügbarkeit finanzieller Mittel ist entscheidend für die Realisierung von Verbesserungsmaßnahmen.

Welche Bedeutung wird Umweltverbesserungen bei Investitionsentscheidungen eingeräumt?

Wie werden Investitionsentscheidungen mit ökologischen Zielen abgeglichen (zum Beispiel im Hinblick auf Energieverbrauch, Verminderung von Umweltbelastungen oder Investitionen in saubere Technologien)?

Gibt es ein spezielles Budget für Mitarbeiterschulungen über Umweltfragen?

Kann sich das Umweltprofil des Unternehmens positiv oder negativ auf das Vertrauen der Öffentlichkeit bzw. der Aktionäre auswirken?

Gehen Umweltschutzgesichtspunkte in die Investitionsentscheidungen für den Pensionsfonds des Unternehmens ein? Vermeidet der Pensionsfonds im Rahmen der gesetzlichen Sachzwänge Investitionen in Unternehmen, die die Umwelt schädigen?

Beschaffungspolitik

In die betrieblichen Aktivitäten des Unternehmens muß eine umweltbewußte Beschaffungspolitik integriert werden. Damit besteht auch die Möglichkeit der Einflußnahme auf Zulieferer.

Gibt es eine "grüne" Beschaffungspolitik? Wird von den Zulieferern verlangt, bestimmte Umweltschutznormen einzuhalten?

Kauft das Unternehmen umweltfreundliche Produkte (zum Beispiel Recyclingpapier oder ungebleichte Papierprodukte, verbrauchsarme Fahrzeuge, biologisch abbaubare und phosphatfreie Reinigungsmittel, wiederverwertete Baumaterialien und Alternativen zu tropischen Harthölzern)?

Wird beim Kauf neuer Maschinen, Fahrzeuge und Geräte auf sparsamen Energieverbrauch geachtet?

Produkte und Produktionsverfahren

Bei allen Produktionsverfahren werden Rohstoffe und Energie verbraucht und Abfall erzeugt. Bestimmte Produkte können umweltschädlich sein. Deshalb gibt es eine breite Palette von Aspekten, die ein Unternehmen bei der Prüfung der Frage, was und wie produziert wird, berücksichtigen muß.

Sind bestimmte Produkte des Unternehmens umweltschädlich? Falls ja, was wird dagegen unternommen? Welche Schritte werden unternommen, um zu gewährleisten, daß Dritte sich dieser Umweltgefährdung bewußt sind und wissen, wie sie mit dem Produkt sicher umgehen sollen?

Sind die Produkte des Unternehmens recyclingfähig?

Ist der derzeit praktizierte Verpackungsaufwand notwendig? Können Verpackungen wiederverwendet oder wiederverwertet werden?

Welche Möglichkeiten können im Produktionsprozeß selbst genutzt werden, um

- den Energieverbrauch zu reduzieren,
- weniger Rohstoffe zu verbrauchen oder bestimmte Rohstoffe zu ersetzen,
- und das Abfallaufkommen durch saubere Technologien zu minimieren?

Werden die Kontrollgeräte regelmäßig überprüft?

Energieverbrauch

Energiesparmaßnahmen werden häufig als "fünfte Energiequelle" bezeichnet, und das Energy Efficiency Office schätzt, daß in der britischen Industrie Einsparungen des Energieverbrauchs in Höhe von 30 % möglich wären. Eine Prüfung der Energiesparmöglichkeiten sollte Betriebsanlagen und Gebäude, Transportmittel und den Produktionsprozeß selbst einbeziehen.

Verfügt das Unternehmen über eine umfassende Datenbank zum Energieverbrauch, die so detailliert wie möglich nach Anlagen, Gebäuden und Betriebsstätten aufgeschlüsselt ist? Wurden diese Daten analysiert, um die Kosten verschiedener Energiequellen miteinander zu vergleichen (Strom, Gas, Öl), die Effizienz zu maximieren und Kosten zu minimieren?

Abfallmanagement und Recycling

Effektives Abfallmanagement zielt auf die Minimierung des Abfallaufkommens ab und bemüht sich darum, anfallenden Abfall so sicher wie möglich zu entsorgen. Dies sollte ein vorrangiges Thema für Unternehmen im Hinblick auf die Wahrscheinlichkeit strengerer Bestimmungen zur Abfallentsorgung in den kommenden Jahren sein. Abfallmanagement sollte als integrierter Bestandteil in die Umweltschutzpolitik des Unternehmens im Hinblick auf Beschaffung, Rohstoff- und Energieverbrauch und Verpackung eingebunden werden.

Welche Schritte werden zur Reduzierung von Belastungen durch (gefährlichen oder sonstigen) Abfall und andere Faktoren unternommen? Werden Alternativen zu giftigen Materialien eingesetzt?

Wird Recyclingpapier im Büro verwendet, werden Veröffentlichungen auf Recyclingpapier gedruckt? Welche anderen Papierprodukte (zum Beispiel Handtücher und Toilettenpapier) sind Recyclingprodukte? Welche Vorkehrungen wurden getroffen, um Recycling zu fördern?

Wie wird Abfall entsorgt? Berücksichtigt das Unternehmen, wie von ihm beauftragte Entsorgungsunternehmen mit dem Abfall umgehen?

Verkehrspolitik

Der Straßenverkehr ist eine Hauptquelle für die Luftverschmutzung und verbraucht große Mengen Ressourcen. Ein weiteres Problem sind Verkehrsstaus. Da die Hälfte aller Pkw-Neuzulassungen Firmenfahrzeuge sind, ist es sinnvoll, wenn Unternehmen sich um die Minimierung der verkehrsbedingten Umweltbelastung und die Eindämmung von Kosten in diesem Bereich bemühen.

Werden die Fahrzeuge optimal ausgenutzt (Fahrzeugtyp, sparsamer Verbrauch, Nutzungsfaktor und Streckenplanung)?

Sind die Standorte zum Beispiel von Lagerräumen und Auslieferungslagern so gewählt, daß Fahrtzeiten und die Entfernung zum Kunden vermindert werden?

Fördert das Unternehmen die Nutzung öffentlicher Verkehrsmittel durch seine Mitarbeiter? Wird die Nutzung von Fahrrädern gefördert? Welche Politik gilt für die Nutzung von Firmenfahrzeugen? Werden Fahrgemeinschaften eingerichtet?

Marktchancen und Forschung

Es entwickeln sich neue Märkte für grüne Produkte und Umweltschutzanlagen. Auch die Bedeutung von Forschung und Entwicklung im Bereich neuer Technologien zur Reduzierung oder völligen Vermeidung von Umweltschäden wird immer wichtiger.

Bemüht sich das Unternehmen um die Erschließung dieser Märkte? Welche Forschungsprogramme gibt es in diesem Bereich?

Wieviel Forschungs- und Entwicklungsausgaben werden in saubere Technologien investiert?

Arbeitsschutz

Ein wesentlicher Teil der betrieblichen Umweltschutzpolitik ist die Gewährleistung sicherer und gesunder Arbeitsbedingungen.

Gibt es eine schriftlich formulierte Arbeitsschutzpolitik und ist diese mit der Absichtserklärung zur Umweltpolitik vereinbar?

Hat das Unternehmen nach Maßgabe der Bestimmungen zur Bekämpfung gesundheitsgefährdender Stoffe ("Control of Substances Hazardous to Health" oder kurz "COSHH-Bestimmungen") alle solchen Stoffe am Arbeitsplatz erfaßt und bewertet?

Hat das Unternehmen als vorrangige Maßnahme nach den COSHH-Bestimmungen so viele gesundheitsgefährdende Stoffe wie möglich abgeschafft bzw. durch weniger gefährliche Alternativmaterialien ersetzt?

Wird die Belastung durch die verbleibenden gesundheitsgefährdenden Stoffe (das heißt diejenigen, die nicht abgeschafft wurden) im Maße des vernünftigerweise Möglichen an der Quelle bekämpft (zum Beispiel durch örtliche Absaugvorrichtungen). Wird Giftmüll sicher entsorgt?

Hat das Unternehmen erfaßt, inwieweit und wo in seinen Gebäuden Asbest verwendet wurde? Wie geht das Unternehmen mit der Asbestproblematik um?

Hat das Unternehmen die Lärmbelastung nach dem Arbeitsplatz-Lärmschutzgesetz von 1989 erfaßt? Wird die Lärmbelastung so weit wie vernünftigerweise möglich an der Quelle bekämpft?

Gibt es eine Unternehmenspolitik zum Rauchen am Arbeitsplatz?

Werden die Klimaanlagen regelmäßig gesäubert und auf gesundheitsschädliche Mikroorganismen wie zum Beispiel Bakterien hin untersucht?

Bietet die Kantine, soweit vorhanden, Anreize zur gesunden Ernährung? Werden Geschirr und Bestecke wiederverwendet?

Das örtliche Umfeld

Betriebe haben um sich herum viele Nachbarn. Ihr öffentliches Image wird durch ihre Beziehungen zu diesen Nachbarn beeinflußt.

Wie wirken sich die Aktivitäten des Unternehmens auf die unmittelbaren Nachbarn aus (Lärm- und Geruchsbelästigung, Umweltbelastung, Verkehrsstaus, Auswirkungen auf natürliche Habitate oder Grünflächen)?

Wie sehen die Betriebsgelände und Gebäude aus? Gibt es Industriebrachen, die umgenutzt oder begrünt werden könnten?

Steht das Unternehmen im Dialog mit örtlichen Umweltschutzgruppen?

Was geschieht nach dem Öko-Audit?

Wir haben bereits darauf hingewiesen, daß ein Öko-Audit kein Selbstzweck ist, sondern Bestandteil eines Prozesses. Die Ergebnisse einer Prüfung sollten nicht in einem Chefschreibtisch verstauben. Sie sollten vielmehr berücksichtigt und zum Gegenstand von Diskussionen und Maßnahmen gemacht werden. Dazu gehören:

- Die Entscheidung über ein Aktionsprogramm,
- die klare Aufteilung der Verantwortlichkeit für einzelne Maßnahmen,
- die Aufstellung eines Zeitplans und Definition von Zielen,
- die Entscheidung über die Modalitäten zukünftiger Öko-Audits.

Die Vertraulichkeit der Prüfungsergebnisse kann zum Thema gemacht werden. Das Unternehmen argumentiert möglicherweise dahingehend, daß die Ergebnisse der Prüfung vertraulich bleiben sollen, weil sie sensible Bereiche des Geschäftsgeheimnisses berühren. Dieses Argument wird möglicherweise als Vorwand für die Einschränkung oder gar völlige Ablehnung der Gewerkschaftsbeteiligung benutzt. **Dies dürfen wir nicht akzeptieren.** Viele der durch die Prüfung gesammelten Informationen werden nicht unter diese Kategorie fallen. Andere Informationen über potentielle Gefahrenquellen müssen den Arbeitnehmervertretern in den Arbeitsschutzausschüssen ohnehin zur Verfügung gestellt werden. Wo berechtigte Bedenken hinsichtlich der Vertraulichkeit von Informationen bestehen, werden die Gewerkschaften diese akzeptieren.

Einbeziehung der Gewerkschaften

Die Arbeitnehmer und ihre Gewerkschaften sollten in den Prüfungsprozeß von Anfang an einbezogen werden. So entspricht es guter Managementpraxis, aber nicht alle Unternehmensleitungen werden sich auch so verhalten. Deshalb macht die MSF sich für Umweltschutzrechte der Arbeitnehmer am Arbeitsplatz stark. Im einzelnen sollten die Arbeitnehmer folgende Rechte haben:

- Breiter Zugang zu umweltrelevanten Informationen,
- Mitwirkungsrechte,
- Beteiligung an Öko-Audits,
- Teilnahme an Schulungs- und Weiterbildungsmaßnahmen zu Umweltfragen.

Außerdem wollen wir Verhandlungen über **Umweltvereinbarungen** fördern und paritätisch besetzte Umweltschutzausschüsse zur Überwachung der betrieblichen Umweltpolitik und Umweltschutzpraxis einrichten (analog zum Modell der Arbeitsschutzausschüsse).

Wenn ein Unternehmen nicht auf diese Vorschläge eingeht, sollte man es mit Aufklärung, Überzeugung und Druckmitteln versuchen. Denk auch daran, daß Du insbesondere nach Maßgabe der Arbeitsschutzgesetze ein Recht auf Informationen hast.

Zum guten Schluß

Wir hoffen, daß dieser Leitfaden Dir nützlich erscheint. Wenn Du Fragen oder Vorschläge hast, teile sie uns bitte mit. Wir sind auch an Informationen über bereits durchgeführte Öko-Audits interessiert und möchten die entsprechenden Erfahrungen sammeln. Wendet Euch in dieser Angelegenheit bitte an

MSF Action on the Environment
Research Department
MSF
Park House
64-66 Wandsworth Common North Side
London SW 18 2SH
Telefon 081 - 8 71 21 00
Telefax 081 - 8 77 11 60

Bei obiger Adresse kann auch das "Action on the Environment Pack" angefordert werden.

Eine Veröffentlichung von MSF, Park House, 64-66 Wandsworth Common North Side, London SW 18 2SH. Auf Recyclingpapier gedruckt. 23.4.91

Anlage 2

MSF Action on the Environment

Abfallbilanzierung Anleitungen zum Handeln

Warum ist Abfall ein Problem?

Alle Formen von Abfall stellen ein Problem für die Umwelt dar. Abfall ist teuer und belastet die Umwelt. Giftmüll ist darüber hinaus auch noch gefährlich, insbesondere für Arbeitnehmer, und kann den Ruf eines Unternehmens an seinem Standort oder in seiner Region nachhaltig schädigen. Die Unternehmen werden sich zunehmend über die öffentlichen Bedenken hinsichtlich der Umweltverträglichkeit ihrer Produkte bewußt. Einige bemühen sich um die Bekämpfung umweltschädlicher Auswirkungen ihrer Produkte, aber viele andere tun dies nicht.

Das ist schlecht, und zwar nicht nur für die Umwelt, sondern auch für die betroffenen Unternehmen selbst. Schon heute steht fest, daß Länder mit hohen Umweltschutzstandards nicht nur den Vorteil einer saubereren Umwelt genießen, sondern auch eine bessere Position auf dem lukrativen Weltmarkt für Umwelttechnologie haben.

Gründe für eine Veränderung

Es gibt vier Gründe, die für betriebliche Maßnahmen zur Bekämpfung des Abfallproblems sprechen:

- eine veränderte Haltung der Öffentlichkeit,
- neue gesetzliche Anforderungen und die Wahrscheinlichkeit noch strengerer europäischer Umweltschutzverordnungen,
- Firmen, die das Abfallproblem bekämpfen, erzielen dadurch Wettbewerbsvorteile und sichern somit ihre Arbeitsplätze,
- Abfallminimierung ist finanziell ausgesprochen sinnvoll.

Die gesetzlichen Rahmenbedingungen

Das britische Umweltschutzgesetzt legt den Firmen eine "Sorgfaltspflicht" dahingehend auf, die korrekte Behandlung, Aufbereitung und Entsorgung von Abfall zu gewährleisten. Durch das Gesetz wurde außerdem ein neues System des integrierten Umweltschutzes eingeführt, das die Belastung von Boden, Wasser und Luft gleichermaßen bekämpfen soll. Die gesetzlichen Bestimmungen für Mülldeponien wurden verschärft. Weitere neue Gesetze befinden sich in Vorbereitung, und die europäische Gemeinschaft plant die Einführung einer strengen Verursacherhaftung für abfallbedingte Umweltschäden. Dies alles hat zu einem scharfen Anstieg der Kosten für die Giftmüllentsorgung geführt.

Die Philosophie des Abfallmanagements

Abfall ist ein weit verbreitetes Problem in Industrie und Gesellschaft geworden, das von der Verpackungsproblematik bis hin zur Freisetzung chemischer Substanzen in die Umwelt reicht. Durch Abfall werden knappe Ressourcen verschwendet, und Abfall verschmutzt die Umwelt, in der wir leben. Deshalb sollten alle im Bereich des Möglichen liegenden Maßnahmen ergriffen werden, um die Abfallmenge zu reduzieren und **die Erzeugung von Abfall von vornherein zu vermeiden**. Es geht mit anderen Worten darum, von einem reaktiven Ansatz (der sich um die Entsorgung des einmal erzeugten Abfalls bemüht) zur Vorbeugung und Abfallvermeidung überzugehen.

Dies erfordert eine grundsätzlich andere Haltung bezogen auf Produktionsprozesse, Zulieferung und, was vielleicht am wichtigsten ist, die Produkte selbst. Unternehmen geraten zunehmend dahingehend unter Druck, den kompletten "Lebenszyklus" ihrer Produkte zu berücksichtigen und die Verantwortung dafür zu übernehmen, was mit dem Produkt nach Verlassen des Betriebsgeländes geschieht (diese Problematik wird unter dem Stichwort "Produktverantwortung" behandelt). Ein Beispiel für diesen Ansatz ist die Rücknahmepflicht für Verpackungen. Ein anderes Beispiel betrifft das Recycling von Autos.

Abfallbilanzierung als erster Schritt

Der erste Schritt könnte die Erstellung einer Abfallbilanz sein, das heißt herauszufinden, welcher Abfall erzeugt wird und was damit geschieht. Die Prüfung des Abfallaufkommens in einem Betrieb sollte in der Verantwortung der Betriebsleitung liegen, und die Informationen sollten für die Arbeitnehmer und die lokale Öffentlichkeit zugänglich sein.

Fragen, die gestellt werden sollten

- Wurde eine Abfallbilanz erstellt?
- Wie ist der Informationsstand darüber, welche Abfallstoffe in welcher Menge anfallen und wie damit umgegangen wird? Wird die Öffentlichkeit regelmäßig darüber informiert?
- Ist man sich im Unternehmen über alle bestehenden und in Vorbereitung befindlichen Abfallentsorgungsvorschriften bewußt?
- Gibt es eine Abfallmanagementstrategie?
- Welche Maßnahmen wurden ergriffen, um die Erzeugung von Müll an der Quelle zu bekämpfen, zum Beispiel durch Änderung der betrieblichen Praxis oder durch Verwendung von Ersatzstoffen anstelle giftiger Substanzen? Wurde ein Programm zur Reduzierung bzw. Vermeidung von Abfall aufgestellt?
- Wurde erwogen, Abfall als Rohmaterial zu verkaufen oder innerhalb des Werkes wiederzuverwenden (zum Beispiel durch Recycling oder durch die Nutzung von Abfallwärme als Energiequelle)?
- Nimmt der Betrieb seine Produkte nach Ablauf ihrer Lebensdauer zur Wiederverwertung zurück?

Argumente gegen Einwände und Entschuldigungen der Arbeitgeber

Im folgenden stellen wir einige der üblichen Vorwände der Arbeitgeberseite zur Vermeidung von Maßnahmen dar und machen Vorschläge für eine Gegenargumentation.

"In unserem Abfall sind nur Spuren giftiger Stoffe enthalten." Die Antwort darauf lautet, daß Verdünnung keine Lösung des Umweltproblems darstellt. Es kommt mit anderen Worten darauf an, mit welchen Schadstoffmengen die Umwelt insgesamt und über die Zeit belastet wird.

"Wir halten bei unserer Müllentsorgung sämtliche gesetzlichen Auflagen ein." Mag sein, aber was passiert, wenn die Normen verschärft werden oder das Abkippen von Müll generell verboten wird? Außerdem stellen auch legale Einleitungen zum Beispiel von Abwasser in einen Fluß eine Umweltgefährdung dar, wenn man alle eingeleiteten Mengen zusammen berücksichtigt.

"Umweltschutzmaßnahmen kosten Arbeitsplätze." Genau das Gegenteil ist der Fall. Langfristig werden Versäumnisse beim Umweltschutz Arbeitsplätze kosten, wenn die Betriebe mit neuen schärferen Gesetzen nicht mehr Schritt halten können oder von Konkurrenten übernommen werden, die die Notwendigkeit wirksamer Maßnahmen verstanden haben.

Informationspolitik

Die wichtigste Informationsquelle sollte vor allem das Unternehmen selbst sein. Die Betriebe sollten offenlegen, welche Art Abfall sie in welchen Mengen produzieren. Eines der Probleme in Großbritannien ist die Einschränkung des öffentlichen Zugangs zu Informationen. Das Umweltschutzgesetz weist die Exekutivbehörden allerdings an, öffentlich zugängliche Register zu führen. Darin werden sämtliche Vorgänge betreffend Anträge, Genehmigungen und Verurteilungen protokolliert. Die Aufsichtsbehörden für die Abfallentsorgung müssen alle relevanten Unterlagen in ein für die Öffentlichkeit zugängliches Register aufnehmen.

Zum guten Schluß

Weitere Informationen und praktische Leitfäden für den betrieblichen Umweltschutz können dem **MSF Action on the Environment Pack** entnommen werden (bei der Zentrale erhältlich). Und teilt uns bitte mit, wie Ihr auf diesem Gebiet vorankommt.

Anlage 3

Eine Checkliste des TUC

Gewerkschaften und Öko-Audits

Allgemeiner Ansatz

- Hat das Unternehmen eine eigene Umweltschutzpolitik? In welchem Zusammenhang steht diese mit der Arbeitsschutzpolitik?
- Wer ist im Unternehmen für die Umweltschutzpolitik verantwortlich und wie wird das Umweltverhalten überwacht und bewertet?
- Welche Schritte wurden unternommen, um das Umweltbewußtsein des Unternehmens zu stärken?
- Ist das Unternehmen bereit, eine gemeinsame Arbeitsgruppe von Gewerkschaftsvertretern und Vertretern der Geschäftsleitung mit der Durchführung von Öko-Audits zu betrauen oder diese Aufgabe den bestehenden Arbeitsschutzausschüssen zuzuweisen?
- Ist das Unternehmen bereit, eine Umweltschutzvereinbarung über Öko-Audits auszuhandeln, in der die Rolle der Gewerkschaften, Beteiligungsverfahren, die Methoden und der Prüfungsumfang festgelegt werden?

Ziele eines Öko-Audits

- Feststellung und Verbesserung der gesamten Umweltauswirkungen der Produktionsprozesse, Anlagen und Maschinen.
- Prüfung und Verbesserung der Einhaltung internationaler, nationaler und örtlicher Gesetze und Bestimmungen.
- Bewertung der Frage, inwieweit die Praxis mit der Umweltpolitik des Unternehmens (oder gegebenenfalls der gemeinsam formulierten Umweltpolitik des Unternehmens und der Gewerkschaften), den Normen und den Zielen übereinstimmt bzw. Durchsetzung von Verbesserung der Ergebnisse in diesem Bereich.

- Bereitstellung von Informationen zu allen Aspekten des Umweltschutzes (einschließlich der Folgen für Arbeitsanforderungen und Weiterbildungsmaßnahmen).

Prüfungsumfang

Bekämpfung der Umweltbelastung und Einhaltung der Umweltschutzvorschriften

- Welche Umweltbelastungen gehen von dem Betrieb aus (zum Beispiel Einleitungen von Abwasser oder Emissionen von Schadstoffen in die Luft)? Mit welchen Verfahren werden die betreffenden Werte gemessen und die Einhaltung der Vorschriften überwacht?
- Welche der verwendeten Verfahren, Produkte und Stoffe könnten durch weniger oder gar nicht umweltbelastende Alternativen ersetzt werden?
- Wie werden Gefahrenstoffe gelagert und transportiert? Wie wird flüssiger und fester Abfall entsorgt? Gibt es ein CFKW- oder Asbestproblem?
- Welche Verfahren gibt es zur Vermeidung von Umweltzwischenfällen bzw. zur Reaktion im Notfall?
- Verbraucht der Fuhrpark des Unternehmens bleifreien Kraftstoff und gibt es Pläne zum Einbau von Katalysatoren?
- Fördert das Unternehmen die Nutzung öffentlicher Verkehrsmittel durch seine Mitarbeiter?
- Welche Politik verfolgt das Unternehmen in Bezug auf Aus- und Weiterbildungsmaßnahmen im Umweltbereich?
- Sind die Umweltbelastungs- und Umweltschutzdaten allen Mitarbeitern und der lokalen Öffentlichkeit zugänglich?
- Ist die Arbeitsschutzpolitik des Unternehmens mit der Umweltschutzpolitik abgestimmt? Wurde eine Arbeitsschutzprüfung durchgeführt?
- Hat der Betrieb Bewertungen nach den Bestimmungen über die Bekämpfung gesundheitsgefährdender Stoffe von 1988 vorgenommen?

Effiziente Energieausnutzung und Recycling

- Prüft das Unternehmen seinen Energieverbrauch, und in welchem Umfang folgen daraus Maßnahmen zur Verbesserung der Energieausnutzung und zum Energiesparen? Wie hoch wird die effiziente Energieausnutzung im Unternehmen bewertet?
- Werden Energiesparaspekte beim Bau oder der Sanierung von Gebäuden berücksichtigt? Welche Dämmnormen werden zugrundegelegt?
- Welche Belüftungsprobleme und andere Unannehmlichkeiten können sich aus Energiesparmaßnahmen ergeben?
- Ist sparsamer Energieverbrauch ein Entscheidungsfaktor beim Kauf von Fahrzeugen und Anlagen?

Sonstiges

- In welchem Umfang werden Abfallvermeidung und Recycling praktiziert?
- Wird der Verpackungsaufwand übertrieben bzw. werden biologisch abbaubare Materialen benutzt?
- Kommen bei der Investitionspolitik des Unternehmens und seines Pensionsfonds Umwelterwägungen zum Tragen?

Einbeziehung der Öffentlichkeit

- Beteiligung an örtlichen Planungsverfahren,
- Gemeinsame Sitzungen mit Kommunalbehörden,
- Sorgfältige Beachtung der Kommentare seitens der Öffentlichkeit,
- Berücksichtigung obengenannter Punkte bei der Auswertung der Prüfungsergebnisse.

Verzeichnis der Autoren und Autorinnen

Hildebrandt, Eckart	Prof. Dr., Wissenschaftlicher Mitarbeiter am Schwerpunkt Technik-Arbeit-Umwelt am Wissenschaftszentrum Berlin und Mitarbeiter des europäischen Forschungsnetzwerks "Industrielle Beziehungen und Umwelt" (IRENE), Berlin
Klemisch, Herbert	Wissenschaftlicher Mitarbeiter am Klaus Novy Institut, Abt. EcoRegio, Köln
Kluge, Norbert	Referatsleiter in der Abteilung Forschungsförderung der Hans-Böckler-Stiftung, Düsseldorf
Knigge, Horst	Betriebsratsvorsitzender Wilkhahn, Bad Münder
Larisch, Günther	Umweltbeauftragter Dr. Oetker, Bielefeld
Le Blansch, Kees	Dr., Centre for Policy and Management Studies, Rijksuniversiteit Utrecht
Le Maire, Gunther	Leiter der Abt. Vorstandsangelgenheiten / Öffentlichkeitsarbeit, Kunert AG, Immenstadt
Lorentzen, Borge	Interdisciplinary Centre, Technical University of Denmark, Lyngby
Mezger, Erika	Dr., Abteilungsleiterin in der Abteilung Forschungsförderung der Hans-Böckler-Stiftung, Düsseldorf
Oates, Andrea	Labour Research Department, London
Rosenhövel, Karl-H.	Wissenschaftlicher Mitarbeiter des Büro für Sozialforschung, Kassel

Schlüter, Sabine	Stiftung Arbeit und Umwelt, Hannover
Sollmann, Ulrich	Leiter der Abt. Umweltplanung, VW, Wolfsburg

Ausgewählte Veröffentlichungen der Hans-Böckler-Stiftung zum Thema Arbeit und Umwelt

Beate Brüggemann und Rainer Riehle:
Ökologie und Mitbestimmung
Düsseldorf: HBS-Manuskripte Nr.57, 1991

Mario Dobernowski, Martin Geißler, Jürgen Hoffmann u.a.:
"Denn schließlich produzieren wir hier Chemie ..."
Die Externalisierung sozialer Kosten am Beispiel der chlorierten Kohlenwasserstoffe
Düsseldorf: Graue Reihe Bd.25, 1991

Gine Elsner und Volker Volkholz:
Alter, Leistung, Gesundheit - eine Anregung zur Diskussion über die Tarifreform 2000
Düsseldorf: Graue Reihe Bd.35, 1992

Michael Ertel u.a.:
"...es wird einen ja nicht gleich treffen!"
Analyse einer Belegschaftsbefragung zum Thema Arbeitsverdichtung und Gesundheitsrisiken bei High-Tech-Angestellten mit Vorschlägen für die betriebliche Gesundheitsförderung
Düsseldorf: Graue Reihe Bd.32, 1991

Stefan Härtig:
Dokumentation von betrieblichen Projekten aus dem Bereich des gesundheitsbezogenen Handelns von Beschäftigten
Düsseldorf: HBS-Manuskripte Nr.103, 1993

Hans-Böckler-Stiftung (Hg.):
Ökonomie und Ökologie im Widerspruch?
Gewerkschaften, Ökologie und Mitbestimmung - eine Tagung polnischer und deutscher Wissenschaftler
Düsseldorf: HBS-Manuskripte Nr. 56, 1992

Hans-Böckler-Stiftung (Hg.):
Arbeitsschutz am Beispiel Asbest
Düsseldorf: HBS-Manuskripte Nr.67, 1992

Hans-Böckler-Stiftung (Hg.):
Soziale Sicherung und ökologische Gestaltung des Wohnens und Lebens in den neuen Bundesländern
Düsseldorf: Graue Reihe Bd.44, 1992

Eckart Hildebrandt:
Industrielle Beziehungen und Umwelt in Europa.
Auswertung von Länderberichten aus Belgien, Deutschland, Frankreich, Großbritannien und Italien
Düsseldorf: HBS-Manuskripte Nr. 52, 1991

Eckart Hildebrandt:
Ökologisierung der industriellen Beziehungen in den Ländern der EG
Düsseldorf: HBS-Manuskripte Nr.83, 1992
auch in englischer und französischer Sprache herausgegeben von der Europäischen Stiftung zur Verbesserung der Arbeits- und Lebensbedingungen Dublin
Titel:Structures And Trends In The Greening Of Industrial Relations In The Countries Of The EC

Ausgewählte Veröffentlichungen der Hans-Böckler-Stiftung zum Thema Arbeit und Umwelt

Eckart Hildebrandt und Beate Zimpelmann:
Gesundheitsschutz und Umweltschutz - eine kombinierte Fallstudie
Düsseldorf: HBS-Manuskripte Nr.91, 1992

Eberhard Schmidt und Kai Wenke:
Aktionsfeld Umweltschutz - Handlungsmöglichkeiten für lokale Gewerkschaftspolitik
Düsseldorf: HBS-Manuskript Nr.85, 1992

Andreas Stautz:
Gesundheitsschutz per Tarifvertrag? Erfahrungen aus der Druckindustrie
Düsseldorf: Graue Reihe Bd.64, 1993

Veröffentlichungsreihe "Vom Programm zur Praxis"

Norbert Kluge, Susanne Obst und Eberhard Schmidt (Hg.):
Umweltschutz und gewerkschaftliche Interessenvertretung - Beteiligungsrechte, betriebliche Gestaltung und Tarifpolitik
Düsseldorf: Graue Reihe Bd. 56, 1993

Susanne Obst:
Umweltschutz in den Arbeitsbeziehungen in europäischen Ländern - Vom Programm zur Praxis
Informationen für Mitbestimmungsakteure aus den Ergebnissen eines europäischen Forschungsprojekts
Düsseldorf: HBS-Manuskripte, 1993

Marianne Sick:
Vom Programm zur Praxis: EDV-Instrumente für Betriebsräte für den betrieblichen Umweltschutz
Düsseldorf: HBS-Manuskripte, 1993

Broschüren-Reihe zum Thema Recycling

Thomas Rautenberg:
Fallstudien zum industriellen Recycling von Kunststoffen
Düsseldorf 1991

Beate Brüggenmann und Reiner Riehle:
Auto-Recycling
Düsseldorf 1994

Beate Brüggenmann und Reiner Riehle:
Metall-Recycling
Düsseldorf 1994

Volrad Wollny und Brigitte Peter, Öko-Institut Freiburg:
Grundfragen des Recycling
Düsseldorf 1994

Alle Veröffentlichungen sind erhältlich bei:
Fa. Wormuth KG
Postfach 105542
40046 Düsseldorf

Ausgewählte Veröffentlichungen der Hans-Böckler-Stiftung zum Thema Arbeit und Umwelt

Außerdem im Buchhandel erhältlich:

Eckart Hildebrandt und Eberhard Schmidt:
Umweltschutz und Arbeitsbeziehungen in Europa. Eine vergleichende Zehn-Länder-Studie
Berlin: Edition Sigma 1994

Jürgen Hoffmann, Hildegard Matthies und Ulrich Mückenberger:
Betrieb als ökologischer Ort.
Münster: Verlag Westfälisches Dampfboot, 1992

HANS-BÖCKLER-STIFTUNG

Die Hans-Böckler-Stiftung ist das Mitbestimmungs-, Forschungs- und Studienförderungswerk des DGB. Sie ist in allen ihren Aufgabenfeldern der Mitbestimmung als Gestaltungsprinzip einer demokratischen Gesellschaft verpflichtet, wirbt für diese Idee, unterstützt Mandatsträger in Mitbestimmungsfunktionen und tritt für erweiterte Mitbestimmungsrechte ein.

Finanziert wird die Stiftung aus zwei Quellen: Sie erhält Zuwendungen von Aufsichtsratsmitgliedern, die den größten Teil ihrer Tantiemen aufgrund gewerkschaftlicher Beschlußlage an die Stiftung abführen, sowie Spenden. Zum anderen wird sie über das Bundesministerium für Bildung und Wissenschaft mit öffentlichen Mitteln gefördert, die zweckgebunden für die Studien- und Promotionsförderung gewährt werden.

Förderer der Stiftung kann jeder werden, der ihre Satzungsziele unterstützen will. Die Mehrheit der Förderer sind Arbeitnehmervertreter in Aufsichtsräten.

Mitbestimmungsförderung

Die Stiftung berät Organe und Mandatsträger der Mitbestimmung in ökonomischen und rechtlichen Angelegenheiten, in Fragen des betrieblichen Personal- und Sozialwesens, der beruflichen Aus- und Weiterbildung und der Gestaltung neuer Techniken. Die Beratung konzentriert sich auf Fälle exemplarischer Bedeutung, deren Problemlösungen sich in der Regel übertragen lassen.

Themen der Mitbestimmungsförderung sind zum Beispiel: Unternehmens-, Branchen- und Regionalanalysen, Wirtschaftsprüfung, Managementstrategien, Führungsinstrumente und Controlling, Unternehmenskultur, Personalentwicklung und Organisation des Personalwesens, Beteiligungsmodelle, Qualifikationsentwicklung, soziale Gestaltung von Arbeit und Technik, EDV für Betriebsräte, Betriebsverfassung, Personalvertretungsrecht, Rechte des Aufsichtsrats, Mitbestimmungsgesetze, Europäischer Binnenmarkt.

Forschungsförderung

Die Forschungsförderung dient der Verbesserung der Arbeits- und Lebensbedingungen von Arbeitnehmern und ihren Familien und damit der Mitbestimmung. Die geförderten Forschungsprojekte sollen eine besondere Nähe zur Praxis haben und die wissenschaftliche Beratung von Mandatsträgern in Mitbestimmungsfunktionen ermöglichen.

Die Gestaltung der industriellen Beziehungen durch Mitbestimmung auf allen Ebenen der Interessenvertretung bedarf der wissenschaftlichen Beratung. So fördert die Stiftung wissenschaftliche Untersuchungen über die soziale Realität in der Industrie- und Dienstleistungsgesellschaft; Analysen zu künftigen Aufgaben von Mitbestimmung und Interessenvertretung; sie fördert Expertisen zu Einzelfragen, vor denen Mandatsträger in Mitbestimmungsfunktionen stehen; internationale Vergleiche und wissenschaftliche Modellentwicklung ermöglichen die kritische Überprüfung und auch Neubestimmung der Handlungsmöglichkeiten für die betriebliche wie überbetriebliche Mitbestimmung.

Studienförderung

Die Hans-Böckler-Stiftung ist eines der durch die Bundesregierung anerkannten "Begabtenförderungswerke". Sie fördert im Jahresdurchschnitt rd. 1700 Stipendiatinnen und Stipendiaten. Förderungsziele sind die Unterstützung der wissenschaftlichen Ausbildung besonders begabter Arbeitnehmerinnen und Arbeitnehmer oder von Kindern aus Arbeitnehmerfamilien und damit die Überwindung sozialer Ungleichheit im Bildungswesen.

Engagement in Gewerkschaft oder Gesellschaft ist neben Studieneignung und sozialer Bedürftigkeit Voraussetzung für die Aufnahme. Die materielle Förderung erfolgt durch Zahlung eines Stipendiums, die ideelle durch ein vielfältiges Seminarangebot und die Einbeziehung der Stipendiatinnen und Stipendiaten in die inhaltliche Arbeit und Meinungsbildung der Stiftung.

Öffentlichkeitsarbeit

Die Öffentlichkeitsarbeit beteiligt sich an der Umsetzung der Arbeitsergebnisse der Stiftung. Sie betreut die Publikationsreihen und zahlreiche Einzelveröffentlichungen, die in Zusammenarbeit mit Verlagen herausgegeben werden.

Die Zeitschrift der Stiftung

"Die Mitbestimmung" ist die monatlich erscheinende Zeitschrift der Hans-Böckler-Stiftung. Die einzelnen Ausgaben haben Themenschwerpunkte. Die Zeitschrift wendet sich mit Informationen aus der Arbeitswelt, mit Analysen und Praxisbeispielen an Mandatsträger in Mitbestimmungsfunktionen ebenso wie an Gewerkschafter, Wissenschaftler und Politiker.

Kontaktadressen

Hans-Böckler-Stiftung
Bertha-von-Suttner-Platz 3
40227 Düsseldorf

Telefon (0211) 77 78-0
Telefax (0211) 77 78-120

Informationen: Presse- und Öffentlichkeitsarbeit
Telefon (0211) 7778-147/148/150

Beratung: Betriebliches Personal- und Sozialwesen, Betriebsverfassungs- und Personalvertretungsrecht, Technologie, Qualifikation
Telefon (0211) 7778-198/199

Wirtschaftliche Angelegenheiten/Unternehmensrecht
Telefon (0211) 7778-163/164

Forschungsprojekte: Forschungsförderung
Telefon (0211) 7778-127/128

Stipendiaten: Studienförderung
Telefon (0211) 7778-144/173

Zeitschrift
"Die Mitbestimmung" Redaktion
Telefon (0211) 7778-147/149/150/192

Probeexemplare über:
NOMOS-Verlagsgesellschaft
Postfach 610
76484 Baden-Baden